Vie du Bienheureux

P.-L.-M. LOUIS-MARIE CHANEL

Prêtre Mariste et premier Martyr de l'Océanie

LIBRAIRIE CATHOLIQUE EMMANUEL VITTE

LYON — PARIS

VIE DU BIENHEUREUX

PIERRE-LOUIS-MARIE CHANEL

NIHIL OBSTAT

J. Bonnefoux, *S. M.*,
Prov. Lugd.

IMPRIMATUR

Lyon, le 5 février 1923.

E. Vindry, *V. G.*

PIERRE-LOUIS-MARIE CHANEL

Prêtre Mariste, premier Martyr de l'Océanie.

VIE

du Bienheureux

Pierre-Louis-Marie CHANEL

Prêtre Mariste

et Premier Martyr de l'Océanie.

PAR

LE R. P. NICOLET

PRÊTRE

DE LA SOCIÉTÉ DE MARIE

QUATRIÈME ÉDITION

LIBRAIRIE CATHOLIQUE EMMANUEL VITTE

LYON { 3, Place Bellecour, 3 | 5, Rue Garancière, 5 } PARIS
{ SIÈGE SOCIAL | 1, Place Saint-Sulpice, 1 }

APPROBATIONS DE LA PREMIÈRE ÉDITION

LETTRE DU T. R. P. FAVRE
SUPÉRIEUR GÉNÉRAL DE LA SOCIÉTÉ DE MARIE

Sainte-Foy-lès-Lyon, le 29 septembre 1883.

MON CHER PÈRE,

J'éprouve le besoin de vous adresser mes félicitations et mes remerciements pour la vie du Vénérable Père Chanel que vous venez d'écrire.

Quoique indisposé j'ai pu parcourir la plus grande partie de ce
travail et j'en ai été très content. Le style en est simple et convenable, et la vie du Vénérable, telle que vous la racontez, m'a vivement
intéressé et édifié. Je ne doute pas qu'elle ne produise le même effet
sur la plupart des personnes pieuses qui la liront. Il est à propos de
la faire imprimer et de la publier le plus tôt possible ; elle ne peut que
servir la cause de la Béatification que nous attendons dans un avenir
plus ou moins prochain. Elle réjouira surtout nos missionnaires de
l'Océanie, qui ont tant besoin de consolations et d'encouragements...

Tout à vous en Jésus et Marie,

Julien FAVRE, Supérieur général.

ÉVÊCHÉ
DE
SAINT-BRIEUC et TRÉGUIER
✝

Saint-Brieuc, le 14 octobre 1884.

MON RÉVÉREND PÈRE,

Monseigneur l'Évêque de Saint-Brieuc a bien voulu me confier
le soin d'examiner la *Vie du Vénérable Père Chanel* que vous venez
d'écrire et que vous allez publier. J'ai donc lu votre volume avec une
scrupuleuse attention ; et je dois dire tout d'abord que je n'y ai rien

trouvé qui ne fût de la plus exacte orthodoxie. Je me hâte d'ajouter que j'ai goûté un grand charme dans la lecture de ces pages intéressantes, et, en même temps, j'ai constaté qu'il s'en dégage un parfum de piété qui, embaumant l'âme, ne sera pas l'un des moins vifs attraits de votre livre. A force de patientes investigations, vous êtes arrivé à recomposer la trame de cette existence à la fois si courte et si remplie, et vous la faites revivre dans un style d'une élégante simplicité et avec un accent de vérité d'un effet saisissant. Les documents abondent entre vos mains ; les correspondances, les témoignages, vous avez su les disposer habilement, sans nuire à la marche du récit, et dans ce cadre apparaît lumineuse la douce et caractéristique physionomie du Vénérable Père Chanel. Votre ouvrage, j'ose le prédire, ne sera lu sans intérêt et sans profit par aucune catégorie de lecteurs. Les personnes du monde y verront avec une profonde édification à quel degré d'héroïsme peut s'élever le dévouement inspiré par le Catholicisme. Notre œuvre naissante de la *Cléricature* trouvera un modèle à suivre dans cette école presbytérale de Cras où s'est développée la vocation du futur apôtre. Mais votre livre pourra surtout servir de *Manuel* et de guide aux écoliers, aux séminaristes, aux prêtres, aux professeurs, aux missionnaires. Le serviteur de Dieu leur a tracé la voie : *Et quid non potero quod isti et istæ?* Votre publication est donc appelée, d'après mon humble avis, à produire un grand bien ; c'est le meilleur des succès et la seule récompense que votre zèle ambitionne. Elle aura de plus, j'en ai la douce confiance, pour résultat de hâter la béatification du Vénérable Père Chanel, le premier martyr et la gloire de la Société de Marie.

Daignez agréer, mon Révérend Père, l'expression de mon respectueux dévouement.

A. Dubourg, Vic. gén.

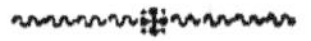

PRÉFACE

DE LA PREMIÈRE ÉDITION

En 1867, dix ans après l'introduction de la cause de béatification du premier martyr de l'Océanie, Pierre-Louis-Marie
Chanel, le P. Bourdin faisait paraître sa biographie. Comme
il nous le dit lui-même, il n'avait rien négligé pour se procurer
les éléments de son travail. « Par une insigne faveur de la Pro-
« vidence, nous avons vécu, près de six ans, sous le même toit
« que notre vénérable confrère. Durant cette période, l'une des
« plus intéressantes de sa vie, nous avons pu juger, pour ainsi
« dire, une à une ses actions, surprendre quelques secrets de sa
« belle âme, et entrevoir le degré de sainteté auquel il est parvenu.
« A nos propres souvenirs se joignent ceux que nous avons
« recueillis, en suivant à la trace de ses pas le serviteur de Dieu,
« depuis son bas âge jusqu'à son départ pour l'Océanie : nous
« avons interrogé, de vive voix et par lettre, sa famille, ses cama-
« rades d'enfance, ses maîtres, ses amis, en un mot, toutes les
« personnes qui, l'ayant vu de plus près, l'ont par conséquent
« mieux connu. A l'égard de son apostolat et de son martyre,
« nous avons eu à notre disposition tous les documents qu'on
« a pris soin de recueillir sur le théâtre même de ses travaux et
« de sa mort glorieuse. »

Le nouvel auteur n'avait pas à chercher bien loin les maté-
riaux de son livre. Il les trouvait sous sa main ; il n'avait
souvent qu'à analyser l'ouvrage du P. Bourdin et à lui emprunter
la plupart des récits. Comme il ne se proposait qu'un but :

faire connaître et glorifier le serviteur de Dieu, il n'a pas craint d'user largement de la permission qui lui était accordée.

Cependant, le lecteur, s'il compare les deux ouvrages, remarquera d'assez grandes différences dans la narration d'un certain nombre de faits qui sont rapportés dans cette histoire. L'auteur a dû introduire ces modifications, parce qu'il a eu le bonheur de recueillir de nouveaux témoignages et qu'il a pu tout faire contrôler par des témoins oculaires. Les écrits du bienheureux martyr, les procès apostoliques et d'autres documents l'ont forcé de changer presque entièrement le livre second. Écrivant la vie d'un saint, il a voulu mettre dans son récit toute l'exactitude possible. Il ne saurait exprimer les joies et les consolations qu'il a goûtées en composant son livre. Puissent ces modestes pages contribuer à la gloire de Dieu et à l'honneur du saint martyr !

APPROBATION DE LA TROISIÈME ÉDITION

ARCHEVÊCHÉ
DE
LYON

†

Lyon, *le* 19 *mars* 1903.
(Fête de saint Joseph.)

Mes Révérends Pères,

C'est une excellente pensée que celle que vous avez eue de donner au public une nouvelle édition de la Vie du Bienheureux Pierre-Louis-Marie Chanel, *premier martyr de l'Océanie*. L'auteur de cette pieuse biographie, le R. P. Nicolet, de regrettée mémoire, qui s'était occupé avec tant de zèle de la cause de béatification de ce grand serviteur de Dieu, n'avait pas eu le temps de revoir et de compléter lui-même son travail ; vous vous êtes faits les continuateurs de son œuvre et vous n'avez rien négligé pour la perfectionner et en augmenter encore, s'il se pouvait, l'intérêt. J'approuve et je bénis bien volontiers ce livre, dont la lecture est pleine de charme et d'édification, et je suis heureux de le recommander à l'attention du clergé, de nos maisons d'éducation et des familles chrétiennes.

Recevez, mes Révérends Pères, l'expression de mes sentiments dévoués.

† Pierre, Card. COULLIÉ,
Arch. de Lyon.

AVANT-PROPOS

DE LA TROISIÈME ÉDITION

Le regretté P. Nicolet, postulateur de la cause du P. Chanel, avait apporté à la vérification des faits et témoignages, cités dans sa *Vie du Bienheureux*, un soin si religieux qu'une nouvelle édition ne demandait qu'un travail de simple revision.

Le Premier Martyr de l'Océanie a été placé par Sa Sainteté Léon XIII (*Bref de béatification du 16 novembre 1889*) au rang des héros les plus illustres de l'Église, parce que *sa vie fut un modèle et sa mort un honneur pour le nom chrétien.*

C'est le tableau de cette vie modèle et de cette mort triomphante que nous exposons de nouveau aux yeux des chrétiens fidèles, après en avoir d'une main amie retouché quelques traits.

Selon l'heureuse expression d'un illustre panégyriste du Bienheureux, l'Église *a discerné la Sainteté qui se cachait et l'a élevée sur le chandelier, d'où elle fait rayonner sur le monde, non l'éclat qui éblouit, mais la lumière qui éclaire et la chaleur qui vivifie.* Accroître ce rayonnement de la sainteté du Bienheureux Chanel, tel est le but de notre nouvelle édition. Puisse-t-elle l'atteindre dans quelques âmes! Si notre vœu se réalisait, nous en remercierions Dieu comme d'une récompense bien supérieure à notre labeur.

Lyon, en la fête de la Nativité de la Bienheureuse Vierge Marie,
8 septembre 1902.

LE

Bienheureux P. Chanel

LIVRE PREMIER

De sa naissance à son entrée dans la vie religieuse.

(1803-1831)

CHAPITRE PREMIER

FAMILLE ET PREMIÈRE ÉDUCATION DU BIENHEUREUX

I. Famille du Bienheureux. — II. Le petit berger. Rencontre providentielle de M. le curé de Cras. — III. Pierre Chanel à Cras et à Monsols.

I

ENDANT les premières années qui suivirent la Révolution, le diocèse de Lyon comprenait les trois départements du Rhône, de l'Ain et de la Loire. Il en fut ainsi jusqu'en 1823. A cette époque le département de l'Ain fut détaché de cet immense territoire, pour former le diocèse de Belley, qu'on venait de rétablir. Le diocèse et le département avaient la même étendue et les mêmes limites. Non loin du chef-lieu, Bourg-en-Bresse, se trouvait le chef-lieu de canton, Montrevel, et tout près de Montrevel le petit village de Cuet, qui, au point de vue religieux, n'était qu'une chapelle vicariale, dont dépendait le hameau de la Potière. C'est dans cette minuscule bourgade que naquit, le 12 juillet 1803, l'enfant privilégié qui devait être un jour l'apôtre de Foutouna et le premier martyr de l'Océanie.

Il fut porté sur les fonts le jour de la fête de Notre-Dame du Mont-Carmel et reçut au baptême le nom de Pierre. Quand il eut grandi, il n'oublia jamais cette date du 16 juillet, et tous les ans il en célébra l'anniversaire.

Son père se nommait François Chanel et sa mère Marie-Anne Sibellas. C'étaient d'honnêtes cultivateurs et d'excellents chrétiens, comme du reste la plupart des habitants de cette paisible contrée, dont la Révolution n'avait pu entamer ni la foi ni les mœurs. Pierre était le cinquième des huit enfants que Dieu avait donnés à cette humble et modeste famille.

« Dieu choisit Chanel, dit un panégyriste du Bienheureux, comme il avait choisi David : *De post fœtantes accepit eum*, il le prit au milieu du troupeau dont il avait la garde. Les hommes comparent l'humilité de telles origines avec la destinée qu'elles recouvrent et ils sont frappés de ces contrastes. Au fond, qu'y a-t-il d'étonnant? les différences qui séparent les conditions humaines ne comptent pas au regard du Très-Haut ; ni les grandeurs de la terre ne sont grandes, ni ses misères ne sont basses devant Celui qui dépasse toute mesure créée. Il n'y a de grand que ce qu'il élève, il n'y a de bas que ce qu'il méprise, et il ne méprise que l'orgueil. Si Dieu choisit plus de saints parmi les humbles, c'est peut-être parce que c'est la condition du plus grand nombre : c'est surtout parce qu'il entend se réserver la gloire d'une exaltation qui est son ouvrage : *Suscipiens a terra inopem*, il aime à prendre le pauvre dans son néant pour le placer au rang des princes de son peuple : *ut collocet eum cum principibus populi sui* (1). »

____

(1) Mgr d'HULST, *Panégyrique du Bienheureux*, prononcé à Lyon, 2 mai 1890.

Les parents de Pierre n'étaient pas lettrés, au sens qu'on donne aujourd'hui à ce mot ; mais ils avaient une science de grand prix, qui devient de plus en plus rare de nos jours : ils connaissaient leur religion et la pratiquaient dans la droiture de leurs âmes et la simplicité de leurs cœurs.

La mère, avant même que son enfant vît le jour, l'avait consacré à Marie. Il est permis de croire que cette première consécration ne fut pas sans influence sur la vive et tendre dévotion que Pierre eut toute sa vie pour la Reine des Vierges. Quand il sut que sa mère l'avait ainsi *voué* dès avant sa naissance, il joignit à son nom le nom béni de Marie.

Au jour de sa confirmation, ayant lu la Vie de saint Louis de Gonzague, il ajouta encore à ses prénoms celui de Louis, déclarant ainsi qu'il voulait avoir ce jeune saint pour patron et pour modèle.

Marie-Anne Sibellas élevait ses enfants avec une tendre sollicitude ; elle leur inspira de bonne heure *l'amour de Dieu et de la Sainte Vierge, la crainte de l'enfer et le désir du ciel.* Elle leur recommandait par dessus tout *de fuir le péché, qui offense Dieu.* Elle les faisait prier, et priait elle-même avec eux quand ils étaient jeunes ; et, lorsqu'ils eurent grandi, avant de les envoyer au travail, elle s'assurait qu'ils avaient rempli ce devoir. On jugera du caractère de sa vertu par cette réflexion, qui terminait d'ordinaire sa prière : « Courage ! mon âme, le temps passe, l'éternité est proche. » — Son mari, homme d'un sens droit, la secondait dans son dévouement maternel, et y ajoutait le concours efficace de ses exemples.

L'enfant, de son côté, répondait fidèlement à ces soins si vigilants. Dès les plus tendres années, il montra des dispositions remarquables pour la piété. Les premiers mots qu'il apprit à prononcer furent ceux de Jésus et de Marie. A ces noms bénis, il joignait ses petites mains et les élevait vers le ciel avec une expression qui trahissait déjà un sentiment naïf de respect et de confiance.

Sous le toit paternel, il trouva dans sa cousine Jeanne-

Marie Chanel, née le 7 avril 1803, les mêmes goûts et des dispositions analogues.

« Dès que nous le pouvions, disait celle-ci au premier biographe du Bienheureux (1), nous allions à la messe, quelquefois à Saint-Didier-d'Aussiat, le plus souvent à Montrevel. Nous aimions ensuite à imiter ce que nous avions vu : nous sonnions la messe, nous la disions, nous mangions le pain bénit, nous faisions des processions, etc. Mon cousin était toujours le premier à proposer les cérémonies, qu'il exécutait avec une grâce merveilleuse. »

A sept ans et demi, la cousine de Pierre dut quitter la Potière pour aller, avec ses parents, habiter un hameau de la paroisse de Cras. Mais bientôt Pierre trouva dans sa sœur Marie-Françoise, plus jeune que lui de cinq ans, des inclinations et des goûts qui lui rappelaient ceux de Jeanne-Marie. Aussi, le frère et la sœur s'aimèrent-ils d'une affection particulière. Sauf l'âge, la ressemblance entre eux était parfaite: mêmes traits de visage, même caractère, mêmes inclinations, même attrait pour la piété. Ils se plaisaient à travailler et à jouer ensemble ; ensemble ils priaient le bon Dieu et la Sainte Vierge ; ensemble ils portaient aux pauvres les petites charités de la famille. Ce que l'un faisait, l'autre n'hésitait pas à le faire, et, pour compléter les similitudes, la Providence les appela l'un et l'autre à la vie religieuse dans la congrégation qui portait le nom de Marie.

L'extérieur du jeune Pierre révélait la beauté de son âme. Les contemporains nous apprennent que sa taille était mince, sa démarche modeste, ses traits réguliers, son regard intelligent. Une légère pâleur, assez commune chez les habitants de la contrée, donnait une grande douceur à sa physionomie. Toute sa personne enfin reflétait je ne sais quoi d'angélique, qui faisait qu'on ne pouvait le voir et l'approcher sans l'aimer.

---

(1) Le P. Bourdin, *S. M.*

Est-ce à dire que tout fût parfait dans cette nature si bien douée? On ne nous croirait pas si nous l'affirmions : y a-t-il rien de parfait sous le soleil? Le défaut de Pierre, si c'en est un, était un excès de sensibilité, qui produisait quelquefois chez lui des saillies d'humeur ou des moments de tristesse inaccoutumée. Voyait-il réprimander l'un de ses frères ou l'une de ses sœurs, il perdait soudain sa gaîté habituelle. Le front baissé, il se tenait à l'écart et souffrait en silence jusqu'à ce que l'orage fût dissipé. Entendait-il une plainte, voyait-il couler quelques larmes, c'en était assez pour qu'il fût vivement affecté. Des avertissements, même sévères, lui firent comprendre qu'une telle compassion était déplacée, et qu'il devait la comprimer. C'était le faire lutter contre son propre cœur, et ce n'est pas sans peine qu'il parvint à vaincre un défaut qui n'était, après tout, que l'excès d'une qualité assez rare chez les enfants, *cet âge sans pitié*.

II

Dans les familles nombreuses et peu favorisées de la fortune, les enfants sont, de bonne heure, mis au travail. Pierre fut chargé, dès l'âge de sept ans, de garder le petit troupeau de son père. Devenu prêtre, il aimait à rappeler sa vie de berger. Dans un moment d'épanchement il disait à un ami : « Il fallait se lever de grand matin... Ma mère (elle était si pieuse et si bonne !) ne manquait jamais de me demander, avant mon départ, si j'avais fait ma prière... Je l'embrassais comme pour recevoir sa bénédiction... Elle me passait au bras un petit panier dans lequel elle avait eu soin de mettre quelques comestibles ; puis elle me recommandait d'être bien sage... Je partais gaîment, suivi de mon chien, qui faisait bonne garde autour du troupeau. Le pauvre animal n'était pas joli, mais il avait un instinct admirable. Je pouvais me reposer sur lui de la surveillance que j'avais à faire.

Pour le payer de ses bons services, je ne l'oubliais jamais à l'heure de mes repas... »

Cette solitude ne manquait pas de périls. La condition de berger, soit par les rencontres qu'on y peut faire, soit par suite du désœuvrement, est trop souvent l'écueil de l'innocence. Pour écarter l'ennui et les dangers de l'isolement, Pierre sut se créer quelques occupations utiles ou des distractions salutaires. Parfois aussi, les enfants de sa condition et de son âge accouraient auprès de lui, et il prenait part à leurs jeux innocents ; mais sa piété le ramenait à ses amusements favoris. Avec ses petits compagnons, il construisait des autels, imitait les cérémonies de l'Église, et quelquefois, se rappelant le prône du dimanche, il leur adressait une exhortation, qui captivait l'attention du jeune auditoire.

Dans la belle saison, presque toujours, en rentrant à la maison, il portait un bouquet de fleurs cueillies dans les prés, qu'il plaçait au pied de l'image de la Vierge devant laquelle on faisait la prière du soir.

Les parents de Pierre, qui ne savaient ni lire ni écrire, sentaient vivement le prix de l'instruction qui leur avait manqué ; aussi, pendant l'hiver de 1810, envoyèrent-ils leur enfant à l'école primaire de Saint-Didier, la plus rapprochée du hameau de la Potière. Mais la distance était grande, et assez souvent infranchissable en temps de pluie ou de neige. On comprend quels résultats pouvaient avoir des leçons si souvent interrompues. Au retour du printemps, Pierre reprenait la garde du troupeau paternel, et oubliait bien vite le peu qu'il avait appris à l'école.

Il avait à peine huit ans, quand il se confessa pour la première fois. Avant de se présenter au prêtre, il fit le mieux qu'il put son examen de conscience. Craignant encore d'omettre quelques fautes : « Voilà, dit-il ingénument à sa mère, tout ce que j'ai pu trouver ; aidez-moi, je vous prie : vous savez mieux que moi ce que j'ai fait. » Au sortir du saint tribunal, il alla s'agenouiller un instant au pied de l'autel de la Sainte Vierge ; et lorsqu'il fut de retour à la maison, il ne put s'empêcher de manifester sa joie de la manière la plus naïve : on eût dit un grand coupable qui venait de rentrer en grâce devant Dieu et devant les hommes.

L'année suivante, à l'entrée de l'hiver, Pierre Chanel retourna à l'école de Saint-Didier, où le travail ne fut pas mieux suivi que l'année précédente. Personne ne pouvait y suppléer à la Potière, de sorte que son instruction ne faisait aucun progrès. Ses parents, au reste, ne songeaient pas à faire de leur fils autre chose qu'un agriculteur. Mais la Providence avait des vues sur cet enfant ; elle ne tarda guère à faire naître l'occasion propice et à mettre en présence les personnages qui devaient les réaliser.

« Le jeune Chanel, dit M. l'abbé Bernard, son futur condisciple et ami, dont nous emprunterons souvent le témoignage, était une plante précieuse, semée par Dieu dans un lieu solitaire et gardée par les anges à l'abri de tout danger. Elle poussait tout naturellement et se faisait remarquer par sa belle venue. Mais pour devenir ce que nous savons, il fallait un habile jardinier qui la transplantât dans son parterre et lui donnât tous ses soins. Ce jardinier, nous allons le faire connaître.

« Non loin de la Potière et de Cuet se trouve la paroisse de Cras. Cette paroisse, comme tant d'autres éloignées de la métropole de l'immense diocèse de Lyon, à cause de la rareté des prêtres, était restée sans pasteur depuis la Révolution. L'année 1811 fit cesser son veuvage et elle reçut comme desservant M. l'abbé Trompier. Les habitants de Cras eurent lieu de s'applaudir du choix de l'administration archiépiscopale.

« L'abbé Trompier était un de ces hommes de mérite en qui un jugement droit s'unit à un savoir réel, et dont les généreuses qualités de cœur se cachent sous la simplicité des manières. A l'exemple de Jésus-Christ, il avait pour les enfants un amour paternel. Les accueillir avec bonté, les bénir, les instruire de leurs devoirs, appeler sur eux la vigilance chrétienne de leurs mères, épier même l'éveil de leur

raison pour jeter dans ces âmes encore pures les premières
semences de la foi et de la piété, tel était l'objet spécial de
son zèle et l'une de ses plus douces jouissances. On eût dit
qu'il voyait sur le front de chaque enfant un rayon de beauté
divine, qui lui rappelait cette parole du Sauveur : « *Ce que
vous aurez fait aux plus petits de mes frères que voici, c'est
à moi-même que vous l'aurez fait* (1). » Outre deux écoles qu'il
avait fondées dans le village, l'une pour les garçons et l'autre
pour les filles, il avait agrandi son presbytère afin d'y recevoir quelques élèves et de les initier aux études latines.
Encouragé par l'espoir de les voir un jour monter au saint
autel, il ne reculait devant aucune peine, aucun sacrifice ;
et celui qui refusait une chaire de théologie (2), s'estimait
heureux d'enseigner de jeunes écoliers et de les préparer de
loin au sacerdoce. Les prêtres qui lui sont redevables de leur
première éducation ecclésiastique ont tous conservé pour lui
la plus haute estime et la plus affectueuse reconnaissance (3). »

Vers la fin de 1812, ce saint prêtre rencontra le jeune
berger gardant son troupeau. — « *Comment t'appelles-tu? —
Pierre Chanel. — Quel est ton âge? — Neuf ans et demi. —
Où vas-tu à l'école? — A Saint-Didier. — Que sais-tu? —
Pas grand'chose.* » M. Trompier causa un moment avec le
jeune berger et fut charmé de ses manières aimables et de la
candeur de sa figure ; à son retour, rencontrant Jeanne-
Marie Chanel, il lui dit : « *J'ai vu ton cousin Pierre : il est
bien gentil.* »

Le curé de Cras retrouva plusieurs fois le jeune berger et
chaque fois il fut frappé de ses heureuses dispositions.

Et en effet, on pouvait dire de Pierre ce que l'Évangéliste

----

(1) « *Quandiu fecistis uni ex his fratribus meis minimis, mihi fecistis.* » (Matth., XXV, 40.)

(2) En 1823, Mgr Alexandre-Raymond Devie, évêque de Belley,
offrit à M. Trompier la chaire de morale dans son grand séminaire
de Brou.

(3) R. P. BOURDIN, *Vie du V. P. Chanel*, ch. III, p. 18.

dit du Sauveur : « L'enfant croissait en âge et en sagesse
devant Dieu et devant les hommes. » On était alors en 1814.

Peu de temps après, raconte Jeanne-Marie, M. le Curé
rencontra de nouveau mon cousin et lui dit : « *Eh bien!
Pierre, te voilà grand : voudrais-tu venir à Cras? — Oh! oui,
Monsieur le Curé. C'est tout mon désir.* » Et dans son regard
se peignait l'expression du bonheur. M. Trompier, poursui-
vant son chemin, entra à la Potière, mais il ne trouva que
la mère, qui accepta volontiers la proposition. Le père, à son
retour, donna aussi son consentement.

« Dès que l'heure de reconduire son troupeau fut venue,
mon cousin courut raconter à sa mère ce que M. le Curé lui
avait dit. Celle-ci l'interrompit : « *Pierre, sois tranquille :
tout est arrangé.* »

III

En vertu de cet arrangement, Pierre vint passer l'hiver
de 1814 à Cras, fréquentant l'école du village et recevant
les encouragements de M. le Curé. Pendant l'été de 1815,
il reprit la garde du troupeau de son père et se montra si
studieux que ses parents se demandaient : « *Qu'a donc notre
petit Pierre? Depuis qu'il est allé à Cras, il veut toujours avoir
ses livres.* »

A l'approche de l'hiver suivant, il revint tout joyeux à
Cras, pour commencer enfin ses études classiques sous la
direction de M. le Curé. Mais sa joie fut bientôt troublée par
la nouvelle inattendue de la nomination de M. Trompier à
la cure du canton de Monsols, près de Beaujeu.

Heureux dans son humble presbytère et très aimé de ses
paroissiens, ce bon prêtre n'avait d'autre ambition que de
vivre et de mourir au milieu d'eux. Cette décision, qui rendait
hommage à son mérite, et que l'administration diocésaine
maintint malgré les vives instances des paroissiens, fut donc
un rude coup pour le pasteur et le troupeau.

Le plus désolé était le petit Pierre, qui voyait par là ses études interrompues ; mais ce ne fut qu'une épreuve. M. Trompier lui-même proposa à ses parents de l'emmener avec lui et de se charger de son éducation. Cette proposition fut acceptée avec reconnaissance : « Mon cousin, dit Jeanne-Marie, avait bien prié : aussi quand il apprit qu'il irait à Monsols, il nous dit tout joyeux : « Ah ! si la Sainte Vierge n'y avait pas mis la main, la chose n'aurait pas si bien réussi. »

Ce fut vers Noël 1815 que M. Trompier partit pour Monsols, emmenant avec lui deux de ses enfants de Cras, Pierre Chanel et un autre. Ce dernier ne resta pas : il n'était pas appelé de Dieu et revint chez lui.

A Monsols, Pierre montra une nouvelle ardeur pour l'étude, et le travail étant plus régulier, ses progrès devinrent plus sensibles. Dans ses moments de loisir il aimait à lire quelque livre qui pût l'instruire et l'intéresser. Aucun ne l'attacha autant que les *Lettres édifiantes*. Les *Annales des Missions étrangères* allumèrent dans son jeune cœur un vif désir de franchir les mers et de se dévouer au service des infidèles. L'idée de verser son sang pour Jésus-Christ le faisait tressaillir. C'était un nouvel indice de la vocation apostolique qu'il devait remplir si généreusement. Mais alors son sage directeur ne voyait dans ces naïfs transports que de pieux élans d'imagination ; le moment n'était pas venu d'y prêter une attention sérieuse. Cependant il se servait de ces généreux sentiments pour nourrir et enflammer la piété de son élève.

M. le Curé lui avait concédé, dans son jardin, un petit parterre, afin qu'il pût satisfaire son goût pour la culture des fleurs. Il y mettait tout son soin, comme à tout ce qu'il faisait ; mais ces fleurs, il ne les cultivait que pour en parer l'autel de la Sainte Vierge.

Le nouveau curé de Monsols eut bien vite gagné l'estime et l'affection de ses nouveaux paroissiens. Mais ceux-ci remarquèrent bien vite aussi la candeur et la piété du jeune écolier qu'il avait amené avec lui. Compagnon assidu du bon pasteur, soit à l'autel, soit auprès des moribonds, soit dans la cérémonie des funérailles, partout il l'assistait avec un religieux empressement. Quelque part qu'il se montrât, son air de candeur et de modestie frappait les regards. Tous l'admiraient, mais surtout les mères ; elles enviaient le bonheur de ses parents et le citaient comme modèle à leurs enfants.

Ceux-ci, de leur côté, se sentaient attirés par le charme de ses vertus. Fidèle aux recommandations de son sage mentor, il ne se lia qu'avec les meilleurs. Bienveillant avec tous, il ne parlait jamais mal d'eux et cherchait toujours à les excuser quand ils se trouvaient en faute. Cette charité douce et constante lui concilia l'estime même des moins vertueux. Un jour, on parlait défavorablement de quelques ecclésiastiques. « Nous avons, dit l'un d'eux, un curé qui ne leur ressemble pas, et si Chanel devient prêtre, lui aussi sera un excellent curé. »

Une autre fois, un de ces jeunes étourdis le voyant sortir de l'église, dit à ses camarades : « Voulez-vous que nous lui fassions une niche? — Oh ! garde-t'en bien, reprit un autre : si on savait dans la paroisse que tu lui as fait de la peine, tu pourrais bien t'en repentir. Du reste, il a si bon cœur, ce petit Chanel! Laissons-le donc aller en paix. »

Aux heures de récréation, il se livrait avec une gaieté charmante aux délassements de son âge, et, de son côté, le bon curé se faisait un plaisir de les partager avec lui. Le jeu de boules était le plus ordinaire ; et quand la conversation venait à le remplacer, Pierre, désireux de reprendre les boules, proposait ce qu'il appelait *la petite partie*. « Vous verrez, disait-il en riant, que je perdrai encore celle-ci. » —Beau plaisir ! répondait M. Trompier. — Oui, sans doute, répliquait l'enfant, et j'en suis toujours joyeux d'avance ; car je vois que, lorsque vous gagnez, cela vous réjouit beaucoup. » M. Trompier avait aussi remarqué que son élève, bien que fort attentif au jeu, perdait le plus gaiement du monde.

Cependant le climat des montagnes du Beaujolais avait éprouvé la santé du curé de Monsols, et son état devint bientôt assez grave pour qu'un changement fût déclaré nécessaire.

D'autre part, la paroisse de Cras avait eu successivement deux curés, et le dernier était parti au commencement de septembre 1816. Apprenant que M. Trompier devait quitter Monsols, toute la population de Cras s'empressa de solliciter le retour de celui qu'elle avait tant regretté. L'administration diocésaine crut devoir condescendre au vif désir qui lui était manifesté, et nomma de nouveau M. Trompier curé de Cras.

Les adieux du vénérable curé à la paroisse de Monsols firent couler bien des larmes. Lui-même ne pouvait retenir les siennes ; il s'arrachait à regret du milieu de la foule, qui se pressait autour de lui et qui l'accompagna jusqu'aux limites de la paroisse. Le jeune Chanel, profondément ému, marchait à côté de son bienfaiteur. Longtemps on conserva le souvenir de M. Trompier et du bien qu'il avait fait. Mais, ce qui doit surprendre, c'est que l'on n'ait point oublié le serviteur de Dieu, qui n'avait alors que treize ans. Quarante-sept ans après, le premier historien du Bienheureux ayant demandé à M. Bessy, curé de Monsols, si l'on avait conservé quelque souvenir de son court séjour dans la paroisse, reçut une réponse dont nous détachons les lignes suivantes :

« Oui, mon révérend Père et ami, j'ai pris des informations à ce sujet, et j'ai su que, dans plusieurs familles, on avait gardé un précieux souvenir de cet enfant de bénédiction, qui, plus tard, a cueilli la double palme de l'apostolat et du martyre.

« On se rappelle fort bien qu'il était pieux, charitable, modeste, d'une candeur angélique. Le petit Pierre (c'est ainsi qu'on l'appelait) servait d'enfant de chœur à M. Trompier. Il aimait beaucoup les cérémonies de l'église et chantait à ravir.

« Un de mes paroissiens nommé Philibert Chatelet, qui dans le temps assistait avec lui au catéchisme, rapporte qu'un jour M. le Curé, obligé de suspendre sa leçon pour se rendre au presbytère, où il était appelé, recommanda aux enfants d'êtres sages pendant sa courte absence. Or, lui parti, tous sortirent de leurs rangs et se dispersèrent ; seul, Chanel resta calme et silencieux à sa place. »

CHAPITRE II

I. Retour à Cras. École presbytérale. — II. Première communion du Bienheureux. — III. Tentation et délivrance. — IV. Départ pour le Petit
Séminaire.

I

UTANT le départ de l'abbé Trompier avait affligé
la paroisse de Cras, autant son retour la combla
de joie et de consolation. Pierre de son côté, on le
comprend sans peine, goûta un singulier plaisir en revoyant
ses parents, ses condisciples, et cette église de Cras où il
aimait tant à prier. Bien que son absence n'eût pas été d'une
année, on se plaisait à remarquer en lui, avec le développement de sa taille, un air plus réfléchi, un maintien plus grave
et des manières plus cultivées.

Il reprit sans délai et avec une nouvelle ardeur ses études ;
mais il ne retourna pas dans la maison de sa tante. M. le Curé,
pour le suivre de plus près et activer ses progrès, voulut,
comme à Monsols, l'avoir auprès de lui. Ses parents y consentirent volontiers.

Le bon pasteur, avec son intelligence des besoins de l'Église
et du diocèse, venait d'ouvrir dans son presbytère une sorte
d'école cléricale où il avait réuni quelques enfants, dont plusieurs sont devenus des prêtres remarquables par leur savoir

et leur piété. Le jeune Chanel leur fut associé, et devint bientôt le plus laborieux de tous. L'un d'eux, que nous connaissons déjà, l'abbé Bernard, en 1843, rendit de lui ce témoignage :

« J'aime à me rappeler cette époque où, n'étant qu'au début de mes études, je rencontrai, au presbytère de Cras, mon cher et saint ami Chanel. Ah ! si j'avais pu prévoir qu'il cueillerait la palme du martyre et que l'Église le proposerait à notre vénération, comme j'aurais observé et noté ses moindres actes de vertu ! Je me souviens cependant très bien de lui ; il me semble même le voir encore au milieu de ses camarades, soit en classe, soit en récréation. Quoique d'une santé frêle et délicate, il était fort laborieux. On remarquait déjà en lui une belle intelligence et surtout une grande piété. Dans nos heures de délassement, il s'associait à nos jeux, quelquefois même il y mettait de l'entrain ; toujours il y apportait de la franchise et de la complaisance. Nous l'aimions tous beaucoup. Avec la douceur, la modestie et les autres vertus que nous lui connaissions, pouvait-il n'être pas aimé? S'il nous arrivait de le contrister, c'est quand il nous voyait punis ; alors il avait pour nous un mot d'excuse et s'empressait de solliciter notre pardon... L'abbé Trompier s'efforçait inutilement de voiler la prédilection qu'il avait pour cet élève accompli ; nous ne doutions pas qu'il ne nous portât tous dans son cœur, mais il était facile de nommer celui qui en occupait la première place. Cette préférence était si bien méritée qu'elle ne souleva jamais parmi nous le plus léger sentiment de jalousie. Du reste, Pierre était trop bon, trop humble pour nous faire sentir les avantages qui pouvaient tourner à sa louange. » (*Lettre du 16 août 1843.*)

L'abbé Trompier ne perdait jamais de vue les jeunes gens confiés à ses soins, et il ne laissait échapper aucune occasion de leur inspirer le respect de la règle et l'amour du devoir.

Un voisin d'étude sollicita un jour, de Chanel, l'emprunt de son cahier pour transcrire le travail qu'il avait à présenter en classe. Celui-ci, n'écoutant que son cœur, le lui prêta volontiers. Cette petite fraude fut aisément reconnue. L'habile professeur, après avoir puni le plagiaire, n'épargna pas celui qui, par complaisance, s'était rendu complice du délit.

Un autre jour, il lui refusa la permission d'aller voir sa famille, parce qu'il avait remarqué dans l'un de ses thèmes quelques traces de négligence. Pierre ne murmura pas et dit à un de ses condisciples qui le plaignait : « *Nous serions bien aveugles, si nous ne sentions pas que c'est pour notre bien que l'on fait la guerre à nos défauts.* »

Le jeune Chanel n'était pas du nombre de ces élèves qui n'obéissent que lorsqu'on les surveille. En l'absence, comme sous l'œil du maître, il respectait les ordres qui lui étaient donnés. Un trait peindra l'estime qu'il faisait de l'obéissance.

Malgré la défense de M. Trompier, quelques enfants allaient se baigner dans les eaux de la *Reyssouze*. Quant à Pierre, plus d'une fois on essaya de l'entraîner ; toujours il répondit : « *M. le Curé l'a défendu. — Mais, il ne le saura pas. — N'importe, Dieu nous voit, et cela me suffit.* »

« Nous avions une si haute idée de sa vertu, nous dit l'abbé Bouvard, que, malgré notre étourderie et notre dissipation, jamais, en sa présence, nous n'avons fait une espièglerie. C'était déjà un saint. Nous étions bien légers ; les fidèles de Cras en faisaient la remarque ; mais ils ajoutaient : « *Voyez donc Chanel! comme il est sage!* »

Sa piété était surtout admirable pendant la célébration des saints mystères. Son extérieur avait quelque chose de si pieux et de si édifiant que tous ceux qui le voyaient, exprimant l'intime conviction du Pasteur, disaient : « Celui-là, à coup sûr, sera prêtre. »

L'esprit de foi dont il était pénétré allumait en lui un ardent amour pour Dieu et cet amour pour Dieu lui inspirait une vive charité envers le prochain ; les pauvres surtout étaient ses amis. Tout jeune qu'il était, il avait compris ces paroles du divin Maître : « Ce que vous ferez au moindre d'entre eux, c'est à moi que vous le ferez. » Il savait que Jésus-Christ se cache sous le manteau de leur misère, et il goûtait cette béatitude dont parle le roi Prophète : « Heureux celui qui a l'intelligence du pauvre et de l'indigent ! » La vue d'un malheureux l'attendrissait jusqu'aux larmes. Il ne se contentait pas de compatir à leurs privations, il les soulageait de son mieux, ouvrant en leur faveur sa petite bourse et dépensant en aumônes tout l'argent qu'on lui donnait pour ses menus plaisirs.

Cette piété, cette charité croissaient de jour en jour, à mesure qu'il voyait approcher l'époque si désirée de sa première Communion.

II

C'était assez l'usage, à cette époque, d'attendre un développement marqué de raison et d'intelligence pour admettre les enfants à cette grande faveur. Nous voyons mieux aujourd'hui le préjudice qu'une privation prolongée peut causer à ces jeunes âmes. Cette rigueur était due peut-être à l'influence des doctrines jansénistes, qui avaient fait tant de mal à la France, influence que les meilleurs prêtres subissaient sans s'en rendre compte. Le curé de Cras était bien excusable d'ailleurs. Car dans sa paroisse, comme dans toutes les paroisses rurales, l'éducation des enfants est moins hâtive, et leur innocence, grâce à leur simplicité, y est plus longtemps conservée que dans les villes.

Pierre Chanel avait treize ans et demi, quand il fut appelé à faire sa première Communion. Il reçut cet appel avec un bonheur facile à concevoir, et s'empressa d'annoncer cette grande nouvelle à ses parents dans une lettre toute remplie de pieuse allégresse. Dès lors il ne pensa plus qu'à la grande action, dont la date avait été fixée au dimanche de la Passion (23 mars 1817). Ce jour-là, la cloche avait réuni dans l'église de Cras les jeunes conviés du Seigneur. Une foule nombreuse de parents et d'amis prenait part à l'auguste solennité.

M. Trompier célébra les saints mystères et distribua le pain des Anges aux soixante enfants qu'il avait longuement préparés avec tout le soin et le zèle d'un bon pasteur.

Qui pourrait dire ce qui se passa à l'heure à jamais bénie de ce premier divin contact entre le Dieu de l'Eucharistie et ce jeune cœur qui l'avait tant aimé?

« Je n'oublierai jamais, dit un témoin oculaire, le touchant spectacle qu'offrit alors la piété du jeune Chanel. Quoique les enfants qui parurent à la Table sainte fussent nombreux et édifiants, je ne pouvais m'empêcher d'attacher sur lui mes regards. Il me semble encore le voir à genoux, les mains jointes et le front rayonnant d'une joie céleste, enfin, ayant toute l'attitude recueillie dans laquelle on représente les anges en adoration. Son père et sa mère, qui étaient à quelques pas de lui, participèrent aussi au banquet de l'Agneau sans tache. Leurs yeux, sans doute, se détournèrent plus d'une fois pour contempler cet enfant béni, devenu en ce moment encore plus cher à leur tendresse. Pour lui, plongé dans un profond recueillement, il tenait les yeux baissés, et, versant de douces larmes, il savourait dans son cœur la joie qu'y répandait la présence du Dieu de toute pureté et de tout amour. »

Afin d'asseoir sur un fondement solide l'édifice de sa persévérance, Pierre Chanel se traça à lui-même par écrit un plan de vie, qui devait soutenir sa piété, si jamais il la sentait défaillir. Tout y était réglé avec soin : le temps de la prière, les exercices de piété, les moyens de pratiquer la vertu et de fuir le péché, ses confessions et communions, ses charités pour les pauvres, son dévouement complet, en toutes choses, à la volonté de Dieu. Sa tendre dévotion envers Marie lui inspira la promesse de réciter tous les jours le chapelet en son honneur : on eût dit d'un jeune séminariste au sortir d'une fervente retraite, et il avait treize ans et demi. Ces résolutions se conçoivent dans la ferveur d'enfants qui portent dans leur cœur le Dieu d'amour ; mais combien y restent fidèles après les premiers élans? La première Communion, ce jour du ciel sur la terre, est la consolation des pasteurs, la joie des enfants et des parents chrétiens. Si ces belles dispositions étaient bien conservées chez les enfants et bien protégées dans les familles, imaginons ce que deviendraient la paroisse, la cité, la société tout entière. Mais, hélas ! ces jeunes volontés sont fragiles, et ces vertus naissantes sont trop souvent combattues et étouffées par ceux-là même qui auraient le plus grand intérêt à les défendre !

L'extraordinaire, le merveilleux dans le premier communiant dont nous retraçons l'histoire, ce n'est pas qu'il prît de généreuses résolutions, c'est qu'il les tînt.

III

La première Communion fut pour Pierre Chanel le point de départ d'un nouvel élan dans la voie de la perfection. On le vit redoubler à la fois d'ardeur pour le travail et de zèle pour le service de Dieu.

Mais il lui arriva, quelque temps après, une de ces épreuves auxquelles Dieu soumet parfois même les plus grands saints. Qui ne se rappelle la tentation de désespoir qui poursuivit saint François de Sales avec un tel acharnement qu'elle le rendit malade et mit sa vie en danger? Quelque chose de semblable arriva à notre jeune étudiant. Il avait alors quinze ans. Tout à coup, il se sentit saisi d'un profond dégoût pour l'étude. Il usa de toute son énergie pour combattre et vaincre ce découragement ; tous ses efforts furent vains. Il devint triste et rêveur : sa santé dépérissait à vue d'œil. Interrogé sur les causes de cet état, il ne savait que répondre, mais il ne se rendait pas. Enfin, n'y tenant plus, un matin il fit un paquet de ses cahiers et de ses livres, et, sans avertir M. le Curé, il prit le chemin de la Potière.

Il était déjà en route, lorsqu'il rencontra, devant l'église du village, une respectable personne dont la grande piété avait gagné sa confiance. Elle se nommait Mlle Benoîte Chambard et dirigeait l'école des filles. Voyant l'enfant marcher à pas pressés : « Pierre, où vas-tu comme cela? lui dit-elle. — Je m'en vais, répond le fugitif. — As-tu parlé à ta tante?... et à M. le Curé?... As-tu au moins consulté la Sainte Vierge? » Les yeux baissés, Chanel ne répondait pas. La bonne fille ajouta : « Crois-moi, Pierre, va d'abord à l'église, prie la Sainte Vierge, et tu feras ce qu'elle te dira. » Le jeune homme obéit. Il dépose son paquet au bas de la nef et va réciter son chapelet aux pieds de la Sainte Vierge. Pour lui, comme pour saint François, la prière obtint son effet ; il revint tout joyeux auprès de la pieuse demoiselle qui lui dit : « Eh bien? — Eh ! bien, je reste. » Sur quoi il chargea ses livres sur sa tête et revint au presbytère, où il reprit le cours de ses études, qui ne fut plus jamais interrompu.

Vingt ans plus tard, reportant sa pensée vers cette époque de sa vie, qu'il appelait l'époque de sa conversion : « Vraiment, disait-il, je ne sais pas ce que j'avais dans la tête ; je crois que le diable s'y était logé. Le perfide ! peu s'en est fallu qu'il ne m'ait joué un bien vilain tour... J'étais, sans pouvoir me l'expliquer, dans des angoisses et dans une espèce d'agonie qui touchaient presque au désespoir... Si j'ai recouvré le calme et le courage, je le dois à la Sainte Vierge. » Il n'oublia jamais une telle faveur, ni cette femme vénérable qui l'avait si sagement conseillé.

En reconnaissance, il renouvela sa résolution de réciter le chapelet tous les jours, et il ne manqua jamais à sa promesse.

IV

Au mois de juillet 1819, Pierre touchait à sa seizième année. Le bon curé de Cras était certainement capable de conduire son jeune élève, d'étape en étape, jusqu'au seuil du Sacerdoce, mais il jugea préférable de lui faire continuer ses études dans un établissement diocésain.

Or, en ce temps-là, le séminaire de Meximieux, fondé depuis quelques années par M. l'abbé Ruivet, dans la paroisse dont il était curé, jouissait déjà d'une réputation bien méritée. Il contenait environ trois cents élèves, et avait alors pour supérieur M. Loras, devenu plus tard évêque de Dubuque, aux États-Unis. Il fut décidé que le jeune Chanel y serait envoyé pour achever ses études. La rentrée devait avoir lieu le 30 octobre.

Sa mère voulut l'accompagner au Séminaire, afin de le présenter elle-même au digne Supérieur. Deux incidents marquèrent ce voyage. On était en voiture, et parmi les voyageurs, il y avait une jeune ouvrière qui se rendait à Saint-Rambert pour travailler à une filature de coton. Elle causait à tort et à travers, et, bientôt, ses propos devinrent inconvenants. Pierre faisait semblant de dormir pour ne pas se mêler à la conversation. Lassé à la fin et indigné, il interrompit brusquement la jeune fille : « Nous regrettons, Mademoiselle, que vous ne reveniez pas de la filature, au lieu d'y aller, vous auriez pu apporter du coton pour nous boucher les oreilles. » On rit de cette saillie et la fille effrontée garda le silence.

Peu après, ce fut le tour d'un jeune touriste, qui d'abord étourdit l'assistance du récit de ses voyages. Pierre laissait rouler ce fleuve de paroles, lorsqu'il fut lui-même pris à partie : « Jeune homme, où allez-vous? — A Meximieux, au petit Séminaire. — Au petit Séminaire ! je vous plains : si vous disiez au collège... Sans doute, cela coûte cher, et peut-être vos parents ne peuvent pas vous y envoyer. — Ils seraient riches qu'ils n'auraient pas changé d'idée. — Ils ont grand tort. » Et le touriste commença une apologie emphatique de l'Université et de l'éducation qu'on y reçoit. Impatienté, Pierre répondit par une boutade : « Tenez, Monsieur, vous feriez tout aussi bien de vous taire. — Oh !

oh! sur quel ton vous le prenez : on dirait qu'une mouche vous a piqué? — Oui, Monsieur, une bien vilaine mouche. »

Les rieurs furent encore pour lui, et l'impertinent s'en tint là.

Nous avons rapporté ces deux traits pour montrer un côté de l'esprit du jeune étudiant. Il savait au besoin manier la raillerie ; mais rarement il usa de ce talent : il le croyait contraire à la charité, et peu de ses intimes l'en ont soupçonné.

CHAPITRE III

LE BIENHEUREUX AU PETIT SÉMINAIRE

I. Le petit Séminaire de Meximieux. — II. Portrait du Bienheureux. — III. Qualités et vertus du Bienheureux. — IV. Le condisciple. — Amitiés du Bienheureux. — Le Bienheureux au petit Séminaire de Belley.

I

A cette époque, un fâcheux préjugé régnait dans le public au sujet des petits Séminaires. On savait bien qu'ils offraient plus de sécurité pour la foi et les mœurs des enfants ; mais on estimait que l'instruction y était bien inférieure à celle des établissements de l'État. De là pour les Séminaires un discrédit, qui rejaillissait sur le sacerdoce et sur la religion.

Malgré ce préjugé, qui devait disparaître plus tard grâce à la loi de 1850, aux rapports des Inspecteurs et aux résultats des examens, le petit Séminaire de Meximieux inspirait aux familles une confiance telle que les élèves y accouraient en foule ; et sous la direction de maîtres habiles, cette maison jouissait d'une prospérité toujours croissante.

Nous n'avons pour nous renseigner sur les impressions du nouvel élève que ses résolutions à la fin de la retraite qui fut donnée à toute la communauté aussitôt après la rentrée.

Elles reproduisent, avec plus de fermeté et de maturité, les règles de piété, de docilité et d'application qu'il s'était prescrites et qu'il avait fidèlement observées depuis sa première communion.

Ses dispositions nous sont encore mieux révélées, à l'époque du jour de l'an, dans la lettre qu'il ne manque pas d'écrire au bon pasteur dont le charitable dévouement l'avait discerné et mis sur le chemin de sa vocation.

« Permettez que je vienne à mon tour vous exprimer les vœux et les sentiments dont le témoignage est si doux à tous ceux qui sont l'objet de votre zèle et de votre bienfaisance. Je vous souhaite de tout mon cœur la bonne année. Que Dieu vous conserve longtemps pour votre chère paroisse et pour moi ! Votre couronne n'en sera que plus belle dans le ciel, et notre persévérance dans le bien plus assurée.

« Je ne puis vous dire, M. le Curé, combien je suis heureux au petit Séminaire ; j'ai de si bons maîtres ! Mes camarades, qui sont en grand nombre, ont, pour la plupart, des qualités que je leur envie... L'affection filiale et respectueuse que je ressens pour vous, m'excite à de nouveaux efforts dans l'accomplissement de mes devoirs de chrétien et d'écolier. »

M. Trompier avait pensé que son élève était assez avancé pour entrer dans la classe de quatrième. Dès les premières compositions, son professeur augura qu'il serait un de ses meilleurs élèves.

Trois mois après, un premier bulletin fut envoyé à sa famille. M. et Mme Chanel eurent la consolation d'apprendre que leur fils occupait dans sa classe un rang distingué, que son travail était soutenu, son caractère excellent et sa conduite exemplaire.

M. Trompier, à qui ce bulletin fut communiqué, écrivit à M. l'abbé Loras, supérieur du petit Séminaire : « L'intérêt que je porte au jeune Chanel, a doublé la satisfaction que m'a procurée son premier bulletin. Ce cher enfant continuera, je l'espère, à faire votre consolation et la mienne. Je le crois appelé au sacerdoce. C'est une âme d'une candeur et d'une aménité admirables. Je suis heureux de penser qu'elle est entre vos mains. Ne lui ménagez au besoin ni les réprimandes, ni les punitions ; vous avez toute liberté : « *Confidens scripsi tibi: sciens quoniam et super id quod dico facies* (1). »

Les notes excellentes de ce premier bulletin, non seulement furent maintenues dans les suivants, mais les expressions *Bien* et *Très bien* sur toute la ligne, montrent l'estime qu'il avait inspirée et la satisfaction qu'il avait donnée à ses maîtres.

La piété dans le jeune Chanel allait de pair avec l'assiduité au travail : piété simple, naturelle et sans nulle affectation. Pour stimuler le zèle et accroître la ferveur, le Directeur avait fait choix des meilleurs élèves, et il les groupait de temps en temps au pied de l'image de Marie. Il leur adressait quelques paroles d'édification, leur donnait d'utiles conseils, leur proposait quelques pratiques de vertu, et l'on terminait par le chant d'un cantique.

Cette pieuse association prit le nom de Congrégation de la Sainte Vierge, et le jeune Chanel y fut admis dès sa première année. Nous verrons dans l'un des chapitres suivants l'influence qu'il y acquit auprès de ses condisciples, surtout quand il fut mis à leur tête avec le titre de *Préfet*.

Cette première année s'écoula douce et paisible, sans autres incidents dignes d'être mentionnés.

Quand vinrent les vacances, il reprit le chemin de la Potière, tout heureux de pouvoir se jeter dans les bras de son père et de sa mère. Sans négliger les devoirs qui lui avaient été assignés, il se faisait un plaisir d'aider ses parents dans leurs travaux et de leur rendre tous les services dont il était capable. « J'en ai été le témoin oculaire, dit M. Bernard, son cousin et son compatriote... Souvent M. le Curé m'a fait remarquer les vertus de cet admirable jeune homme ; il le citait comme

---

(1) « La confiance que vous m'inspirez, m'engage à vous écrire de la sorte, persuadé que votre zèle ira au-delà de mes recommandations. »

modèle de piété filiale, et trouvait dans ses relations de famille un des plus beaux commentaires de ce précepte divin : *Tes père et mère honoreras, afin que tu vives longuement.* Je ne m'étonne pas, ajoutait le vénérable pasteur, que Dieu le récompense dès ce monde, en lui accordant ce charme de la vertu, cette amabilité de caractère, cet ensemble de qualités et cette abondance de grâces qui préparent si bien au sacerdoce. »

II

Au jour fixé pour la rentrée, à la fin d'octobre 1820, Pierre Chanel retourna à Meximieux et reprit avec une nouvelle ardeur le cours de ses études.

Jusqu'ici nous avons pu déjà entrevoir la bonté et la beauté de cette âme d'adolescent. La nature et la vertu lui avaient donné un charme qui attirait tous les cœurs à lui. Un homme qui l'a bien connu, puisqu'il l'a eu deux ans pour élève dans sa classe, nous a laissé de lui un tableau plus complet.

Dans une lettre qu'il écrivit, en 1843, au premier auteur de la *Vie du P. Chanel*, il disait :

« C'est avec une douce satisfaction, mon Révérend Père, que je m'empresse de vous faire part de mes souvenirs à l'égard de Pierre-Marie-Louis Chanel. On peut bien dire de lui : *Dilectus Deo et hominibus* (1). Oh ! oui, il était chéri de Dieu et de ses condisciples. Quelles précieuses qualités dans ce jeune aspirant au Sacerdoce ! J'en ai jugé de près, l'ayant eu pour élève en quatrième et en troisième. Si alors j'avais pu prévoir sa glorieuse destinée, avec quel intérêt j'aurais observé et recueilli jusqu'aux plus légères circonstances de sa vie ! Je n'aurais perdu aucun de ses actes pour vous les montrer comme les heureux préludes des vertus qui ont fait le saint prêtre, l'apôtre et le martyr.

------

(1) « Chéri de Dieu et des hommes. » (Eccl., XLV, I.)

« En causant de lui avec plusieurs de ses anciens amis, nous avons été d'accord que nulle conduite d'écolier n'avait été plus constamment régulière que la sienne. Je ne crois pas qu'il ait mérité ou reçu un seul reproche de ses supérieurs.

« Il était d'une modestie et d'une docilité parfaites. Il avait le cœur sensible et généreux. Le fond de son caractère était la mansuétude. Cette bonté d'âme était peinte dans ses traits ; elle se révélait surtout dans son regard et dans sa parole. Ennemi de tout ce qui trouble la paix et l'union, il n'eut jamais avec ses condisciples la moindre querelle. Sa timidité naturelle le portait à s'éloigner de ces jeux trop bruyants et trop animés d'où naissent d'ordinaire les conflits et les disputes. Une légère teinte de mélancolie lui donnait un air posé sans être trop grave, et calme sans froideur... Il tenait dans sa classe un des premiers rangs. Son application avait de la constance, malgré la délicatesse de son tempérament...

« La piété de ce cher élève était réfléchie, solide et tendre. Il me souvient très bien qu'il aimait à épancher souvent son cœur au pied de l'autel de la Sainte Vierge. Cette piété filiale envers celle qu'il appelait sa bonne Mère lui a sans doute valu la double faveur, d'abord, d'entrer dans la Société de Marie, puis, de l'honorer par son apostolat et son martyre.

« En un mot, il réunissait toutes les qualités qui font le parfait élève et rendent douce et facile la tâche des maîtres. »

Simple dans sa tenue, noble dans son maintien, doux et modeste dans son regard ainsi que dans ses paroles, toujours poli dans ses relations, même avec les petits enfants, Pierre Chanel avait cette dignité, cette fleur du bon ton qui plaît à tout le monde. En salle d'étude, en récréation, au réfectoire, partout il se montrait affable et prévenant. Il aimait à prêter les objets dont il pouvait disposer et se faisait un plaisir de partager avec le premier venu les comestibles qu'il recevait pour son goûter. Volontiers il s'associait à ses camarades dans les jeux qui lui souriaient le moins, et il s'offrait au besoin pour compléter le nombre des joueurs ; mais il témoignait un éloignement marqué pour toutes ces querelles qui surgissent parfois entre écoliers. Il n'était jamais indifférent spectateur de la plus légère dispute, et l'on acceptait avec plaisir son rôle d'intermédiaire et de pacificateur.

Tel fut le Bienheureux pendant ses premières classes au petit Séminaire de Meximieux.

Vers la fin de l'année scolaire 1820-1821, l'établissement fut soumis à une rude épreuve : une épidémie, dont nous ignorons le caractère, envahit la petite ville de Meximieux et toute la contrée. Le Séminaire ne pouvait pas y échapper. En peu de jours, la maison ne fut qu'une vaste infirmerie. Un maître et plusieurs élèves succombèrent. On se hâta de rendre à leurs familles tous ceux qui pouvaient supporter le voyage. Pierre fut de ce nombre. Il reprit le chemin de la Potière, où ses parents le reçurent avec une joie d'autant plus grande qu'ils avaient été plus alarmés à la nouvelle du fléau. Pendant ces longues vacances, Pierre se remit au travail des champs, qu'il entremêlait avec la prière et l'étude, comme on le lui avait recommandé.

A la fin d'octobre 1821, l'épidémie qui avait si cruellement frappé la ville et le Séminaire avait disparu. La rentrée se fit avec l'affluence et l'empressement accoutumés.

Pierre Chanel allait commencer sa seconde. Le champ des belles-lettres fut pour lui comme la révélation d'un nouveau monde. Pierre rend compte de cette impression à l'un de ses cousins :

« Enfin, après une marche longue et pénible au milieu des grammaires, des thèmes et des versions, je suis arrivé dans la région des belles-lettres. Je me crois alors transporté dans le plus beau pays du monde. On nous met chaque jour en relation avec les meilleurs écrivains des temps anciens et modernes. Nous cherchons à nous rendre compte de leurs pensées, de leurs sentiments, de leur style. Cet exercice d'analyse, à l'aide d'un maître habile, développe et règle l'imagination, la sensibilité, le goût et le jugement. Je suis encore bien novice dans ce travail ; mais, grâce à Dieu, j'ai bon courage.

« Rien de plus varié que les sujets sur lesquels on exerce notre plume : tantôt c'est une description topographique ou le récit d'un événement ; tantôt c'est une lettre ou une fable, une élégie, une idylle, etc. Il va sans dire que nous étudions encore les langues grecque et latine dans ce qu'elles ont de plus beau et de plus difficile à traduire... Ainsi, tu le vois, le cercle de mes devoirs d'écolier s'est agrandi : je voudrais bien que ma tête s'agrandît également et qu'elle ne perdît rien de l'instruction que l'on nous donne. »

Sous cette impression l'année s'écoula paisible et joyeuse, et les récompenses qu'il obtint au jour des prix, montrèrent que, s'il ne fut pas le premier de sa classe, il avait réalisé de notables progrès.

L'année suivante, l'année de sa rhétorique, était la dernière qu'il devait passer à Meximieux. En seconde il avait en quelque sorte essayé, par des compositions légères, son talent dans l'art de penser et d'écrire. Maintenant il allait s'appliquer à réfléchir, à raisonner, à conclure. La rhétorique n'était pas alors ce qu'elle est aujourd'hui. On définissait l'éloquence, le don ou la faculté d'être ému et d'émouvoir ; et la rhétorique était l'ensemble des règles qui dirigeaient l'orateur dans le développement et la mise en œuvre des moyens de perfectionner ce précieux don. C'était l'art d'instruire, de plaire et de toucher, et l'acquisition de cet art était le but principal du travail de toute l'année.

Ce genre d'étude souriait moins à l'imagination du jeune rhétoricien, mais il ouvrait à son intelligence un champ plus vaste et plus fertile ; Pierre Chanel s'y livra donc avec une ardeur d'autant plus vive que cette étude lui offrait le moyen le plus efficace de se préparer à sa vocation future, le ministère des âmes, auquel il se sentait appelé et dont il avait dès lors une claire vision.

III

Les condisciples du Bienheureux ont regretté de n'avoir pas suffisamment observé et apprécié les trésors de grâce et de vertu qu'il cachait sous les dehors d'une vie simple et commune. Nous pouvons cependant, à l'aide de leurs renseignements, esquisser le portrait du pieux adolescent ; si imparfait que soit le tableau, il pourra servir de modèle à tous les étudiants de cet âge, collégiens ou séminaristes.

Pierre Chanel avait puisé au sein de sa famille une piété vive qui s'était affermie à l'école presbytérale de Cras ; elle ne fit que grandir à Meximieux. Il avait une foi profonde à la présence universelle de Dieu dans tous les temps et tous les lieux, et à son souverain domaine sur toutes ses créatures. Cette ferme conviction lui donnait *un air* de réserve et de recueillement qui pourtant n'enlevait rien à l'aisance de ses allures et à l'amabilité de ses rapports. Il ne prononçait le saint nom de Dieu qu'avec un profond respect et ne se permettait pas de le joindre, comme il arrive souvent, à certaines vulgarités de langage ; une émotion involontaire colorait son front quand, par hasard, un de ses camarades, pour des motifs futiles, prenait Dieu à témoin de la vérité de ce qu'il avançait ; il avait horreur du blasphème, et ne l'entendait pas sans frémir, disant que celui qui blasphème est *un suppôt du démon.*

Entrait-il dans une église, sa tenue, son maintien et l'expression de sa figure attestaient sa foi à la présence réelle et le sentiment d'adoration qui pénétrait son âme.

Aux enseignements de la chaire, il prêtait une oreille attentive, comme si Dieu lui-même eût parlé par la voix de son ministre. « Que penses-tu du prédicateur que nous venons d'entendre ? lui demanda, un jour, un de ses condisciples.

— J'en pense ce que Jésus-Christ veut que nous en pensions quand il a dit à ses apôtres : « Qui vous écoute, m'écoute.

— Je sais bien cela ; mais enfin mettons de côté le caractère et la mission divine, que penses-tu du discours au point de vue oratoire ? — Ah, mon ami, repartit Chanel, quand je vais entendre un sermon, je pense qu'il y a en moi un chrétien et un rhétoricien : le chrétien seul entre à l'église, et le rhétoricien reste à la porte. » Il n'eût pas été blâmable d'exprimer, comme d'autres, un jugement sur l'éloquence et l'action de l'orateur ; mais sa foi et son respect étaient si grands que, dans la chaire, il ne voyait plus que le représentant de Dieu.

Ce respect pour la parole de Dieu, il le portait jusqu'à ses dernières limites. Ainsi, par exemple, apercevait-il à terre quelques feuillets détachés d'un Nouveau Testament, il les recueillait, afin qu'ils ne fussent pas foulés par le pied des passants.

Dans la prière, il ressemblait plus à un ange qu'à un homme ; jamais il ne se plaignit de la longueur des offices ; c'était pour lui un bonheur de servir à l'autel, soit au Saint Sacrifice de la messe, soit dans les autres cérémonies de l'église. « *C'était une jeune âme pleine de religion* » comme l'exprime le décret officiel de l'héroïcité de ses vertus. Le même document, pour exprimer la discrétion, la dignité habituelle de son langage, dit que toute parole qui sortait de ses lèvres était *fleur de suavité*.

La piété de Chanel était surtout affectueuse et tendre envers Jésus-Christ présent dans la divine Eucharistie. La communion, en ce temps, était loin d'être aussi fréquente qu'elle l'est devenue depuis. Aujourd'hui les témoignages de l'amour de Jésus plus médités, les manifestations du saint Cœur de Jésus mieux comprises, peut-être aussi la disparition des dernières traces du Jansénisme, ont attiré les âmes vers le sacrement de l'autel, et l'Église a favorisé ce mouvement (1).

---

(1) En 1905, le Pape Pie X a pour jamais fixé la pratique catholique en promulguant la doctrine de la « Communion fréquente et quotidienne ».

Chanel aspirait vivement au bonheur de recevoir son Dieu dans le sacrement de son amour, et il communiait toutes les fois que son confesseur le lui permettait.

Nous avons déjà parlé d'une association pieuse qui, sous le nom de Congrégation de la Sainte Vierge, groupait les élèves les plus sages et les plus édifiants.

Chanel y fut admis dès sa première année. Chargé d'abord du soin de la chapelle, il ne tarda pas à être élu par ses condisciples comme *préfet* de la Congrégation, c'est-à-dire premier dignitaire sous l'autorité du maître qui la dirigeait. Quand on apprit à Chanel qu'il avait eu l'unanimité des suffrages, tout stupéfait d'un tel choix, il dit : « Je croyais que ces sortes d'élections se faisaient en conscience. » Il va sans dire que le directeur ratifia le choix des congréganistes.

A dater de ce jour, la pieuse association prit un nouvel essor. Chanel en fut comme l'âme et la vie ; et la communauté tout entière, sans qu'il s'en doutât, en reçut un accroissement de ferveur et de bon esprit.

Quand on aime Dieu comme l'aimait Pierre Chanel, peut-on n'avoir pas une tendre dévotion pour Marie? Aussi l'aimait-il plus que sa vie ; il en parlait comme le plus tendre des fils parlerait de la meilleure des mères. Nouveau Stanislas, au seul nom de Marie, il ressentait une joie, un attendrissement, qui se peignait dans son regard et tous ses traits. Il lui offrait, dès son réveil, toutes les actions de sa journée ; il mettait sous ses auspices ses travaux, ses désirs, ses espérances, ses projets d'avenir. *Auspice Dei Genitrice Maria:* on trouvait ces mots inscrits en tête de ses livres, de ses cahiers, de tous ses devoirs de classe. Il contribua à mettre en honneur une pratique, qui devint bientôt générale parmi les élèves, et s'est même propagée dans d'autres établissements, savoir, une courte et fervente visite au Saint Sacrement et à la Sainte Vierge, après midi, entre le dîner et la récréation.

Enfin, un jour qu'il s'était fait par mégarde une blessure à la main gauche, il trempa sa plume dans le sang qui coulait de la plaie, et écrivit ces mots, qui exprimaient le vœu de son cœur, la passion de sa vie, et devinrent plus tard la devise de son apostolat : « *Aimer Marie, et la faire aimer.* »

IV

La piété, en Chanel, fut toujours aimable, parce qu'elle fut accompagnée d'une sincère charité pour le prochain. Comme il fut bon et affectueux pour ses condisciples ! Comme il jouissait de leurs avantages et souffrait de leurs peines ! Quels sages conseils donnés dans des circonstances importantes ! Il avait cet air de franchise et de bienveillance qui ouvre les cœurs et multiplie les amis. En salle d'étude, en récréation, au réfectoire, partout on le trouvait affable et prévenant. A l'occasion, il se privait volontiers d'objets utiles ou agréables dès qu'il voyait qu'ils faisaient plaisir à d'autres. Par complaisance, il acceptait de prendre part aux jeux qui lui souriaient le moins, et avec ses camarades de Meximieux, comme jadis avec M. le Curé de Cras, il savait perdre avec une grâce charmante.

Bien qu'il fût sorti d'une famille de paysans, et qu'il eût passé son enfance dans un hameau et dans un village, il avait dans tout son être je ne sais quel cachet de distinction et de délicatesse qui le faisait respecter et aimer à la fois. Simple dans sa tenue, noble dans son maintien, toujours poli dans ses relations, même avec les petits enfants, il avait cette dignité, cette fleur de bon ton qui plaît à tous et qu'il conserva, malgré les contacts funestes auxquels il fut parfois exposé. S'il devait cette culture à des mains habiles, elle était encore le fait d'une influence supérieure. « Quand l'âme, dit saint Bernard, s'est formée à une exquise bienséance envers Dieu, elle le manifeste au dehors, de sorte que tous les actes extérieurs deviennent purs, modestes, graves et aimables. »

Parmi les dons que Chanel avait reçus de la nature et de la grâce, nous devons signaler la générosité. Jamais il ne connut l'égoïsme. Les petits cadeaux, les friandises qu'il recevait de sa famille étaient toujours partagés avec ses voisins. Dans les petits services que les élèves se rendent les uns aux autres, il ne recula que devant l'impossibilité.

Il ne craignait pas de discuter une question de littérature ou d'histoire, mais il savait s'arrêter dès que la discussion commençait à dégénérer en dispute, toujours prêt à céder, à se départir de son sentiment, de son opinion, pourvu que la conscience n'y fût point engagée. Plus d'une fois il a réussi à mettre d'accord des adversaires prêts à en venir aux mains. Sa parfaite droiture et son esprit conciliant faisaient entendre raison aux plus obstinés, et, grâce à sa médiation, les esprits se calmaient, l'orage se dissipait et les adversaires se trouvaient amis comme auparavant.

Apprenait-il qu'un de ses condisciples était retenu à l'infirmerie par une grave maladie, il en ressentait une tristesse et une douleur qui se peignaient dans ses traits ; il demandait fréquemment de ses nouvelles, il priait pour lui et allait de temps en temps le voir pour compatir à ses souffrances et l'aider à les supporter chrétiennement. S'il en voyait un autre dans l'affliction, il l'abordait comme si le hasard l'eût conduit auprès de lui, et devenait son ange consolateur. C'est ainsi qu'un jour ayant rencontré, dans un corridor, un enfant seul et tout en pleurs à l'occasion de la mort récente de sa mère, il fut lui-même si profondément ému qu'il mêla ses larmes aux siennes, et ne le quitta point qu'il n'eût calmé sa douleur.

Dans une circonstance toute particulière, sa propre expérience lui servit pour ramener à la raison deux étourdis qui allaient faire une sottise.

Ces deux élèves étaient entrés depuis quelques mois à Meximieux. Trop choyés par leurs mères, et naturellement paresseux, ils avaient pris en dégoût les études, le règlement et la table du séminaire. Le langage de la persuasion devenant inutile, il fallut, pour les corriger, en venir aux réprimandes et aux punitions. Fatigués de cette lutte, il se concertèrent et résolurent d'y mettre fin par une fuite dérobée. Déjà ils franchissaient le seuil de la porte, lorsque Chanel accourant les arrête au passage. « Halte-là, mes amis, leur dit-il, votre passeport n'est pas en règle. » Puis, avec un regard d'indignation mêlé de pitié : « Petits malheureux ! ajouta-t-il, un pas de plus et vous étiez chassés de la maison !... Quel déshonneur pour vous ! Quel chagrin pour vos familles !... Quand j'étais enfant, j'ai voulu comme vous faire un coup de tête ; heureusement qu'on m'a retenu. Ah ! je m'en serais repenti toute ma vie... Allons, rentrez vite et du courage ! tout ira bien... » Pâles et interdits, nos déserteurs laissèrent échapper quelques larmes et revinrent sur leurs pas. Chanel ne les perdit point de vue ; il les revit de temps en temps, les encouragea et les affermit dans leurs nouvelles dispositions. Douze ans plus tard, ces deux enfants étaient parvenus au sacerdoce, qu'ils honorèrent par leurs vertus.

Une autre fois, ce fut un camarade fier et indocile qui résistait à l'autorité. D'un mot il le ramena au devoir : « Alphonse, aux arrêts ! » avait dit le Préfet. Alphonse répondit par une impertinence. « Jusqu'à nouvel ordre », ajouta le maître ; l'enfant se révolta et criait à l'injustice, quand Chanel passant tout près de lui, lui glissa ce mot dans l'oreille : « Vas-y par obéissance. » L'effet de ce conseil fut magique ; le coupable devint doux comme un agneau, et se soumit à sa punition avec une docilité si parfaite que, sur la prière de son sage conseiller, il en fut délivré presque aussitôt.

Mais où la charité et la patience du jeune étudiant furent mises à une rude épreuve, c'est quand, pour corriger deux mauvais élèves, l'un mou et paresseux, l'autre remuant et étourdi, le Préfet imagina de les placer en étude l'un à la droite, l'autre à la gauche de Chanel.

Il fallait sans cesse stimuler la mollesse de l'un, et supporter la turbulence de l'autre. Celui-ci le taquinait par mille questions agaçantes, il le tirait, le poussait, le dérangeait à tout instant dans son travail. Pierre sut se contenir, ne se fâcha jamais contre les taquineries de son jeune bourreau, mais il le vainquit par sa patience et, à force de bons procédés, il l'obligea à le laisser travailler en paix. Il fit mieux ; de ce fâcheux voisin il obtint assez de travail pour qu'il devînt un élève passable.

Il ne faudrait pas croire que de telles victoires fussent obtenues sans efforts, et que la nature seule produisît de si beaux résultats. Chanel était un élève vertueux dans l'âme· Sa charité, sa patience, son dévouement ne se soutinrent que parce qu'ils reposaient sur un fondement solide, l'*humilité*.

Personne n'ignorait (tant il se plaisait à le redire!) qu'il n'était que le fils d'un honnête paysan, qu'il avait été berger et que si la Providence ne s'était pas servie d'un bon curé de campagne pour le mettre sur la route du sanctuaire, il serait resté dans un petit hameau de la Bresse, réduit comme tant d'autres à tenir la charrue et à gagner son pain à la sueur de son front.

Un jour, il fut demandé au parloir, en même temps que l'un de ses condisciples. Tous les deux s'élancèrent avec joie dans les bras de leurs mères. Après les adieux de part et d'autre, Chanel, dont le cœur débordait de joie, ne put s'empêcher de dire : « Oh ! qu'on est heureux de revoir sa mère ! — Oui, reprit son camarade, mais c'est trop rare et trop court... Mais quoi? ajouta-t-il, est-ce qu'elle est ta mère, cette bonne femme de campagne avec qui tu viens de causer? — Oui, mon cher, c'est ma mère, et je m'en félicite. Est-ce que tu me croyais grand seigneur? Mes parents travaillent pour vivre ; ils habitent à la Potière, petit hameau de la Bresse, aux environs de Bourg. »

Un de ses oncles était venu le voir et le félicitait de l'excellent témoignage qu'on lui avait rendu de sa conduite. Il répondit : « Notre supérieur n'a qu'un défaut, c'est d'être trop bon et trop indulgent. »

Si parfaite que soit une vertu, on ne peut la dire ni solide ni stable, si elle n'a pas été marquée du sceau de la contradiction. Cela fut vrai de Chanel comme de tous ceux à qui Dieu accorde des grâces extraordinaires, et les rares qualités d'un si parfait élève ne le mirent pas à l'abri des *épreuves* de la vie écolière. Parmi ses nombreux condisciples, il s'en trouva deux ou trois qu'une éducation première avait déjà viciés, et que leur mauvais esprit fit renvoyer de la maison. Le jeune Chanel eut à supporter de leur part bien des vexations. Ses intentions les plus droites furent travesties, ses prévenances les plus affectueuses repoussées, ses qualités les plus belles méconnues, ses plus minces défauts exagérés et commentés avec une malice qui ne connaissait ni terme ni mesure. Toutes ces épreuves mirent en relief sa patience et sa douceur. Un de ces jeunes gens, revenu plus tard à de meilleurs sentiments, lui écrivit une lettre d'excuses si touchante qu'elle semblait avoir été trempée de ses larmes.

Cette possession de soi-même, cette égalité d'âme se manifestait dans les circonstances les plus diverses, dans les chocs les plus imprévus. Il s'était tellement rendu maître de ses premiers mouvements, que rarement on put surprendre chez lui une saillie d'impatience ou d'humeur. Durant une promenade, un jeune élève, plus léger que méchant, frappa l'eau boueuse d'un ruisseau, la fit jaillir et en couvrit les vêtements et la figure de Chanel, ce qui produisit une hilarité générale ; celui-ci se tournant vers l'auteur de cette mauvaise plaisanterie, se contenta pour toute vengeance de lui dire en souriant : « Pour te punir, je devrais t'embrasser. » Et tous ceux qui avaient ri de sa mésaventure, applaudirent la spirituelle et charitable repartie. Si l'on se reporte aux incidents de son premier voyage à Meximieux, on pourra voir quels progrès il avait faits, en trois ans, dans le chemin de la perfection.

Ce fut à cette époque, pendant l'année de rhétorique, qu'il fit la connaissance plus particulière de deux jeunes gens, ses condisciples de classe, qui devinrent bientôt ses intimes amis. Ils se nommaient Claude Bret et Denis-Joseph Maître-pierre.

Sans doute, Chanel aimait d'une sincère affection tous les élèves du Séminaire. On peut dire que jamais une goutte de fiel n'entra dans son cœur vis-à-vis d'aucun d'eux. Mais ces deux-là avaient avec lui des ressemblances d'idées, de caractère, et même de projets d'avenir, qui les rapprochèrent et créèrent entre eux une liaison, qui fut toute pour la gloire de Dieu et leur bien spirituel. Tous les trois avaient conçu le dessein de se consacrer aux Missions étrangères. Ils se réunissaient de temps en temps, et dans ces confidences dont Dieu seul avait le secret, ils s'exhortaient mutuellement à marcher ferme dans la carrière qu'ils se proposaient d'embrasser.

Le secret fut pourtant pénétré par le digne supérieur du petit Séminaire, M. Loras, qui lui-même brûlait du désir de tout quitter pour se dévouer aux missions. Juste appréciateur des qualités et des vertus de ces jeunes gens, le futur évêque de Dubuque les avait déjà choisis, dans le secret de son cœur, pour les associer un jour aux travaux de son apostolat.

Sur le point de recevoir leurs adieux, parce que le cours de leurs études les appelait au collège de Belley, il les fit venir auprès de lui, leur dévoila sa pensée et les espérances qu'il fondait sur eux. Les trois jeunes gens tressaillirent de joie et de bonheur. « Mes amis, leur dit-il ensuite, ne précipitons rien ; sachons attendre le moment de la Providence. Nous aurons des obstacles à surmonter ; mais ayons confiance et prions. » Tous virent leurs vœux réalisés, mais non comme l'avait espéré le vénéré supérieur. La suite de notre récit nous révèlera sur chacun d'eux les vues de la Providence.

La fin de l'année scolaire fut marquée par un grand événement. Le Concordat de 1817 avait rétabli le siège de Belley ; mais l'exécution en avait été retardée jusqu'aux derniers mois de 1822. Mgr Devie, nommé le 13 janvier 1823, fut préconisé le 10 mars et sacré le 16 juin. Il fit son entrée solennelle à Belley, le 23 juillet, au milieu des plus vives démonstrations de joie et d'allégresse.

Parti de Belley, le 19 août, pour une première tournée pastorale, Mgr Devie s'arrêta à Meximieux, où il fut reçu avec enthousiasme. Le 20, il donna la Confirmation à un grand nombre de personnes, qui n'avaient pas encore été confirmées. Il y avait dix ans que ce sacrement n'avait pu être administré par suite de l'exil du cardinal Fesch, archevêque de Lyon. Le Bienheureux fut du nombre des confirmés, et il s'était préparé à cette grâce inappréciable par un redoublement de foi et de piété.

Le 21 août, afin d'encourager les études, Mgr Devie voulut bien présider lui-même la séance solennelle de la distribution des prix. Lorsque vint le tour de la classe de rhétorique, Sa Grandeur eut à couronner Pierre-Marie Chanel pour le premier prix de diligence et de vers latins, et à lui donner le premier *accessit* en discours français et le second en excellence et en discours latin.

Le même jour s'ouvrirent les vacances. Le jeune rhétoricien ne quitta pas sans une profonde émotion cet établissement de Meximieux où il avait reçu tant de grâces et coulé des jours si heureux.

V

Le programme des études au petit Séminaire de Meximieux ne dépassait pas la classe de rhétorique. Pour le cours de philosophie, Pierre Chanel dut se rendre à Belley, dont le collège venait d'être érigé en petit Séminaire diocésain. Depuis sa prise de possession, Mgr Devie n'avait cessé de réclamer pour cet établissement déjà florissant, ce titre qui lui assurait de précieux avantages. Une ordonnance du 21 octobre avait fait droit à la demande du zélé prélat.

Avant l'arrivée de Mgr Devie, le collège avait été dirigé pendant quelques années par *les Pères de la foi*. Le plus illustre de leurs élèves a écrit sur cette institution les lignes suivantes :

« En entrant au collège de Belley, je sentis en peu de jours
la différence prodigieuse qu'il y a entre une éducation vénale,
vendue à de malheureux enfants pour l'amour de l'or, par
des industriels enseignants, et une éducation donnée au nom
de Dieu et inspirée par un religieux dévouement, dont le ciel
seul est la récompense. Je ne retrouvai pas là ma mère ; mais
j'y retrouvai Dieu, la pureté, la prière, la charité, une douce
et paternelle surveillance, le ton bienveillant de la famille,
des enfants aimés et aimants, aux physionomies heureuses.
J'étais aigri et endurci : je me laissai attendrir et séduire.
Je me pliai de moi-même à un joug que d'excellents maîtres
savaient rendre doux et léger. Tout leur art consistait à nous
intéresser nous-mêmes au succès de la maison, et à nous conduire par notre propre volonté et par notre propre enthousiasme. Un esprit divin semblait animer du même souffle les
maîtres et les élèves. Toutes nos âmes avaient retrouvé leurs
ailes et volaient d'un élan naturel vers le bien et le beau. Les
plus rebelles même étaient soulevés et entraînés dans le
mouvement général (1). »

Lorsque Pierre Chanel vint à Belley, en 1823, en compagnie de ses deux amis Bret et Maîtrepierre, ils n'y rencontrè-
rent point les maîtres qui avaient inspiré au grand poète les
lignes que nous venons de citer. Toutefois, si les figures
avaient changé, l'esprit et le cœur étaient les mêmes. Dans
une lettre que Chanel écrivait à l'un de ses amis, quelques
semaines après la rentrée, son appréciation ne diffère guère
de la page qu'on vient de lire.

« Tu me demandes quelques renseignements sur ma nouvelle position ; je suis heureux autant qu'on peut l'être sur
la terre. Nous avons d'excellents maîtres ; notre supérieur
est un saint ; les élèves sont nombreux et m'ont paru jusqu'ici fort aimables. Quant à la maison, au point de vue
matériel, il serait difficile d'en trouver une d'un aspect plus

---

(1) LAMARTINE, *Confidences*. Livre VI.

flatteur et d'une plus rare convenance. Des cours et des salles d'ombrage permettent à nos jeux de se dérouler au large. Nous respirons un air pur ; la campagne qui nous entoure, présente les tableaux d'une nature tantôt gracieuse, tantôt imposante. Nous voyons d'assez près les montagnes de la Savoie, et, dans le lointain, les sommets nuageux de la Grande-Chartreuse. »

M. l'abbé Guigard, qui dirigeait déjà le collège avant sa transformation, avait conservé son titre quand il fut érigé en Séminaire. Il avait toutes les qualités que demande une charge si importante. Il sut bien vite distinguer nos trois jeunes philosophes et apprécier leurs sérieuses qualités. Mais le jeune Chanel surtout lui inspira un vif intérêt ; il l'honora de plusieurs témoignages d'estime.

Entre autres, il le chargea du soin de la chapelle et de la préparation des cérémonies ; quand vint l'époque de la première communion, il le choisit pour surveiller, sous la présidence du directeur, les enfants qui devaient y prendre part et entretenir en eux le recueillement et la piété. Tâche aisée et bien douce pour celui qui avait si bien goûté, huit ans auparavant, le même bonheur de communier pour la première fois.

Ces soins religieux ne l'empêchaient pas de s'adonner avec ardeur à l'étude de la philosophie. Un de ses condisciples, M. l'abbé Roybier, longtemps après, rappelant ces anciens souvenirs, disait : « Notre cours de philosophie comptait vingt-quatre élèves. On peut dire que c'était une classe modèle : mais parmi tous ces jeunes gens, Pierre Chanel se faisait remarquer par sa conduite exemplaire et ses manières douces et affables. »

Plié aux habitudes d'un travail réfléchi, il s'appliqua sérieusement à ce nouveau genre d'études, et ne tarda pas à l'apprécier. Il vit que la philosophie n'était point simplement une science d'abstractions sans utilité et sans rapport avec la vie pratique, comme l'ont imaginé des idéologues ; ni, comme l'envisagent quelques scolastiques étroits, une forme

conventionnelle de raisonnement, un langage aride, une sorte
de mécanisme artificiel faisant fonctionner les idées, comme
la vapeur meut les rouages d'une usine ; mais qu'elle est,
au contraire, dans le sens rigoureux du mot, l'*amour de la
sagesse*, et par conséquent la science réelle de la vie, la science
qui a pour objet : Dieu, le monde et l'homme. Il comprit
bientôt ce que la révélation divine ajoute, en clarté et en
étendue, aux lumières de la raison, si bornées sur ces trois
grands objets de nos connaissances ; aussi ne concevait-il
pas de philosophie possible en dehors de la foi catholique.
« Que je plains, disait-il, le jeune homme à qui l'on persuade
que la raison et la foi sont comme deux voies parallèles, et
qu'on peut les disjoindre l'une de l'autre, parce qu'elles conduisent également l'homme à ses destinées ! « Une telle philosophie, s'écriait Pascal, ne mérite pas une heure d'étude. »

   Chanel donna tous ses soins à l'étude de la logique, qui
trace la marche du raisonnement et forme l'esprit à cette
exactitude, à cette précision qui dégagent la vérité des nuages
et la mettent en lumière. Il s'applaudit dès lors, et plus encore
dans la suite, d'avoir trouvé dans cet enseignement deux
précieux avantages : d'abord celui d'une dialectique serrée,
arme puissante contre l'erreur et les passions ; et, en second
lieu, l'emploi de la langue latine, qui est la langue de l'Église,
et qui le préparait aux études théologiques. Il chercha de
même à approfondir les autres parties de la philosophie.
Mais, toujours réservé et modeste, quand il demandait la
parole, en classe ou en conférence, ce ne fut jamais pour le
vain plaisir de discuter : c'était toujours dans le but de s'instruire ou de s'éclairer.

   Depuis longtemps, le jeune Chanel ne pouvait douter qu'il
ne fût appelé à l'état ecclésiastique. Les vertus dont son
âme s'était enrichie sous le toit paternel, à l'école presbytérale de Cras, à Monsols, à Meximieux et à Belley, ces vingt-
une années d'une vie si sainte et si exemplaire, lui donnaient
bien quelque droit de se présenter dans l'assemblée des
jeunes lévites. Néanmoins, comme s'il eût craint de se jeter

imprudemment dans cette carrière, il fit à ce sujet les plus sérieuses réflexions. Il pesa devant Dieu les dispositions de son âme, redoubla ses visites au Saint Sacrement et à la Sainte Vierge, s'imposa quelques mortifications et consulta le directeur de sa conscience. Celui-ci, convaincu que Dieu le prédestinait au Sacerdoce et qu'il serait un prêtre selon son cœur, lui affirma sans hésiter qu'il devait se préparer à entrer au grand Séminaire. Tout heureux de cette décision, notre jeune homme remercia le ciel, et par un redoublement de ferveur s'efforça de mériter la sublime vocation, vers laquelle il marcha dès lors sans jamais regarder en arrière, et qui, nous le savons déjà, n'était pas le terme suprême de ses vœux.

Tout ce que nous avons raconté des cinq années que Pierre Chanel passa à Meximieux ou à Belley, se résume dans une parole sortie de la bouche d'un auguste prélat, ancien professeur de rhétorique à Meximieux.

Quand il apprit la mort héroïque de l'apôtre de Foutouna, se reportant aux années de son adolescence, il laissa échapper de son cœur ce touchant et magnifique éloge :

« Pieux jeune homme que ses vertus et son martyre feront quelque jour placer sur nos autels (1) ! »

---

(1) Mgr DEBELLEY, archevêque d'Avignon. (Lettre de 1836.)

CHAPITRE IV

I. Le Bienheureux Séminariste. — II. Sous-diaconat et Diaconat
III. Prêtrise. Première Messe du Bienheureux.

I

ÈS le commencement de son épiscopat, Mgr Devie avait sollicité et obtenu pour son grand Séminaire les bâtiments avec les dépendances de l'ancien couvent des Augustins, au faubourg de Saint-Nicolas de Bourg. L'église monumentale de Notre-Dame de Brou, si remarquable par son architecture, sa façade, son jubé, ses stalles, ses mausolées et ses chapelles de *l'Assomption* et de *Notre-Dame des Sept-Douleurs*, devait servir aux offices du grand Séminaire. La première ouverture des cours de théologie put avoir lieu le 11 novembre 1823, sous le patronage de saint Martin, le grand évêque de Tours. Il y avait près d'une année que le grand Séminaire était installé à Brou, lorsque le serviteur de Dieu s'y présenta à la fin d'octobre 1824.

« Je ne puis vous exprimer, disait-il un jour au P. Bourdin, combien je fus impressionné lorsque je me revêtis de l'habit ecclésiastique pour me rendre à Brou. Mon émotion fut bien autrement vive quand j'eus franchi le seuil du grand Séminaire. Il me semblait que Dieu avait créé pour moi de nouveaux cieux et une terre nouvelle : *Vidi cœlum novum et terram novam* (1). Je retrouvai là bon nombre de mes anciens condisciples. Tous avaient le bréviaire ou la tonsure. Je croyais déjà toucher à quelque ordination ; j'entrevoyais le Sacerdoce de si près, que j'éprouvais au fond de mon âme, tantôt de la joie et de la confiance, tantôt de la crainte et de l'éloignement. Vint une retraite. Ah ! c'est pour le coup, me dis-je en moi-même, que je vais enfin jeter les fondements de ma sanctification. Il en est temps ; plus tard, ce serait trop tard. »

Les séminaristes, de leur côté, furent singulièrement impressionnés à la vue de leur nouveau condisciple. Ils admirèrent sa rare modestie, sa régularité, sa douceur, sa piété. « A peine l'abbé Chanel parut-il dans nos rangs, dit l'un d'eux (2), qu'il frappa mes regards par son air angélique et m'inspira le désir de rechercher sa compagnie. De tous les élèves de son cours, il est le seul que j'aie connu dans l'intimité. J'ai passé, à Brou, deux ans avec lui. Il a singulièrement contribué par ses exemples et ses conseils à mon avancement dans le bien... »

« Je ne puis voir, disait M. Perrodin, supérieur du grand Séminaire, sans une émotion douce et profonde un séminariste qui, chaque jour, se rend de plus en plus digne du Sacerdoce. Tel se montra l'abbé Chanel. Depuis longtemps, il soupirait après le bonheur de vivre au sein de notre solitude. Quoiqu'il semblât à ceux qui l'avaient connu à Belley et à Meximieux, que sa foi ne pouvait devenir plus vive, sa piété plus tendre, sa charité plus active, son amour pour l'étude plus ardent, son caractère plus aimable, tous admirèrent cependant les nouveaux développements que prirent ses qualités et ses vertus. Plus d'une fois, en le voyant, je me suis écrié dans le secret de mon cœur, en empruntant ces

------

(1) Apoc., XXI, I.
(2) M. Bolliat.

paroles de saint Jérôme : « *Gaudeat episcopus judicio suo, quum tales Christo elegerit sacerdotes* (1). »

Nulle part la voie de la perfection ne parut à notre pieux séminariste plus douce et plus aplanie qu'au grand Séminaire : « Quoi de plus facile, écrivait-il à l'un de ses amis, que ce que nous avons à faire chaque jour ? se lever après sept heures de repos, consacrer les prémices de la journée à la prière, à l'oraison et à la Sainte Messe ; nous appliquer ensuite à l'étude du dogme, de la morale et de l'Écriture sainte ; donner quelques instants à l'examen de notre conscience, recevoir quelques sages conseils, prendre nos repas et nos récréations à des heures fixes, en un mot, suivre le règlement de la maison. Pour nous porter à l'accomplissement du devoir, on n'emploie ni contrainte, ni menace ; on n'a besoin que de nous inspirer l'amour de Jésus-Christ : « *Non te teneat catena ferrea, sed catena Christi* (2). » Attachés par ces doux liens, nous sommes entraînés conformément à nos désirs : « *Catena hac vincit, sponte trahimur, et volentes, et optantes* (3). » La nature a beau se récrier : « *Ubi amatur, non laboratur* (4). » Et puis, quelle abondance de grâces nous vient en aide ! Dieu veuille que j'y sois fidèle... »

Le grand Séminaire n'est pas seulement une école de théologie, c'est encore une école d'esprit ecclésiastique, c'est le noviciat du Sacerdoce. Or, ce qui élève le prêtre à la hauteur de sa dignité et de sa mission, ce n'est pas seulement l'exercice des pouvoirs divins qui lui sont conférés, mais encore une participation réelle à l'esprit même de Jésus-Christ, suivant ces paroles si connues : « *Sacerdos alter Christus.* »

---

(1) « Que l'évêque se réjouisse de la sagesse de son discernement, lorsqu'il choisit de tels hommes pour être prêtres de Jésus-Christ. »

(2) « Soyez retenu non par une chaîne de fer, mais par la chaîne de Jésus-Christ. » (Saint Chrysostome.)

(3) « Jésus-Christ triomphe par cette chaîne ; nous sommes entraînés volontiers vers lui, et en le voulant, et en le désirant. » (Saint Chrysostome.)

(4) « Où l'on aime, il n'y a pas de peine. » (Saint Augustin.)

L'abbé Chanel le comprit dès le bas âge, et surtout au grand Séminaire. Déjà plié à des habitudes de discipline, il fut un modèle de régularité. Nul ne s'appliquait davantage à étendre à tout l'extérieur de la vie l'ordre qu'il savait mettre dans sa conscience. Cette conduite exemplaire n'avait rien de contraint ni d'affecté ; elle était l'expression naturelle d'une âme qui aimait le devoir sans retour sur elle-même. Comme saint Basile, « le jeune clerc ne cherchait pas à paraître le meilleur, mais à l'être (1) ». C'est la remarque de tous ceux qui ont eu le bonheur de vivre avec lui.

Ainsi que l'attestent ses règlements de vie, il donnait à Dieu, au moment de son réveil, sa première pensée, lui offrait toutes ses actions de la journée et renouvelait souvent, durant le jour, les intentions du matin.

A l'exercice de l'oraison, son maintien, son recueillement montraient la ferveur de son âme et l'intimité de ses communications avec Dieu. Un jour, suivant l'usage, le directeur du Séminaire lui fit rendre compte de sa méditation. Il répondit avec candeur et docilité, expliquant la méthode qu'il suivait, dévoilant ses moindres fautes, comme aussi ses affections, ses colloques et ses résolutions. Il ne se doutait pas que, dans ce compte rendu, il faisait connaître qu'il était déjà fort avancé dans les voies de la perfection.

Cet esprit d'oraison prenait sa source dans une grande dévotion au Saint Sacrement. Une piété angélique l'accompagnait au saint sacrifice de la Messe et à la Table sainte.

Le pieux séminariste exerçait non seulement sur ses sens, mais encore sur les moindres mouvements de son âme, une vigilance et une mortification continuelles. « Qui comprendra, disait-il un jour à l'un de ses plus intimes confidents, tout ce qu'une simple curiosité, une petite raillerie, une légère médisance, un sentiment d'amour-propre, peuvent produire

---

(1) « *Non optimus videri, sed esse studebat.* » *(Oraison funèbre de saint Basile, n° 66.)*

d'opposition à la grâce, d'affaiblissement dans la ferveur,
d'égarement et de dégoût dans l'oraison? »

De là cet esprit intérieur qui réglait sa conduite et se
reflétait dans ses traits. Ses condisciples de chambre admiraient son attention et sa ferveur dans la prière, ses éléva-
tions de cœur à Dieu, ses regards tendres vers le crucifix ou
l'image de la Sainte Vierge et tous les petits secrets de la
dévotion qui se révèlent bientôt à un ami, lors même qu'on
voudrait les cacher.

Au témoignage de ses condisciples, sa vie simple, unie,
limpide comme le ruisseau au sortir de la source; sa piété
tendre, mais sans aucun apparat ; sa vertu douce et aimable ;
sa modestie parfaite ; son cœur si bon et si généreux, exer-
çaient sur tous ceux qui le voyaient une attraction irrésis-
tible, et on se trouvait forcé de l'aimer. L'un d'entre eux le
compare à la *violette, qui cache son manteau d'azur sous la
mousse et qui embaume la prairie de son parfum.*

« J'ai gardé, écrit le même condisciple, une impression
vive et comme une vue de la douce et souriante figure du
bon P. Chanel, de ses traits, qui avaient quelque ressemblance
avec ceux de saint Louis de Gonzague, de sa piété aimable
et de son adresse à insinuer, dans ses conversations, avec
quelques mots affectueux, des pensées et des sentiments de
vertu et d'amour de Dieu. Tout cela coulait naturellement
de son cœur (1). »

Ayant appris de Jésus-Christ, dès son entrée au Séminaire,
que le prêtre est la lumière du monde, il s'appliqua à acquérir
la science ecclésiastique. En classe, il prenait des notes qu'il
rédigeait ensuite avec précision. « Il travaillait avec méthode,
dit M. Perrodin, et il aimait à prendre conseil de l'expérience. »

Voici enfin un dernier témoignage, dont l'importance et
l'autorité n'échapperont pas au lecteur. Il est d'un directeur
du grand Séminaire qui a eu pendant trois années l'abbé

---

(1) Lettre du 3 décembre 1883.

Chanel sous les yeux (1). Nous le donnons en entier, malgré sa longueur. Ce portrait de notre Bienheureux sera utile surtout aux jeunes lévites qui sont dans la période où nous l'étudions en ce moment.

« De tous les spectacles que la piété peut offrir à nos regards, un des plus touchants, sans contredit, c'est celui d'un jeune clerc se formant, à l'ombre des autels, à la science et aux vertus du sacerdoce. Par sa régularité et sa modestie, par son application à l'étude et son zèle pour son avancement spirituel, il est, en même temps, la joie de ses maîtres, l'édification de ses condisciples, et il devient pour toute l'Église un sujet des plus douces espérances. C'est ce jeune arbre planté sur le bord d'un ruisseau, dont parle le prophète, qui grandit, prospère et se prépare à porter des fruits délicieux et abondants. Tel se montra M. Chanel, dès son entrée au grand Séminaire.

« Arrivé au terme heureux qu'il saluait de loin avec bonheur, qu'il envisageait avec consolation dès sa plus tendre enfance, il est plus aisé de comprendre que de dépeindre le ravissement de son âme. Quoiqu'il semble à ceux qui l'avaient connu jusqu'alors que sa foi ne pouvait devenir plus vive, sa piété plus tendre, tous admirèrent en lui un redoublement de ferveur et une vertu toujours croissante.

« Toutes les pratiques de dévotion en usage dans la maison lui devinrent aussitôt familières. Peu satisfait de se montrer scrupuleux observateur de la règle, on le voyait rechercher et embrasser avec empressement les moyens d'avancer dans les voies de Dieu. Point d'exercice de piété, public ou privé, où il ne parût des premiers. Point de pieuse association entre condisciples dont il ne fît partie, dont il ne fût l'âme.

« Mais surtout il se distingua par sa tendre dévotion envers Marie. Plusieurs fois par jour, on le voyait agenouillé au pied de son autel, saintement recueilli, épanchant son âme avec

_____

(1) M. Pernet, professeur de dogme au grand Séminaire de Brou. Lettre au R. P. Mayet, 1843.

une confiance et un abandon filial qui se peignaient dans tout son extérieur. Aussi, plus tard, quand il entra dans la Société qui porte ce doux nom, aucun de ceux qui l'avaient connu n'en témoigna la moindre surprise.

« La piété, dans M. Chanel, s'alliait à un heureux naturel, et revêtait des formes qui la rendaient, en quelque sorte, encore plus aimable qu'elle n'était admirable. Ses traits empreints d'une douceur inaltérable, ses manières affables et gracieuses, le laisser-aller de ses conversations, son empressement à obliger tous ceux qui s'adressaient à lui, faisaient rechercher sa société et lui gagnaient tous les cœurs.

« Rempli de ce *beau feu* que le fils de Dieu *est venu apporter sur la terre*, il ne pouvait le concentrer au dedans de lui-même, et c'est surtout dans ses entretiens familiers qu'il en communiquait les divines ardeurs à ceux avec qui l'amitié le mettait en rapport. Il savait amener sans peine et sans effort la conversation sur des sujets édifiants, et alors son visage se colorait, sa parole s'accentuait, son âme tout entière passait sur ses lèvres. Plus d'une fois, celui qui écrit ces lignes en ressentit l'onction douce et vivifiante, et répéta, après l'avoir quitté, les paroles des deux disciples qui avaient conversé avec le Seigneur sur le chemin d'Emmaüs (1). Que de condisciples tièdes il rappela ainsi à la ferveur ! Que de cœurs abattus dont il releva le courage !

« Dès la seconde année de grand Séminaire, comme il s'était fait remarquer par son goût et son aptitude pour les cérémonies, non moins que par sa vertu et sa piété, le soin de l'église et de la sacristie lui fut confié. Il répondit avec zèle et dévouement à la confiance dont ses supérieurs l'avaient honoré, et trouva dans ses fonctions de sacristain, non seulement de nouveaux devoirs à remplir, mais surtout un nouvel aliment à sa piété. Il ne se considéra plus que comme un autre Samuel dans la maison du Seigneur. Appelé à toute heure dans le lieu saint, on le voyait occupé tantôt à orner

----

(1) Luc, XXIV, 13.

les autels, tantôt à faire les préparatifs du Saint Sacrifice, avec cet air modeste et pénétré qui témoignait de sa foi vive et de son application constante à la présence de Dieu. Il avait l'œil et la main à tout, sans que son empressement eût rien de précipité, sans que sa vigilance parût jamais le distraire de son recueillement habituel. Ses pieds et ses mains étaient en mouvement, mais son cœur reposait dans la paix du Seigneur.

« Témoins de sa modestie et de son respect dans le lieu saint, ses condisciples en firent souvent la remarque, le sujet de leur entretien et de leur commune édification. Ainsi en spectacle à tous ceux qui l'entouraient, lui seul s'ignorait, parce que la modestie fut toujours la plus chère de ses vertus, et qu'il lui avait confié la garde de toutes les autres.

« Mais, en ornant son cœur de vertus, M. Chanel ne négligea pas la culture de son esprit. Il savait trop bien que, surtout dans les temps où nous vivons, la science n'est pas moins nécessaire que la piété. Sans avoir des talents transcendants, il avait assez de facilité pour réussir dans ses études. Il s'y livra donc avec une application forte et constante, sans se laisser décourager par les aridités et les dégoûts qui hérissent le champ de la science. Ainsi soutenu par le motif surnaturel qui animait toutes ses actions, il triompha de toutes les difficultés et vit son travail couronné par des succès, sinon brillants, du moins solides.

« Telles furent les trois années que M. Chanel passa au grand Séminaire, où il a laissé une mémoire en bénédiction et des souvenirs ineffaçables ; ainsi se prépara-t-il de longue main au sacerdoce, à l'apostolat et au martyre. Daigne le ciel susciter souvent de tels lévites, que la nature et la grâce semblent avoir formés de concert pour aller planter la foi et verser leur sang au delà des mers sous la blanche bannière de Marie conçue sans péché (1) ! »

---

(1) *La vie du Père Chanel*, 2e édition.

Au commencement du mois de mai, il y eut un jour qui lui apporta un grand bonheur, et, vers la fin, un jour plus mémorable encore. Ce fut d'abord le premier appel aux ordinations. M. le supérieur lui annonça qu'il était appelé à recevoir la Tonsure et les Ordres Mineurs. A cette nouvelle, il ne put cacher la joie qui inondait son âme. Il allait solennellement prendre le Seigneur pour son partage et franchir les premiers degrés du sanctuaire !... Avec quelle ferveur il se prépara à ce jour béni qu'il appelait de tous ses vœux !

Ce fut le samedi des Quatre-Temps de la Pentecôte, 28 mai 1825, que Mgr Devie fit l'ordination. Dès ce moment, le jeune clerc se crut obligé à une plus grande perfection, et, bien qu'il fût déjà très élevé en vertu, dès ce jour on le vit monter encore.

Quand vinrent les vacances, il se dit : « Maintenant que je suis ecclésiastique, il faut que je donne partout le bon exemple, dans ma famille, dans la paroisse, auprès de tous ceux qui me verront. » Il dit et tint parole.

M. le curé de Cras voulait que ses anciens élèves allassent le voir, pendant les vacances, après son dîner, pour jouer et converser avec lui. Chaque dimanche, il les réunissait à sa table, et, dans une charmante causerie, contrôlait leurs études, leurs idées ; il leur parlait du Saint Ministère, leur disait ses joies et ses consolations et les entretenait dans l'esprit de leur vocation. L'abbé Chanel n'avait garde de manquer à ces pieux rendez-vous.

« Je ne doute pas, écrit l'un de ses condisciples, que ce contact intime avec M. Trompier, énergique dans sa foi, ardent et fort dans son zèle, enjoué et spirituel en conversation, bon et aimable envers tout le monde, unissant la fermeté et la bienveillance pour gagner les pécheurs, n'ait contribué à développer les qualités naturelles, l'aménité de caractère, les dons de l'esprit et du cœur dont était doué le Père Chanel (1). »

____

(1) Lettre du 3 décembre 1883.

L'enseignement théorique qu'il recevait à Brou, il le voyait pratiqué dans la paroisse de Cras, et l'esprit sacerdotal dont il s'était nourri, il le respirait au presbytère de son pasteur.

II

La deuxième et la troisième année ne firent qu'accroître et affermir la vertu et les rares qualités de notre pieux séminariste. Bon nombre de ses condisciples ont raconté qu'en franchissant, pour la première fois, le seuil de cette maison sainte, ils trouvèrent un jeune abbé plein de douceur et de modestie, qui les embrassa comme d'intimes amis, les conduisit à l'église pour l'adoration d'usage, et ne les quitta point qu'il ne les vît installés dans les modestes cellules qui leur étaient assignées. Il se joignait de préférence aux plus simples et aux plus timides. Il semblait arriver lui-même et se trouver là par hasard ; mais on sait qu'il veillait à sa fenêtre et s'il voyait l'un d'eux incertain, ne sachant où se diriger, il descendait aussitôt et se faisait son introducteur et son guide, au milieu des embarras de la rentrée.

Cette charité de l'abbé Chanel lui avait conquis l'estime et l'affection de tous ses condisciples. Plusieurs lui furent redevables de leur ferveur, et même de leur persévérance dans la vocation à l'état ecclésiastique. « Sans lui, disait un jour M. l'abbé M... au vénéré supérieur de Brou, il est très probable qu'aujourd'hui je ne serais pas revêtu du sacerdoce. La première semaine que je passai au grand Séminaire me coûta horriblement ; j'étais si triste, si ennuyé, que je résolus de quitter la maison, sans espoir d'y rentrer. Déjà je me disposais à exécuter mon dessein, quand je rencontrai sur mon passage le bon abbé Chanel. Il comprit d'abord les noires pensées que je roulais dans mon esprit. Nous fîmes ensemble quelques tours sous les cloîtres du Séminaire, et il ne tarda pas à dissiper mes ennuis ; il m'encouragea si bien que je n'eus, dans la suite, aucune tentation de ce genre. » L'admirable séminariste, n'eût-il ramené que cette âme dans les sentiers de sa vocation, aurait encore rendu un grand service à l'Église ; car le condisciple dont il releva le courage, jeune homme d'une intelligence et d'un savoir distingués, devint prêtre, professeur d'éloquence sacrée, et vicaire général d'un archevêque, qui l'honora de toute sa confiance et de sa plus intime amitié.

On cite un autre cas plus extraordinaire, où, par sa douce influence, par l'édification qui sortait de toute sa personne, il fit un bien que tous les directeurs connurent et que lui seul ignora.

Il y avait alors au Séminaire de Brou un ecclésiastique à qui son évêque avait dit, comme Dieu, par la bouche de saint Jean, dit à l'ange d'Éphèse : *Scio opera tua... sed habeo adversum te quod charitatem primam reliquisti. Memor esto itaque unde excideris. Et age pœnitentiam et prima opera fac* (1).

Les séminaristes ignoraient le motif de son séjour à Brou, et l'abbé Chanel, loin de le soupçonner, ne vit en lui qu'un vétéran du sanctuaire, en la compagnie duquel il ne pouvait y avoir pour un séminariste qu'utilité et profit. Avec la permission du supérieur, il s'en approchait donc le plus souvent qu'il lui était possible. Celui-ci, de son côté, ayant reconnu dans l'abbé Chanel un modèle accompli de toutes les vertus ecclésiastiques, avait demandé et obtenu la faveur de se mettre en rapport avec lui. Ainsi le jeune lévite allait vers le prêtre pour puiser, à son école, cette sagesse que donne l'expérience, tandis que le prêtre allait au lévite pour en recevoir, à son tour, cette pureté de conscience, cette ferveur de piété qu'il admirait en lui et qu'il s'efforçait de recouvrer. Les rôles, comme on le voit, se trouvaient intervertis. La

---

(1) Je sais vos œuvres, mais j'ai un reproche à vous faire : c'est que vous avez perdu votre charité première. Souvenez-vous du degré d'honneur d'où vous êtes tombé. Faites pénitence et revenez à votre ancienne ferveur. (Apoc. II, 2, 4, 5.)

jeunesse fut ici, sans s'en douter, la bonne conseillère et le guide aimable de l'âge mûr ; et l'abbé Chanel, avant même d'exercer le saint ministère, fut pour un de ses frères aînés dans le sacerdoce un bienfaiteur et un apôtre.

Vers le milieu de février de l'année 1826, l'abbé Chanel entendit pour la seconde fois la voix du ciel, par l'organe de ses supérieurs, et cette parole le fit trembler tout en le comblant de joie. Il était appelé à se consacrer à Dieu d'une manière irrévocable par l'ordination du sous-diaconat.

Dans le trouble du premier moment, il alla se jeter au pied de l'autel et demanda au Dieu du Tabernacle si c'était bien sa volonté qu'il se vouât totalement à son service. Pouvait-il en douter, cet angélique jeune homme qui avait dès l'enfance ressenti un si vif attrait pour les choses saintes et une telle vénération pour tout ce qui touche au culte divin? Après avoir longtemps prié, il alla consulter *avec une grande simplicité* le guide de sa conscience ; et quand il eut connu, par sa réponse, que la volonté de Dieu n'était pas douteuse à son égard, il ne songea plus qu'à se préparer avec toute la ferveur dont il était capable à franchir le pas qui devait le séparer à jamais du monde pour le donner à Dieu.

Il dit, comme le jeune Samuel : *Ecce ego quia vocasti me* (1). Il le dit avec le sentiment d'humilité et d'obéissance qui dicta la réponse de Marie à l'archange Gabriel : *Ecce ancilla Domini, fiat mihi secundum verbum tuum* (2).

Cette première consécration devait être bientôt suivie d'une seconde, plus étroite encore, à cause de l'amour plus intime qu'elle allait établir entre Dieu et l'âme du pieux sous-diacre. Le mois de mai de la même année lui apporta cette nouvelle grâce, le samedi, veille de la Pentecôte, 20 mai 1826, jour où il fut ordonné diacre par Mgr Devie.

Pour ne pas nous répéter, nous nous contenterons de citer

---

(1) « Seigneur, vous m'avez appelé, — me voici. » (1 Reg., III, 5.)
(2) « Voici la servante du Seigneur, qu'il me soit fait selon votre parole. (Luc, I, 38.)

le trait suivant qui montre toute l'ardeur de sa foi, et son profond respect pour la sainte Eucharistie.

Un jour de fête, après avoir communié le premier en sa qualité de diacre et de *grand sacristain*, il tint la patène (1) sous la main du prêtre qui distribuait l'Eucharistie. Une parcelle d'hostie étant tombée à terre, il marqua l'endroit où il espérait la recueillir après la messe. Malgré de soigneuses recherches, il ne put la retrouver. Il rentra dans sa chambre, le cœur navré. « Oh ! que vous avez l'air triste et affligé ! lui dit son compagnon. — Il y a bien de quoi, répondit-il en soupirant, je n'ai pu retrouver une parcelle d'hostie consacrée... » Il fut impossible au pieux séminariste de se livrer à l'étude. Il redescendit à l'église, se mit en prières et fit de nouvelle recherches. Enfin, ayant retrouvé la parcelle eucharistique, il la déposa dans un vase sacré. Revenu auprès de son condisciple : « Cette fois, lui dit-il en souriant, j'ai été plus heureux ; *inveni quem diligit anima mea* (2). »

III

Cependant la fin de l'année scolaire approchait. Le 24 juin, fête de saint Jean-Baptiste, patron du diocèse, on procéda aux appels pour la prochaine ordination, fixée au sixième dimanche après la Pentecôte. L'abbé Chanel fut appelé au sacerdoce. Son cœur tressaillit de joie à l'annonce de cette grâce, qui allait mettre le comble à tous ses désirs.

Dès ce moment, il n'eut plus d'autre pensée, et tous ses soins, ses efforts, ses prières tendirent à se préparer convenablement à cette insigne faveur.

---

(1) C'était l'usage autrefois qu'un diacre ou un prêtre tînt la patène, près du ciboire, à la communion des fidèles, surtout quand il y avait solennité et grand nombre de communiants. Depuis quelques années la Congrégation des Rites a désapprouvé cette coutume.

(2) « J'ai retrouvé Celui que mon cœur aime. » (Cant., III, 4.)

Le Sacerdoce est une dignité si haute que nulle dignité, nulle puissance ne peut lui être comparée sur la terre.

Notre Bienheureux avait trop médité ces grandeurs presque infinies du prêtre pour n'être pas pénétré des sentiments de foi, d'humilité, d'amour et de reconnaissance qui doivent écraser toute âme humaine sous le poids de telles faveurs. Dieu seul sait quelles brûlantes ardeurs consumaient cette âme, quand le jeune diacre, incliné sous la main de son évêque, reçut l'imposition des mains et l'onction sainte qui le sacra prêtre pour l'éternité (1).

Si l'abbé Chanel n'eût consulté que l'attrait de sa piété, volontiers il eût dit sa première Messe, à l'exemple de saint Vincent de Paul, dans une chapelle solitaire, n'ayant qu'un prêtre pour le guider et un enfant pour le servir à l'autel. Mais le curé de Cras s'était acquis des droits trop légitimes aux prémices de son sacerdoce. Le Bienheureux célébra sa première Messe dans sa paroisse natale le mardi 17 juillet.

Ce fut une belle solennité pour l'église de Cras, que celle où l'on vit le nouveau ministre de Jésus-Christ entrer dans ce sanctuaire, encore plein du souvenir des vertus de son

---

(1) Nous pouvons nous en faire quelque idée en lisant cet engagement qui, sur la proposition du Bienheureux, fut rédigé et signé par les nouveaux prêtres.

« L'an de Jésus-Christ 1827, le 15 juillet, à l'ordination faite par Mgr Alexandre-Raymond Devie, dans son grand séminaire de Saint-Martin, à Brou, ont été faits prêtres MM... (Suivent quinze noms.)

« Désirant conserver la grâce de notre ordination, et notre union fraternelle, devenue plus étroite en ce jour, le plus mémorable et le plus heureux de notre vie, nous avons arrêté ce qui suit :

« 1º Dès ce moment et pour toute la vie, nous mettons en commun tous nos biens spirituels, toutes les bonnes œuvres que nous ferons, dans quelque situation qu'il plaise à la Providence de nous placer.

« 2º Nous permettons et promettons de nous avertir les uns les autres de tout ce qu'il pourrait y avoir de moins édifiant dans notre conduite ; de nous exciter mutuellement, si notre piété venait à se ralentir, afin d'être constamment l'exemple des fidèles dans toutes nos actions, et d'honorer par une vie irréprochable le saint ministère qui nous a été confié.

« 3º Tous les ans, nous célèbrerons l'anniversaire de notre ordina-

enfance et de sa jeunesse. La population tout entière accourut pour contempler ses traits chéris, et participer aux grâces qui allaient descendre du ciel à sa prière. J'eus le bonheur, dit un témoin déjà cité, d'assister à cette fête religieuse et de m'édifier, en suivant des yeux chacun des pieux mouvements de l'abbé Chanel. Je croyais voir à l'autel saint Vincent de Paul ou saint François Xavier. Toute sa famille eut le bonheur de recevoir de sa main l'adorable Eucharistie.

A la tête de cette assistance saintement émue, figurait le vénérable M. Trompier : qui nous dira ce qui se passait alors dans l'âme du pasteur? Il était là, tout près de son cher élève, le dirigeant dans le cours du divin sacrifice. Il voyait enfin réalisés ses vœux et ses espérances : sa mission était remplie. Celui dont il avait été comme la seconde Providence, le petit berger qu'il avait rencontré dans les champs et adopté pour son fils, consacré au service divin, allait devenir à son tour pasteur des âmes. Quant au jeune prêtre, tout occupé qu'il était de célestes pensées, il n'avait garde d'oublier celui dont la tendre charité l'avait mis dans la voie du sanctuaire ; et en offrant à Dieu la Victime sainte, il le suppliait d'acquitter, envers son bienfaiteur, la dette de sa reconnaissance.

Une vie sacerdotale qui s'annonçait ainsi pouvait affronter

---

tion. En ce jour, qui en rappellera un si solennel, chacun de nous offrira le divin sacrifice pour ses coassociés, et priera Dieu de renouveler en eux la grâce qui leur a été conférée par l'imposition des mains pontificales. Ce jour-là, on fera en sorte d'être fervent, plus appliqué à ses devoirs, et on prendra la résolution de travailler à sa sanctification avec plus de zèle et de constance.

« 4° Comme notre petite association regarde non seulement le temps présent, mais encore l'éternité, quand l'un de nous mourra, tous les autres offriront pour lui le saint sacrifice, et prieront pour le repos de son âme.

« 5° Nous prenons tous la ferme résolution de travailler à devenir de saints prêtres, d'être dévoués au culte de la Très Sainte Vierge, de faire assidûment l'oraison, d'étudier tous les jours quelques pages de l'Écriture sainte et de la théologie, de ne jamais passer deux semaines sans nous confesser et de faire tous les ans une retraite de huit jours. »

l'épreuve du monde, toujours délicate pour celui qui voit se
fermer derrière lui les portes du pieux asile où s'est écoulée
sa jeunesse. Sublime, mais redoutable position que celle du
prêtre vivant au milieu du monde et n'étant pas du monde ;
étranger aux affaires du siècle, auquel néanmoins mille liens
le rattachent ; obligé de voir dans chaque famille la sienne
propre, sans appartenir à aucune ; redevable à tous et n'ayant
le droit de se refuser à personne ; appelé à guérir dans les
autres des plaies qu'il doit ignorer en lui-même ; ne demandant
à ses semblables que de connaître leurs souffrances, pour leur
laisser leurs plaisirs ; toujours prêt à ouvrir à l'infortune un
cœur qu'il tient fermé aux passions ; prompt à se rendre où
son ministère l'appelle, heureux dans la solitude que sa vocation lui a créée ; allant des hommes à Dieu pour lui offrir leurs
prières, et de Dieu vers les hommes pour leur annoncer le
pardon ; se tenant ainsi entre le temps et l'éternité, le pied
sur la terre, sans se souiller au contact de ses fanges, le front
vers le ciel, d'où il reçoit un flot nécessaire et intarissable
de lumière et de force.

CHAPITRE V

LE BIENHEUREUX CHANEL VICAIRE A AMBÉRIEUX

(1er septembre 1828).

'ABBÉ Chanel ne séjourna pas longtemps dans sa famille. Le jour même de son ordination, il avait été nommé vicaire à Ambérieux-en-Bugey, et il se hâta de se rendre au poste que son évêque lui avait assigné et où il était attendu.

Ambérieux, l'une des plus jolies villes du diocèse de Belley, est situé entre Meximieux et la vallée de Saint-Rambert.

Arrivé dans cette paroisse avec une santé affaiblie par les études, l'abbé Chanel n'y resta que treize mois. Mais ce court séjour a suffi pour le faire apprécier et pour laisser de son passage un souvenir que soixante-douze ans n'ont point effacé. Il eut le bonheur d'être initié aux fonctions du saint ministère par un pasteur qui joignait à de rares vertus le trésor précieux d'une longue expérience. Aussi le nom de M. Colliex (1) fut-il toujours cher à son cœur, et l'on peut dire également que celui du vicaire ne fut pas moins cher à son digne curé.

______

(1) L'abbé Colliex avait été curé à Lancrans, dans le pays de Gex. Dans les mauvais jours, et sous la Terreur, il ne voulut pas abandonner son troupeau ; il parcourait sous un déguisement la contrée, portant la pénitence aux repentants, l'Eucharistie aux fidèles, l'huile sainte aux malades, célébrant les offices dans les cavernes et au fond des bois. Il trouvait souvent un refuge momentané dans la famille d'un

A Ambérieux, l'abbé Chanel eut le plaisir de retrouver l'un de ses deux plus intimes amis du grand Séminaire.

Trop jeune encore pour être admis au sacerdoce, l'abbé Bret venait d'être nommé directeur de la maîtrise d'Ambérieux. La divine Providence les réunit pour resserrer entre eux ces liens de charité fraternelle et pour les affermir dans leurs aspirations à la vie religieuse et à la vie apostolique.

Le jeune vicaire commença par organiser sa vie intérieure, estimant que, pour sanctifier les âmes des autres, il devait tout d'abord sanctifier la sienne.

Fidèle à cet esprit de régularité qu'il avait puisé dans les Séminaires, l'abbé Chanel se levait et se couchait à des heures fixes. Son oraison, son bréviaire, sa lecture spirituelle et ses autres exercices de piété avaient aussi leurs moments déterminés.

Sur sa personne, comme dans son habitation, pas le moindre luxe. Dans sa chambre, près du lit, un prie-Dieu, un crucifix et quelques pieuses images ; et dans son cabinet d'étude, une table en bois de sapin et une modeste bibliothèque.

Il aimait à se rendre à lui-même tous les petits services qu'il aurait pu recevoir d'une main étrangère. Nul autre que lui n'avait soin d'entretenir la propreté de son logement, de ses habits et de sa chaussure. Quelquefois même, au besoin, il prenait l'aiguille pour raccommoder ses vêtements. Un de ses amis, l'ayant surpris à l'œuvre, lui lança quelques mots de plaisanterie. « Il est bon, répondit-il en souriant, de savoir faire un peu de tout ; *si jamais je suis missionnaire chez les sauvages, il faudra bien me passer des tailleurs.* »

L'abbé Chanel se concilia promptement les sympathies de toute la paroisse. Quand il parut en chaire pour la première

---

honnête habitant, M. Rendu ; il y rencontrait alors une toute petite fille nommée Jeanne-Marie, qui devint célèbre à Paris sous le nom de Sœur Rosalie, Fille de la Charité. M. Colliex lui enseigna le catéchisme et elle fit sa première communion dans une cave. C'étaient les mystères, les dangers et les vertus des catacombes. *(Vie de la Sœur Rosalie, par M. le vicomte de Melun.)*

fois, il gagna aussitôt l'estime de ses auditeurs par l'onction touchante et la noble simplicité de sa parole. On sentait que sa prédication avait été préparée et méditée devant Dieu : aussi on aima de plus en plus à l'entendre. Une personne respectable disait, huit ans plus tard, qu'elle conservait encore l'impression qu'avaient produite dans son âme deux de ses discours, l'un sur *le Bonheur du ciel*, l'autre sur *la Dévotion envers Marie*.

A défaut d'expérience, l'abbé Chanel avait cette sagesse, cette prudence que l'Écriture appelle *la science des saints* (1). Sachant que la direction des âmes est *l'art des arts* (2), et qu'un prêtre, à peine sorti du Séminaire, est un guide peu éclairé, il se défia, sans trop de timidité, de ses propres lumières, et se recommanda instamment à Celle que l'Église a si justement surnommée : « *le trône de la Sagesse, — la Vierge très prudente* (3). » Tout en conservant son affabilité ordinaire, il se tint sur la réserve, et étudia le caractère et les mœurs des habitants au milieu desquels venait de le placer la divine Providence. Il se fit une loi d'agir toujours de concert avec son curé ; il l'estimait trop d'ailleurs pour ne pas se régler en tout sur ses exemples et ses conseils.

Dès les premiers jours de son vicariat, son confessionnal fut entouré de pénitents. Chacun d'eux se félicita de l'avoir choisi pour directeur spirituel ; les enfants surtout et les jeunes gens aimaient à redire sa bonté et sa douceur...

M. le Curé, appréciant les qualités de son jeune vicaire, crut pouvoir lui confier la direction de la *Congrégation des Filles de la Persévérance*. Dans ses rapports obligés avec les jeunes personnes, le jeune vicaire fit le bien, mais avec cette modestie et cette délicatesse de prudence dont il s'était fait une loi sévère. La piété devint encore plus fervente parmi les congréganistes. Plusieurs d'entre elles sont parvenues

---

(1) « *Scientia sanctorum, prudentia.* » (Prov., IX, 10.)
(2) « *Ars artium, regimen animarum.* » (S. Greg. Mag.)
(3) « *Sedes sapientiæ. — Virgo prudentissima.* » (*Lit.* B. Mariæ V.)

à une haute perfection. « J'ai eu le bonheur, écrivait une personne d'Ambérieux, d'appartenir à la *Congrégation de la Persévérance*. L'abbé Chanel, qui en avait la direction, a singulièrement contribué à la développer et à l'affermir. Souvent, il nous recommandait la prière, la fuite des occasions dangereuses, surtout la dévotion à la Sainte Vierge, et la fréquentation des Sacrements... Il nous faisait aimer la vertu, et nous la montrait, principalement, dans l'accomplissement de nos devoirs d'état, et dans les actions les plus ordinaires... » Dans ces conseils et ce langage, ne retrouve-t-on pas quelque chose de la douce et forte direction de l'évêque de Genève?

On se rappelle que, jadis, dans sa piété enfantine, l'abbé Chanel aimait à construire de petits autels qu'il parait de son mieux ; devenu prêtre, il lui était donné de satisfaire sa tendre dévotion envers le Dieu de l'Eucharistie. C'était à l'époque des solennités, c'était surtout pour la Fête-Dieu, qu'il s'étudiait à déployer toute la magnificence du culte sacré. Il dirigeait lui-même, avec la plus grande activité et le soin le plus intelligent, l'érection, dans les divers quartiers de la paroisse, de ces *paradis* ou reposoirs où le Roi de gloire caché sous les voiles eucharistiques bénit, comme du haut de son trône, tout un peuple recueilli et prosterné.

Il était dignement secondé dans ses soins religieux par l'abbé Bret, qui, de son côté, préparait les enfants de chœur au chant des cantiques et aux différentes évolutions qu'exécutent en ce jour, devant l'adorable Sacrement, un essaim de thuriféraires et de fleuristes.

La dévotion du *Mois de Marie*, de nos jours si populaire et si abondante en fruits de salut, n'était point encore inaugurée dans la paroisse d'Ambérieux. Elle était trop précieuse aux yeux de l'abbé Chanel et trop chère à son cœur, pour qu'il n'essayât pas de l'y introduire. Ne pouvant atteindre directement son but, il usa d'adresse et parvint à faire entrer dans son dessein le vénérable M. Colliex, que toute innovation semblait contrarier. « Je consens à ce que vous me demandez, lui dit le bon vieillard ; faites tout pour le mieux, je m'en repose entièrement sur vous... » Fort de cette permission, le zélé vicaire s'empressa de décorer la chapelle de la Sainte Vierge avec toute la splendeur qui lui fut possible. Les paroissiens se rendirent en foule à l'ouverture des pieux exercices ; le saint curé vint lui-même pour les présider. La vue de ce trône élevé à la Reine du ciel, entouré de mille fleurs et d'un éblouissant luminaire, le surprit bien au delà de son attente. De retour au presbytère, il ne put s'empêcher, dans une première impression, d'en témoigner une sorte de mécontentement. « En vérité, s'écria-t-il, c'est porter les choses trop loin... A quoi bon tant d'étalage? que ferons-nous donc le jour de Pâques?... » Hâtons-nous d'ajouter que cette première impression ne fut qu'un éclair, auquel succédèrent bientôt les plus douces consolations ; le *Mois de Maire,* en effet, produisit tout le bien qu'on aurait pu attendre d'un jubilé ou d'une mission.

La santé de l'abbé Chanel ne pouvait guère se rétablir au milieu des nombreux travaux de son ministère ; elle allait même en dépérissant. Une maigreur effrayante, une singulière pâleur, une faiblesse toujours croissante, tout inspirait les plus justes alarmes. Partout on disait, avec l'accent d'une profonde douleur : « Que c'est dommage ! notre cher abbé ne vivra pas longtemps... » Il est vrai qu'il ne se ménageait pas : exténué de fatigue et la voix presque éteinte, il continuait de prêcher à son tour, il faisait le catéchisme aux enfants et ne refusait personne au tribunal de la réconciliation.

Un soir que, revenu d'une longue course, il se disposait à prendre son repos, on vint tout à coup l'avertir qu'un pauvre voiturier venait de faire une chute si grave qu'il ne lui restait plus que quelques instants à vivre. A cette nouvelle, il oublie de prendre sa chaussure, il vole auprès du moribond. L'abbé Bret ne fut ni moins prompt ni moins zélé. Les voilà tous deux dans un galetas, où ils trouvent, mourant, couché sur la paille, couvert d'horribles meurtrissures et baigné dans son sang, un vieux pécheur qui ne s'est pas confessé depuis une trentaine d'années. Il ne peut proférer aucune parole, mais il lui reste encore quelques lueurs de connaissance. On l'exhorte au repentir de ses fautes, à la confiance en Dieu ; quelques larmes s'échappent de ses yeux, il embrasse avec amour le crucifix qu'on lui présente. Il reçoit le Sacrement des mourants ; à la dernière onction, la mort achève son œuvre et « il y eut plus de joie dans le ciel pour ce pécheur réconcilié que pour quatre-vingt-dix-neuf justes qui n'ont pas besoin de pénitence (1) ».

Cependant l'abbé Chanel usait le reste de ses forces, en s'appliquant, comme si sa santé eût été robuste, à toutes les œuvres de son ministère. Et, toutefois, il croyait toujours entendre au fond de son cœur une voix qui lui demandait un dévouement plus sublime, une abnégation plus complète, il pensait toujours aux Missions étrangères, et les propositions de son ancien supérieur lui revenaient sans cesse à l'esprit. Cet attrait était si pressant, qu'un an après son arrivée à Ambérieux, il crut devoir s'en ouvrir à son évêque.

Mgr Devie ne se hâta pas de répondre, et l'abbé Chanel, toujours prêt à soumettre sa volonté à celle de ses supérieurs, attendit.

Il enviait le bonheur d'un ancien vicaire d'Ambérieux, M. Bonnand, qui, à force de prières et de sollicitations, avait enfin obtenu la permission de s'embarquer pour les Indes orientales. Au récit de ses travaux apostoliques, M. Chanel sentait croître en lui le désir de se consacrer aux missions.

« Ah ! disait-il à la personne qui lui communiquait les lettres du missionnaire, si je ne puis rejoindre M. Loras à Dubuque, que je serais heureux d'être auprès de notre cher M. Bonnand ! Demandez-lui donc, quand vous lui écrirez, s'il n'a pas trouvé mon nom écrit sur le sable du rivage ou

______

(1) *Dico vobis quod ita gaudium erit in cœlo super uno peccatore pœnitentiam agente quam super nonaginta novem qui non indigent pœnitentia.* (Luc, xv, 7.)

sur l'écorce de quelques arbres... Dites-lui bien que je me
mettrai en route aussitôt que Dieu me fera signe. »

La réponse de Mgr Devie vint enfin. Elle ne fut pas ce
qu'il espérait. L'abbé Chanel reçut, le 1er septembre 1828,
une lettre de l'administration diocésaine, qui le nommait
curé de Crozet, à l'extrémité du département de l'Ain, dans
le voisinage de Genève. Les supérieurs ecclésiastiques étaient
convaincus que cette paroisse, dont la population ne dépasse
guère huit cents âmes, ne répondait pas à son mérite ; ils
l'y avaient nommé dans l'intérêt de sa santé.

Certes, il en coûtait à Monseigneur de perdre pour son
diocèse des sujets dont il avait si grand besoin. Il voulait
aussi éprouver ces vocations, de crainte qu'elles ne fussent
le produit d'une imagination exaltée. Mais il est juste de
dire que, lorsque sa conviction était faite sur ce point, il ne
refusait pas de laisser partir ceux que Dieu appelait. Il eut
toujours une grande vénération pour le fondateur des Pères
maristes, et, bien que le diocèse de Belley fût à peine réor-
ganisé, il en est peu qui aient fourni, surtout à son début,
autant de missionnaires à la Société de Marie.

CHAPITRE VI

I. La paroisse de Crozet. Le bon pasteur. — II. Zèle du Bienheureux pour la parole de Dieu. Sa charité pour les pauvres. — III. Zèle du Bienheureux pour le Saint Lieu et le culte divin. — IV. Sa vie intime. Vif attrait pour les Missions. — V. Sa vocation à la vie religieuse dans la Société de Marie. Départ de Crozet.

I

LA nomination du vicaire d'Ambérieux à la cure de Crozet fut un coup de foudre pour son curé, le vénérable M. Colliex. Il la tint plusieurs jours cachée, dans l'espoir de la faire révoquer. Il avait mis toute sa confiance en l'abbé Chanel et ne concevait pas qu'il pût se priver de son zélé concours pour la direction de sa paroisse. Démarches et supplications furent vaines. Il fallut se résigner. Mais que de larmes coulèrent au presbytère et dans les familles ! Pour M. Chanel, la voix de Dieu avait parlé, et malgré tout son regret de quitter une paroisse où il avait fait du bien et où il était aimé, il fit taire ses sentiments et partit, joyeux et confiant, pour le poste que la Providence lui avait assigné.

Au pied du Jura, en face de Genève, sur le territoire de Gex, s'élève dans l'isolement un clocher modeste ; à quelques centaines de pas, est situé un groupe de maisons basses et pauvres ; plus loin, au milieu d'une campagne aride et ravinée, sont jetés çà et là trois ou quatre hameaux ; sur les flancs de la montagne, on distingue de rares chalets... Une antique voie romaine traverse le pays dans la direction de Berne. Tel est, au point de vue topographique, Crozet, dont la population ne dépasse guère huit cents âmes.

Au point de vue religieux et moral, la misère était plus grande encore.

Le village de Crozet avait servi comme d'avant-poste aux disciples de Calvin pour répandre leurs erreurs. Ils s'y étaient retranchés fortement, et, comme partout, leur domination s'y était signalée par des scènes de cruauté, dont le récit fait encore frémir, à trois cents ans de distance. Quoique les catholiques eussent relevé leur église, une partie de la population était restée protestante ; et parmi les fidèles eux-mêmes, que de préjugés et d'erreurs ! que d'ignorance et de libertinage ! Le voisinage de Genève, d'où venait sans cesse un souffle d'hérésie ; une jeunesse de dix-huit à vingt ans qui n'avait point fait de première Communion ; des ouvriers venus du dehors, des étrangers, des repris de justice, rivalisant d'inconduite et d'impiété : voilà, au moral, ce qu'était la population de Crozet. « A l'arrivée de l'abbé Chanel, disait en 1841 un vénérable vieillard au P. Bourdin, notre paroisse était dans le plus triste état. On ne se confessait plus ; les dimanches et les fêtes, l'église était presque vide ; quelques-uns travaillaient comme à l'ordinaire, d'autres allaient à la danse, et le plus grand nombre au cabaret. Les enfants, livrés à eux-mêmes, n'avaient en tête que les amusements et n'apprenaient que le mal. Nous avions cependant un curé instruit et plein de zèle ; mais peut-être était-il trop vif ; on l'avait tellement pris en grippe qu'on ne pouvait ni le voir, ni l'entendre. On fit pétitions sur pétitions, afin, disait-on, d'en débarrasser le pays. Mgr l'évêque de Belley voulut condescendre à ces instances opiniâtres... Dieu est si bon ! au lieu de nous punir, il nous traita en père et nous donna pour curé M. Chanel. En peu de temps la paroisse changea de face. »

Le nouveau curé de Crozet avait donc à surmonter de nombreux obstacles. Fort de sa charité et de sa douceur, plein de confiance en Celui qui tient dans ses mains les cœurs des hommes, il se mit à l'œuvre, et voici comment il procéda à la réforme de sa paroisse.

En entrant à Crozet, il avait placé son ministère sous les auspices de la Sainte Vierge et de saint François de Sales. Durant neuf jours, il se rendit, matin et soir, au pied de l'autel de Marie ; puis il fit un pèlerinage au tombeau du saint Évêque de Genève.

Pénétré du sentiment de sa faiblesse et de son impuissance, il résolut, avant tout, d'appuyer son ministère pastoral sur l'apostolat de la prière. Il n'entrait point en oraison, il ne montait point à l'autel, il ne se prosternait point devant le Saint Sacrement, sans exposer au Seigneur les besoins du troupeau remis à sa garde. Il passait de longues heures aux pieds de celle que l'Église appelle le *Salut des infirmes* et le *Refuge des pécheurs*. Non content de prier lui-même, il frappait à la porte des communautés religieuses, et conjurait les anges de ces pieuses retraites de penser à son cher Crozet dans leurs offices, dans leurs communions et dans leurs saintes austérités. Il demandait aussi des prières à toutes les âmes dévotes qui, de près ou de loin, pouvaient s'intéresser à son œuvre de réformation de la paroisse.

Dès les premiers jours de son arrivée, il s'empressa de faire connaissance avec ses paroissiens. Il alla les voir chez eux ; il n'oublia personne ; il n'excepta pas même les familles des protestants. Partout il fut accueilli avec joie et reconnaissance. Ces visites, il les renouvela de temps en temps ; tous les jours il en faisait quelques-unes ; il n'allait pas seulement où on l'appelait, il se présentait même où on ne le demandait pas, mais toujours d'une façon très discrète, attendant les occasions favorables, ou les faisant naître. On était gagné tout d'abord par ce regard si franc, ce sourire si affectueux, ce langage et ces manières tout à la fois simples et dignes. Sous les traits du pasteur, on entrevoyait la figure d'un ami et le cœur d'un père. Chacun de ses paroissiens pouvait répéter les paroles de saint Augustin parlant de saint Ambroise : « J'ai commencé à l'aimer, non parce qu'il enseignait la vérité, mais parce qu'il me témoignait de la bienveillance et de l'affection. »

Le nouveau pasteur pensa que, pour remédier efficacement aux maux de sa paroisse, il fallait d'abord s'occuper de l'instruction des enfants. Ayant découvert un jeune homme d'une piété solide et d'une instruction suffisante, il le gagna à sa cause et lui confia le soin des petits garçons du village.

Quant aux jeunes filles, il les mit sous la garde d'une *Sœur de la Providence*, qui bientôt ne suffit plus à la tâche ; outre les soins qu'elle donnait aux enfants de sa classe, elle avait à s'occuper de l'entretien du linge et des ornements de l'église, à visiter les malades, sans parler d'autres offices de charité. M. le Curé songea à lui trouver une auxiliaire.

Nous avons signalé plus haut les similitudes de goût, de caractère, et même de visage, que la nature avait mises entre lui et sa sœur Marie-Françoise. Cette enfant, arrivée à l'âge de vingt ans, n'avait point quitté le toit paternel, mais elle soupirait vivement après la vie religieuse, et même, autant que possible, après la vie apostolique ; en attendant qu'elle pût réaliser ce vœu, elle suppliait son frère de l'appeler auprès de lui.

M. le Curé, après mûre réflexion, crut qu'il pouvait répondre à ce désir et la fit venir à Crozet.

Logée chez la *Sœur de la Providence*, elle la seconda de tout son zèle. Sa modestie, sa piété, ses manières simples et affables lui concilièrent bientôt l'estime universelle. Elle apprenait aux petites filles le catéchisme, la couture et le chant des cantiques ; elle les préparait aux sacrements de pénitence et d'Eucharistie. Elle aimait à visiter les malades et les pauvres de la paroisse. Souvent on la voyait, un panier sous le bras, porter des comestibles dans les réduits les plus nécessiteux. De plus, elle était la zélatrice et comme l'âme des confréries du *Saint-Rosaire* et des *Filles de la Persévé-*

rance. Les mères l'aimaient beaucoup. Charmées de son air de bonté et de douceur, elles se rassemblaient quelquefois autour d'elle, les jours de fête, et s'estimaient heureuses de lui témoigner leur attachement et leur reconnaissance. Elle, de son côté, profitait de son ascendant sur leurs cœurs pour les entretenir de leurs devoirs envers leurs enfants. Ses sages recommandations contribuèrent puissamment à la restauration des bonnes mœurs et de la piété.

Après avoir jeté les fondements de l'éducation chrétienne, le Bienheureux tourna ses regards vers les désordres les plus scandaleux de la paroisse ; et, pour les détruire, il s'efforça de réaliser, dans l'exercice de son zèle, ces paroles de l'Écriture : *La sagesse atteint d'une extrémité à l'autre avec force, et dispose tout avec douceur. (Sap.,* VII, I.) Il se fit une loi rigoureuse de ne laisser échapper de sa bouche aucun blâme, aucune plainte à l'endroit de ses paroissiens. Il n'en parlait jamais qu'avec les sentiments du meilleur des pères, et l'on était persuadé, à Crozet, qu'il aimait tout le monde. Il disait souvent : « Plus on étudie le cœur humain, plus on se convainc qu'il y a encore des éléments de vertu dans les âmes dépravées, et que les hommes les plus coupables seraient jugés avec moins de rigueur, si l'on tenait compte de la force des passions et de l'entraînement des circonstances. »

A ses yeux, le plus grand ennemi de la religion, c'était l'ignorance. Il dirigea donc contre elle tous ses efforts. Non seulement, plusieurs fois la semaine, il faisait le catéchisme aux enfants des écoles ; mais encore, chaque dimanche, à la messe et aux vêpres, il prêchait avec un grand zèle aux fidèles qui venaient assister aux offices. A son arrivée dans la paroisse, ils étaient, hélas ! en bien petit nombre.

De temps en temps le zélé pasteur allait visiter les hameaux pour ramener au bercail des âmes que ses prédications, dans le saint temple, ne pouvaient atteindre. Il cherchait à dissiper leurs ténèbres, et à leur montrer douce et facile la pratique de la religion. Il les préparait à une vie chrétienne. Quand, sur sa route, il rencontrait un ouvrier ou un paysan, il l'abordait avec cet air et cette affabilité qui préviennent et gagnent les cœurs. Il ne le quittait point qu'il n'eût adroitement jeté dans la conversation un trait de lumière, une pensée de foi, un sentiment religieux.

Les enfants surtout, les petits bergers, semblaient réveiller dans son cœur le plus vif intérêt. En peu de jours, il les connut tous par leurs noms. Il aimait à causer avec eux, et ne les quittait presque jamais sans joindre à de pieux conseils une image ou une médaille de la Sainte Vierge.

Quand il apprenait qu'un de ses paroissiens, malade ou infirme, était retenu sur un lit de souffrance, il accourait ; tout d'abord il compatissait à ses douleurs, conversait familièrement avec lui, s'insinuait peu à peu dans son cœur, et arrivait enfin à sa conscience. « J'ai connu, dit au P. Bourdin une personne de Crozet, un vieux pécheur qui s'est parfaitement converti, durant une longue maladie à laquelle il a succombé. M. Chanel le voyait fréquemment, et jamais les mains vides ; il l'instruisait, l'exhortait à la patience ; et quand il recueillit son dernier soupir, « *ce brave homme, dit-il, m'a bien édifié; j'espère qu'il prie maintenant pour moi au ciel.* »

Il agissait de même à l'égard des vieillards que sa charité consolait en les disposant à une sainte mort.

Le curé de Crozet comprit dès le commencement toute l'utilité qu'il pouvait retirer, pour son ministère, du concours de M. Girod (1), maire de la commune. Ce magistrat avait suscité beaucoup d'ennuis à son prédécesseur et avait pris une grande part à son renvoi. L'abbé Chanel, par sa douceur, ses bons procédés et sa charité ingénieuse, eut bientôt gagné son cœur. M. Girod voulut que les portes de son château lui fussent ouvertes à toute heure, et il contribua largement de sa bourse à l'entretien du culte, aux frais des écoles et au soulagement des pauvres. En se rapprochant de son curé,

---

(1) Frère de M. Girod (de l'Ain), ancien ministre de l'agriculture sous Louis-Philippe, ancien président de la Chambre des députés, etc.

il ne tarda pas à se rapprocher de la religion. Il remplit ses devoirs de chrétien, et, sérieusement préoccupé de ses fins dernières, il fit construire son tombeau, dont il dicta lui-même l'épitaphe. Il sut si bien apprécier le mérite de l'abbé Chanel que, s'adressant à Monseigneur l'évêque de Belley, il lui dit : « Je vous remercie de nous avoir donné un si bon curé ; vous avez fait revivre au milieu de nous le zèle et la douceur de saint François de Sales. »

Nulle part le Bienheureux ne se montra aussi bon, aussi charitable qu'au tribunal de la pénitence. Il accueillait les pécheurs avec la tendresse d'un père, et, dans ses plus longues séances au confessionnal, il conservait jusqu'à la fin une patience et une douceur inaltérables. Jamais il ne remettait à un autre jour la confession d'un homme, ni même celle d'un enfant. Il exerçait ce ministère avec tant de zèle que chacun de ses pénitents pouvait se croire l'objet d'une sollicitude toute spéciale.

Se sentant hors d'état, à lui seul, de renouveler à fond sa paroisse, le serviteur de Dieu résolut de lui procurer le bienfait d'une mission. Quelques-uns de ses confrères cherchèrent à le détourner de ce projet. « Vous n'obtiendrez, lui dirent-ils, qu'un ébranlement passager, des conversions sans durée. » Loin de partager cette appréciation, il croyait que les exercices d'une retraite, et surtout d'une mission, étaient généralement le levier le plus puissant pour remuer les âmes et les ramener dans la voie du salut. La mission de Crozet fut bénie du ciel. La plantation d'une croix n'en marqua point le souvenir, mais on érigea les confréries du *Saint-Sacrement*, du *Saint-Rosaire* et des *Filles de la Persévérance*, qui en conservèrent et perpétuèrent les fruits.

La paroisse de Crozet n'était plus reconnaissable. Les danses, les cabarets, la profanation du dimanche et tous les autres genres de scandale en avaient été bannis. Quelques personnes, néanmoins, surtout parmi les protestants, restèrent étrangères à ce mouvement religieux. Le bon pasteur connut par une douloureuse expérience la vérité de cette

parole de saint Paul : *Non omnes obediunt Evangelio* (1).
Parmi les protestants que renfermait encore la paroisse de
Crozet, se trouvait une vieille femme, pauvre et infirme.
Très souvent le saint curé lui faisait porter du pain, de la
viande, du vin, etc. Il allait fréquemment la voir, et lui donnait, à chaque visite, de nouvelles marques de sa bienfaisance. Il s'efforçait d'éclairer son âme et de la mettre sur le
chemin du ciel. Plus il la voyait proche de l'éternité, plus il
redoublait de sollicitude et de dévouement. La malheureuse
resta insensible et mourut dans l'hérésie... Cette mort fut
un rude coup pour le pasteur. « Ah ! s'écria-t-il, en versant des
larmes, que cette femme voudrait avoir aujourd'hui les
grâces qu'elle a méprisées !... J'ai longtemps espéré son retour
au catholicisme ; mais, quand j'ai vu qu'elle s'obstinait à
ne point invoquer la Sainte Vierge, j'ai tremblé, j'ai perdu
tout espoir... »

II

Aux premiers jours de son ministère pastoral, l'abbé Chanel avait reconnu avec douleur que prêcher dans son église,
c'eût été prêcher dans le désert ; on avait cessé de venir aux
offices et c'était une des causes de la funeste ignorance dans
laquelle la paroisse était tombée. C'est pour cela que, ne pouvant annoncer la parole de Dieu à tous ses paroissiens, il
commença par les visiter les uns après les autres ; dans des
conversations tout empreintes de bienveillance et de charité, il s'efforçait d'abord de se concilier leur affection, puis
il jetait dans ces terres qu'il venait de remuer quelques grains
de la bonne semence, laissant à la grâce le soin de les faire
germer et fructifier. Il n'eut pas besoin de tenir compte de la
nécessité actuelle d'aller au peuple pour le ramener à Dieu,

---

(1) Tous n'obéissent pas à l'Évangile. (Rom., x, 16.)

puisqu'il ne vient plus ni nous voir ni nous entendre dans nos églises. Pour aller au peuple et le gagner à Jésus-Christ il ne consulta que l'Évangile et son zèle. A l'exemple du divin Maître, il y mit tout son cœur et toute son âme. Et quand il vit un certain nombre de ses paroissiens gagnés par son amabilité et le charme de ses entretiens familiers, il n'eut pas de peine à les réunir le dimanche pour continuer à les instruire à l'église. Alors il lui fut permis de suivre un plan régulier d'instructions sur toutes les vérités fondamentales de notre sainte religion.

Ses prédications déterminèrent bientôt de nombreuses conversions.

La parole est un grand moyen d'action sur les âmes ; mais les actes ont une toute autre puissance pour convaincre et persuader. Le pasteur de Crozet ne manqua jamais de joindre l'exemple à ses exhortations. Aimer le prochain comme soi-même, c'est la loi de Dieu ; mais l'amour se prouve par les œuvres, et la vraie charité ne va pas sans l'aumône. L'abbé Chanel le savait et il agissait en conséquence.

Et d'abord que seraient devenues, sans le secours de sa charité, les deux écoles qu'il avait fondées pour l'éducation de l'enfance? La commune, par défaut de ressources, n'avait porté à son budget aucune allocation destinée à les entretenir. La très modique rétribution que payaient les familles suffisait à peine à l'entretien de l'instituteur des petits garçons. La condition de l'établissement affecté aux jeunes filles était plus triste encore, dans les commencements surtout, alors que le curé, déjà si pauvre, se voyait réduit à partager son pain de chaque jour avec la *Sœur de la Providence*. Le pain étant venu à manquer, le pasteur ne craignit pas de le quêter lui-même de porte en porte. Ce zèle sacerdotal émut les cœurs ; et le maire de Crozet, M. Girod, se fit un bonheur de prendre à sa charge la dépense alimentaire des écoles.

On eût dit qu'à l'exemple de saint François d'Assise encore jeune, l'abbé Chanel avait fait vœu de secourir tous les pauvres qui lui demanderaient l'aumône. Aussi accueillaitil avec une tendre compassion ceux qui frappaient à la porte de son presbytère, et ne les renvoyait-il jamais les mains vides. Quand il n'avait plus d'argent, il leur donnait des vivres ou des vêtements. S'ils étaient transis de froid ou mouillés par la pluie, il les faisait asseoir auprès de son foyer, causait avec eux, et ne les quittait point sans avoir jeté dans leurs âmes quelques pensées de foi et de résignation chrétienne. La plupart des pauvres, surtout ceux du village et des environs, connaissaient trop bien sa charité pour craindre de lui devenir importuns en implorant fréquemment son secours. Une voix secrète leur disait au fond du cœur : « *Demandez, demandez encore, et vous recevrez* (1). » De son côté, le généreux pasteur semblait avoir toujours présentes à son esprit ces paroles de Jésus-Christ : *Quisquis... dederit... calicem aquæ in nomine meo... non perdet mercedem suam* (2). — « Ah ! s'écriait-il, qu'il est consolant de penser qu'une aumône, si légère qu'elle soit, aura sa récompense dans le ciel !... N'est-elle pas plus précieuse que tous les trésors de la terre (3)? » Un de ses confrères dans le sacerdoce lui annonçant tout joyeux qu'il venait de faire un assez brillant héritage : « Je m'associe à votre joie, lui répondit-il, mais croyez-le bien, du reste c'est Notre-Seigneur lui-même qui nous l'assure, vous serez plus heureux encore de pouvoir donner maintenant un plus libre essor à votre charité (4). » Ce bonheur dont il parlait à son ami, il le connaissait par sa propre expérience, et pour ne point s'en priver lorsqu'il s'absentait de son presbytère, il chargeait sa pieuse servante de la distribution des aumônes.

Avec un cœur si généreux, sa bonne foi ne pouvait man-

---

(1) « *Petite, et accipietis.* » (Joann., XVI, 24.)

(2) « Quiconque donnera, en mon nom, un verre d'eau aura sa récompense. » (Marc, IX, 40.)

(3) «... *Eleemosyna magis quam thesauros auri recondere.* » (Tob., XII, 8.)

(4) « *Oportet... meminisse verbi Domini Jesu, quoniam ipse dixi Beatius est magis dare quam accipere.* » (Act. Ap., XX, 35.)

quer d'être surprise dans l'exercice de sa charité. « Vous venez,
lui dit-on un jour, de secourir un homme qui fait le métier
de mendiant et qui, sous le manteau de l'indigence, cache
une fortune qui lui permettrait de rouler carrosse... — J'en
suis fâché pour les véritables pauvres, répondit-il ; mais,
quant à moi, je n'ai rien perdu devant Dieu. »

Il n'attendait pas toujours que les pauvres vinssent frapper
à sa porte, il prévenait souvent leurs demandes en leur faisant distribuer des secours à domicile. Lui-même, ainsi qu'on
l'a déjà vu, aimait à les visiter en personne, à voir de près
leur misère, et à la soulager. Il savait trouver la main qui se
cache et lui glisser en secret l'aumône qu'elle n'ose demander.
Il oubliait promptement le bien qu'il avait fait. Sa mémoire ne
lui rappelait que le nom et la demeure des malheureux qu'il
n'avait pu assister autant qu'il le désirait, et à qui il espérait
donner bientôt de nouveaux témoignages de sa charité.

Dans l'intérêt des pauvres, il économisait sur tout ce qui
lui était personnel. A voir sa soutane, sa chaussure et jusqu'à
son chapeau, il était facile de se convaincre qu'il ne les renouvelait pas souvent. Son habitation respirait une simplicité
presque voisine de l'indigence. Le presbytère, lorsqu'il en
prit possession, était dans un déplorable état ; il y fit seulement les réparations les plus urgentes. Quant à sa table,
elle était frugale, plus d'une fois même on y vit manquer le
strict nécessaire. Malgré ces privations, on a peine à concevoir comment, avec un modique traitement et un casuel
qu'on ne saurait mettre en ligne de compte, il pouvait se
livrer à tant d'œuvres de miséricorde. Sans doute il solli-
citait et trouvait des ressources dans la pieuse générosité
de M. le maire et de quelques riches familles d'alentour.
Grâce à ces dons, il était parvenu à faire un dépôt soit en
argent, soit en nature, qui était toujours à la disposition des
plus nécessiteux. A son départ de Crozet, il vida entièrement ce dépôt, en distribuant aux pauvres du pain, de l'argent, vingt-trois paires de draps de lit, et des vêtements,
auxquels il ajouta son petit mobilier.

Tout ce que l'abbé Chanel possédait lui semblait être moins sa propriété que celle des pauvres. Sa charité le portait jusqu'à se dépouiller pour eux. « Je ne sais, Monsieur, lui dit un jour sa servante, comment ont pu disparaître divers objets à votre usage... J'ai beau chercher votre manteau d'hiver, il m'est impossible de le trouver... Votre vestiaire se dégarnit chaque jour. — Tranquillisez-vous, lui répondit le charitable pasteur ; Dieu ne permettra pas, je l'espère, que ces objets soient perdus... — En attendant, reprit la servante, il faudra en acheter d'autres ; et je doute fort que vous ayez encore de l'argent... — Allons, répliqua le curé, pas d'inquiétude ; c'est une affaire qui me regarde, je vous prie de n'y plus penser... Mon Dieu ! il y a tant de pauvres ! » Ces derniers mots, bien que prononcés à part et à voix basse, furent entendus de la servante, qui ne demanda pas d'autre explication sur ce sujet.

La charité de l'abbé Chanel se révélait encore par son désintéressement dans l'exercice de ses fonctions pastorales. Ainsi, pour ce qui regarde les honoraires du curé, il en faisait volontiers l'abandon, pour peu que les familles fussent indigentes. Rencontrant un jour une femme éprouvée par la perte récente de son mari, il lui adressa quelques paroles de consolation. « Cette semaine, ajouta-t-il, je célébrerai un service pour votre cher défunt. — Ah ! Monsieur le Curé, répondit la pauvre veuve, c'était bien mon désir de faire dire une messe pour lui, mais je ne puis la payer. — Soyez tranquille làdessus, reprit le saint prêtre, notre compte est déjà réglé ; venez demain à l'église avec vos enfants... » Non seulement le bon curé dit la messe qu'il avait promise, mais il donna à la célébration des divins mystères toute la pompe qu'il déployait aux funérailles des riches.

III

Un grand sujet d'affliction pour l'abbé Chanel, en entrant
à Crozet, ce fut d'y trouver une église mal située, trop petite,
lézardée et plongée dans une extrême pénurie. Le presbytère
était aussi dans le plus déplorable état; mais pour un pasteur
qui songe moins à ses propres aises qu'au salut des âmes, l'intérêt de la *Maison de Dieu* passe bien avant celui de son habitation personnelle. Prenant donc patience pour ce qui était
de ses intérêts particuliers, il ne pensa qu'à réédifier et décorer le temple du Seigneur. Il agit sans trop se hâter ; il prépara
les esprits à des demandes de fonds, qu'il est toujours si
difficile de faire agréer aux habitants de la campagne. Lorsque
le moment de la Providence fut venu, il fit un appel à la
générosité de ses paroissiens. Son projet fut accueilli avec
joie, et l'on s'empressa de le seconder. Mgr Devie, M. Girod,
et quelques personnes marquantes du département promi-
rent également le concours de leur charité. Quand les sommes
nécessaires furent assurées, on convint de jeter au plus tôt
les fondements du nouveau temple. Le choix de l'emplacement entraîna de graves difficultés (1).

Obligé de se contenter de sa pauvre église, l'abbé Chanel
se consolait en pensant que Jésus-Christ a bien voulu naître
dans une étable, et passer trente années dans l'humble réduit
d'un simple artisan. Cependant, pour réveiller la piété et la

---

(1) Ce ne fut qu'en 1833 que le conseil municipal remit en délibération ce projet et en vota l'exécution. L'abbé Chanel, alors directeur
du collège de Belley, n'eut pas plus tôt appris qu'on s'était mis à
l'œuvre sur un emplacement peu convenable, qu'il s'empressa de
témoigner sa douleur : « Ah ! Monsieur, écrivait-il à son successeur,
qu'il est fâcheux que votre église se reconstruise au sommet du village et sur une pente rapide ! S'il fallait verser des larmes pour la
faire descendre plus bas, j'en répandrais des torrents... » On s'est
repenti, mais trop tard, de n'avoir pas suivi cet avis.

foi dans les âmes, en même temps que pour rendre à Dieu, d'une manière convenable, les hommages qui lui sont dus, il trouva le secret de réparer et d'embellir le saint lieu, et d'y célébrer avec une certaine pompe les divins offices. « Grâce à son zèle, dit un témoin oculaire (1), l'église de Crozet changea bientôt de face ; elle devint même l'une des plus propres et des plus décentes de la contrée... »

L'abbé Chanel mettait là tout son bonheur. *Seigneur,* pouvait-il s'écrier dès l'âge le plus tendre, *j'ai aimé la beauté de votre maison* (2). Il avait une si haute idée du saint temple qu'il ne pouvait y souffrir les moindres traces de désordre ou de malpropreté. Toutes les semaines, c'était lui qui se chargeait de balayer le sanctuaire, d'épousseter chaque objet et d'entretenir l'éclat du marche-pied de l'autel (3). On reconnaîtra, dans une de ses lettres, le zèle qu'il déployait pour rehausser le culte sacré et nourrir la piété des fidèles : « Nous venons, dit-il à une personne d'Ambérieux, de célébrer par un beau temps la Fête-Dieu. De nombreuses emplettes avaient été faites pour cette solennité. Prévoyant que notre bannière n'arriverait pas de Lyon, je m'en suis donné tant et plus pour en fabriquer trois : une avec du velours cramoisi et les deux autres avec une étoffe de soie blanche ; je les ai ornées de mon mieux. Le croiriez-vous? nos bons villageois ont paru enchantés de mon ouvrage. La procession a été fort édifiante. Mes paroissiens se sont associés à cette fête avec le plus religieux empressement. Les habi-

---

(1) M. Bramerel.

(2) « *Domine, dilexi decorem domus tuæ.* » (Ps. xxv, 8.)

(3) Dans un siècle où ces détails paraîtront peut-être minutieux, il est bon de rappeler l'éloge que saint Jérôme a fait de Népotien : « *Erat sollicitus si niteret altare, si parietes absque fuligine, si pavimenta tersa, si janitor creber in porta, vela semper in ostiis, si sacrarium mundum, si vasa luculenta; et in omnes cæremonias pia sollicitudo disposita, non minus, non majus negligebat officium. Ubicumque eum in ecclesia quæreres, invenires... Quidquid placebat in ecclesia, tam dispositione quam visu, præsbyteri laborem et testabatur.* » (Hieronym. Epitaph. Nepot. 35, ad Heliod.)

tations étaient pavoisées, les rues et les chemins couverts de verdure et interrompus çà et là par des arcs de triomphe, de feuillage et de fleurs (1). »

On voit combien l'abbé Chanel était de cœur à son église, à sa paroisse, à ses paroissiens, qui, de leur côté, le lui rendaient bien en reconnaissante et filiale affection. Et cependant, ses supérieurs, qui ne l'avaient envoyé à Crozet que dans l'intérêt de sa santé, songeaient déjà à le mettre à la tête d'une paroisse plus importante.

« L'administration diocésaine, dit-il lui-même, ne veut pas me laisser plus longtemps dans mon petit village. M. Ruivet, vicaire général, est venu me voir lorsque j'étais en voyage. Il a dit à l'un de mes confrères qu'il voulait m'offrir la cure de Douvres. Humainement parlant, ce poste est attrayant. Ne vous inquiétez point à mon sujet ; faites comme moi : je me remets entre les mains de Dieu et lui fais le sacrifice de mon bon plaisir ; que sa volonté s'accomplisse, et non la mienne ! Je doute cependant que je puisse me séparer sans regret de mes chers paroissiens ; je trouve au milieu d'eux de si douces consolations !... Je ne les quitterai, je l'espère, que pour travailler au salut des infidèles. Depuis longtemps, je sens que Dieu me réserve cette destinée. L'abbé Maîtrepierre, supérieur actuel du pensionnat de Marboz, et l'abbé Bret doivent être mes compagnons de route. Il est convenu que tous trois nous nous donnerons la main pour aller rejoindre Mgr Loras aux États-Unis... »

On lui aurait offert la plus belle cure du diocèse, qu'il ne l'aurait point acceptée en échange de la vie apostolique. « La volonté de Dieu avant tout, » s'écriait-il ; mais il voyait cette volonté dans celle de son évêque, et bien qu'il fût convaincu dans son âme que Dieu l'appelait aux Missions parmi les infidèles, il attendit jusqu'au jour où la voix divine, par l'organe de ses supérieurs, lui dit : Dieu le veut, allez !

------

(1) Extrait d'une lettre adressée à Mme B*** (juin 1831).

IV

Jusqu'ici l'abbé Chanel nous est apparu comme le modèle d'une vie régulière, et toute consacrée aux œuvres qui sont la fin du Sacerdoce. Vicaire dans une petite ville, curé d'une pauvre paroisse de campagne, nous l'avons vu remplir tous ses devoirs avec fidélité. A ne considérer que l'extérieur, une telle sainteté n'a rien d'extraordinaire. Combien de prêtres, dans de pareilles fonctions, remplissent leur ministère avec le même zèle ! Ce qui fait le rare mérite de notre Bienheureux, c'est l'esprit qui l'animait dans toutes ses œuvres ; et cet esprit, c'était la pensée de Dieu toujours présente, c'était sa volonté, sa gloire qu'il cherchait en toute chose uniquement. C'est en cela qu'il se rapprochait de saint Vincent de Paul et du Bienheureux curé d'Ars, autre saint curé, son contemporain, qui, lui aussi, sanctifiait une toute petite paroisse rurale à l'autre bout du même diocèse.

Il y a de grandes analogies entre ces deux saints prêtres, qui se sont à peine connus (1), et qu'embrasait une même charité pour les âmes, parce qu'ils brûlèrent du même ardent amour pour Dieu ; car en l'abbé Chanel comme en l'abbé Vianney la présence de Dieu était si habituelle qu'ils pouvaient dire l'un et l'autre : *Per ipsum, et cum ipso, et in ipso* (2)... et avec saint Paul : *Mihi vivere Christus est. — Vivo jam non ego, vivit vero in me Christus* (3).

L'abbé Chanel comprit donc, dès le début de son sacer-

____

(1) Le Bienheureux J.-B. Vianney, plus âgé, fit son cours de théologie à Lyon, quand le département de l'Ain faisait encore partie de ce diocèse. Le Bienheureux P.-L.-M. Chanel fit son cours à Brou, dans le diocèse de Belley.

(2) « Par Jésus, avec Jésus et en Jésus. (Lit. eccl.)

(3) « Ma vie c'est Jésus-Christ. » (Philip., I, 21.) — « Je vis ; ce n'est pas moi qui vis, mais Jésus qui vit en moi. » (Gal., IV, 20.)

doce, qu'il ne pouvait sanctifier les âmes qu'autant qu'il serait saint lui-même :

« Je dois m'efforcer, disait-il, de sauver les âmes qui me sont confiées ; mais à quoi me servirait-il de les conduire au ciel, si je n'y conduis pas la mienne? Ne ressemblerais-je pas à un poteau qui, en indiquant sa route au voyageur, reste immobile et pourrit en terre? Survient un orage, qui le renverse ; on le ramasse pour le jeter au feu. »

Ne s'arrêtant point aux vertus qui font simplement le bon prêtre, il s'élevait jusqu'à celles qui font le prêtre parfait. Nous connaissons à ce sujet les témoignages de Mgr Devie et de Mgr Depéry ; celui-ci ajoutait :

« Je l'ai vu dans l'humble presbytère de nos montagnes, puis, incorporé à votre Société, remplir successivement les fonctions de professeur, de préfet spirituel et de supérieur au collège de Belley. Plus tard, je l'ai suivi, à travers l'Océan, dans ses courses apostoliques, avec tout l'intérêt qui s'attache à un compatriote et à un ami ; et partout et toujours, je l'ai trouvé semblable à lui-même, modeste dans ses habitudes, doux et humble de cœur, pratiquant avec la simplicité d'une action ordinaire les suprêmes sacrifices (1). »

« Dans mes relations intimes avec l'abbé Chanel, dit M. l'abbé Guérin, curé d'Illiat, j'ai été comme à l'école des plus admirables vertus. Je ne pouvais croire qu'une si belle âme n'eût pas conservé son innocence baptismale. »

Pour atteindre à la perfection, le Bienheureux se traça une ligne de conduite dont il ne s'écarta jamais. Chaque jour il fut très exact à l'exercice de l'oraison, de l'examen particulier, de la lecture spirituelle, de la visite au Saint Sacrement et à la Sainte Vierge.

Tous les mois, il se ménageait un jour de récollection. Cette petite retraite mensuelle lui paraissait si avantageuse qu'il en conseillait la pratique à toutes les âmes désireuses de leur perfection.

____

(1) Lettre au P. Bourdin, Gap, 15 mai 1856.

Il ne passait pas quinze jours sans voir son confesseur. Chaque année, il assistait aux exercices de la retraite pastorale et célébrait avec ferveur les principaux anniversaires de sa vie, et en particulier celui de son baptême et celui de son sacerdoce.

De temps en temps, il priait une ou deux personnes des plus graves entre ses paroissiens de l'informer en toute franchise de ce qu'elles auraient remarqué de défectueux dans sa conduite.

Convaincu que sans la mortification il est impossible de faire de sérieux progrès dans la vertu, il se refusait sévèrement tout ce qui flatte la nature et amollit l'âme. Son sommeil était court, sa couche dure et sa table frugale. Aux jeûnes commandés par l'Église, il en ajoutait de volontaires. Il jeûnait le vendredi de chaque semaine et la veille des principales fêtes de la Sainte Vierge. Il portait habituellement sur lui une ceinture de fer armée de pointes aiguës.

Il éprouvait de la répugnance pour tout ce qui semblait l'éloigner tant soit peu de l'esprit de pauvreté. Plus d'une fois il se reprocha d'avoir accepté un petit christ en ivoire : « Je crains fort, écrivait-il à la personne qui le lui avait donné, que ce ne soit un objet de luxe et de vanité. Je m'en serais déjà défait, s'il n'était pas enrichi de précieuses indulgences. »

Il était ennemi décidé de la paresse et de l'oisiveté. Bien que la paroisse fût peu considérable, le curé de Crozet était toujours occupé, toujours à l'œuvre, au presbytère ou à l'église, dans les écoles ou dans la visite des pauvres et des malades. Il mettait soigneusement à profit le temps dont il pouvait disposer. Il en était si avare que, lorsqu'il allait visiter un malade éloigné du village, on lui voyait toujours, dans le trajet, un livre ou son chapelet à la main. Et néanmoins, dans cette ardeur au travail, s'il était interrompu par une visite ou une affaire, sa charité, sa condescendance ne se trouva jamais en défaut. Arraché au sommeil avant ses paroissiens, il donnait à Dieu ces premières heures que personne ne pouvait lui dérober ; et lorsque, le matin, on allait au presbytère, son accueil avait quelque chose de si paternel, de si suave, qu'on sentait, selon l'expression de l'Apôtre, qu'il venait de *s'entretenir avec le ciel.*

Une de ses jouissances était de recevoir la visite des confrères du voisinage, et cette jouissance, il l'éprouvait assez souvent, car ses confrères aimaient à se rencontrer au presbytère de Crozet. Ils étaient assurés d'y trouver toujours la plus douce fraternité et la plus aimable hospitalité.

Les sympathies qui unissaient l'abbé Chanel à ses confrères du canton de Gex, n'avaient point remplacé dans son cœur celles qui l'attachaient à M. Colliex. Pénétré des plus vifs sentiments de reconnaissance pour le vénéré doyen qui l'avait formé aux fonctions du saint ministère, le curé de Crozet se faisait un devoir d'entretenir avec lui une correspondance suivie. Il fut même un jour agréablement surpris de recevoir la visite de son vieux curé ; mais il ne put, à son grand regret, jouir longtemps de sa présence.

Quelques jours après, il eut la consolation de se rendre au presbytère d'Ambérieux ; mais il ne put y faire qu'un court séjour. Car il voulait profiter de cette sortie de sa paroisse pour aller jusqu'à la Potière. Laissons-le raconter lui-même la dernière partie de son voyage (1) :

« Grâce à Dieu, j'ai trouvé mes parents en bonne santé. Ma visite a ramené parmi eux la joie et un instant de bonheur. En quittant le hameau de la Potière, je ne pouvais me dispenser d'aller à Cras. Ce petit coin de la Bresse m'est aussi cher que la maison paternelle. Du plus loin que j'aperçus le presbytère et le clocher du village, je sentis mes yeux se mouiller de douces larmes ; l'un et l'autre me rappelaient les grâces les plus signalées de ma vie... Chemin faisant, je reconnus les prairies où, dans mon enfance, je menais paître mon troupeau. Je vis l'endroit où Dieu me prit, comme le jeune David, pour m'établir pasteur des âmes. A cette

---

(1) Extrait d'une lettre adressée à M. B***, d'Ambérieux.

vue, à ce souvenir, je hâtais le pas ; il me tardait d'arriver chez l'abbé Trompier. C'est à ce vénérable curé que je dois, après Dieu, le bonheur d'être prêtre ; c'est lui qui me rencontra providentiellement quand je n'étais que simple berger, et qui se chargea de ma première éducation ecclésiastique. Oh ! comme je l'ai embrassé de grand cœur, et comme les heures que j'ai passées auprès de lui m'ont paru courtes et rapides !... J'ai eu la consolation, avant mon départ, de m'agenouiller à l'endroit où j'ai fait ma première communion, et de dire la sainte messe à l'autel où, pour la première fois, j'ai célébré les divins mystères (1). »

A la suite de ce récit, le Bienheureux manifeste encore sa pensée favorite, son désir toujours croissant de partir pour les missions étrangères. « L'abbé Bret, dit-il, est venu me rejoindre au grand Séminaire de Brou. Nous sommes allés ensemble voir, à Marboz, notre excellent ami Maîtrepierre. Nous nous sommes concertés sur les mesures à prendre afin de hâter le moment où nous serions libres de quitter tout pour voler au salut des pauvres sauvages... »

A ce désir des missions se joignit bientôt celui de la vie religieuse. « Au mois de juin 1831, raconte l'abbé Bernard, je fis visite au curé de Crozet. L'accueil fut cordial, affectueux,

------

(1) La fin de ce voyage fut marquée par un incident, dont le souvenir peut être utile en pareil cas. Monté en voiture, il se trouva en compagnie d'un ministre protestant et de sa femme, qui l'accueillirent avec un sourire ironique. Le protestant, grand causeur, voulut de suite entamer une controverse. L'abbé Chanel, réservé comme toujours, tenait peu à engager une polémique. Le ministre n'en fut que plus ardent à attaquer l'Église catholique sur la tolérance, la Confession, l'Eucharistie... L'abbé, ne voulant pas que son silence fût mal interprété, répondit à tout avec autant d'énergie que de modestie. Comme dernier assaut, le ministre en vint à la question du célibat ecclésiastique, affirmant qu'il était impossible et au-dessus de la nature, et que l'Église était cruelle en l'imposant à ses prêtres. Pour en finir, l'abbé répondit avec un sang-froid parfait : « Ah ! Monsieur, si, à votre avis, la chasteté est impossible, dites-moi, jusqu'au jour de votre mariage, qu'avez-vous été? Qu'avez-vous fait?... A cette question, le ministre se tut et sa femme se prit à rougir.

comme savait le faire le P. Chanel. Il y mit des délicatesses plus intimes, à raison de nos mille souvenirs d'enfance, d'école, de la cure de Cras, etc.

« Quoique nos causeries fussent familières et que j'eusse avec lui la plus entière ouverture de cœur, j'avais toujours vis-à-vis de lui une espèce de sentiment révérentiel. Je sentais qu'il m'était supérieur en sagesse, en raison et en vertu ; puis il avait été mon *Mentor* à Cras et à Meximieux.

« Dans la suite de la conversation quelques mots me firent comprendre qu'il méditait un genre de vie mieux en rapport avec les aspirations de son âme. Je me permis même de le plaisanter sur ses tendances monacales. Il me répondit en souriant : *Et si j'étais moine ou religieux, m'aimerais-tu moins?* Je répliquai que j'aimerais toujours beaucoup le condisciple Pierre Chanel, mais que le titre de moine ou de religieux n'ajouterait rien à mon amitié. Il me prit en pitié et m'engagea à me tenir toujours prêt à entrer les yeux fermés, dans la voie où Dieu nous appelle.

« Il me rendit, quinze jours après, ma visite à Ferney, où j'étais professeur depuis quelques mois. Il se trouva là en parfaite communion d'idées avec le bon, le pieux M. Crétin, curé de Ferney et supérieur du petit collège. Notre vénérable curé avait formé le projet, longuement médité, de se consacrer aux missions étrangères ; il s'y préparait par des privations et par un régime que nous trouvions excessif. L'abbé Chanel et M. Crétin durent se communiquer leurs intentions et s'y affermir ; car, en partant, l'abbé Chanel me parla avec feu du bonheur d'être tout à Dieu et aux âmes par le sacrifice et le renoncement. Le soir, M. Crétin me témoigna combien il s'était trouvé heureux d'*avoir été en contact avec une belle âme de prêtre* (1). »

Il y avait bientôt trois ans que le serviteur de Dieu exerçait le ministère pastoral dans la paroisse de Crozet, lorsqu'il

------

(1) M. Crétin partit plus tard pour l'Amérique et devint le premier évêque de Saint-Paul de Minnesota (États-Unis).

crut devoir faire une nouvelle tentative auprès de l'évêque de Belley, pour obtenir la permission d'aller rejoindre Mgr Loras aux États-Unis. Cette pensée des Missions le poursuivait sans cesse. « Il me semble, disait-il, voir ces pauvres insulaires, ces idolâtres, ces anthropophages, que le démon tient sous son empire... Ils nous tendent les bras. Je crois les entendre nous dire : Qui dissipera nos ténèbres? Qui brisera les chaînes de notre esclavage? Venez à notre secours ! venez nous instruire de votre religion ! venez nous fermer les portes de l'enfer et nous ouvrir celles du ciel ! »

L'évêque de Belley avait pris en sérieuse considération cette vocation apostolique de M. l'abbé Chanel. Toutefois, il voulut réfléchir encore avant de lui donner une réponse définitive. Mais il ne le découragea pas. Il l'exhorta à prendre patience, et loua même le zèle dont il brûlait pour le salut des infidèles. Loin de murmurer de ce nouveau délai, le curé de Crozet n'y vit qu'un dessein caché de la Providence. Il pensa que Dieu réclamait de lui une âme plus fortement trempée et un esprit de sacrifice auquel il n'était point assez préparé. Sous l'empire de ces réflexions, son désir de la vie religieuse devint plus ardent, et il en vint à cette double résolution : « Puisque Dieu le veut, je serai apôtre et je serai religieux. »

V

Sans doute, rien ne manque au prêtre zélé qui veut remplir consciencieusement sa mission ; mais, quand aux grâces du Sacerdoce séculier viennent se joindre celles de la vie religieuse, quel accroissement d'énergie donné à celui qui se consacre aux travaux de l'apostolat? Ce qui caractérise, en effet, la vie religieuse, c'est la force, la virilité. Et pourrait-il en être autrement? Cette vie n'est qu'une lutte, une protestation permanente contre la faiblesse humaine, une réaction chaque jour renouvelée contre tout ce qui abaisse et énerve, une aspiration perpétuelle vers tout ce qui élève au-dessus de la vie terrestre et de la nature déchue. Le religieux s'oblige à des efforts plus grands, plus soutenus que n'en exige toute autre profession. Il se soumet, dans tous ses actes, à une sage et robuste discipline. « Il prend dans l'Évangile, non seulement le précepte, mais le conseil. Pour éviter ce qui est défendu, il renonce à ce qui est permis. Pour arriver au bien, il aspire à la perfection. Pour être plus sûr de son salut, il veut faire plus qu'il n'en faut pour se sauver. Il s'astreint à un genre de chasteté, de soumission et de pauvreté qui n'est pas exigé de tous les chrétiens... et il met ce triple sacrifice sous la sauvegarde d'une promesse irrévocable, d'un vœu. Ayant ainsi triomphé de son corps par la continence, de son âme par l'obéissance, et du monde par la pauvreté volontaire, il vient, trois fois vainqueur, se donner à Dieu et prendre rang dans le corps d'élite de cette armée qui s'appelle l'Église (1). »

L'abbé Chanel était donc bien déterminé à embrasser l'état religieux ; mais une question en même temps s'était posée : Dans quelle famille religieuse allait-il consacrer son dévouement et sa vie, toujours en vue des Missions étrangères? Il y avait les grands ordres : Dominicains, Franciscains, Bénédictins, Carmes, la Compagnie de Jésus, et d'autres encore qui, depuis de longs siècles, avaient produit de légions de saints et rendu les plus grands services à l'Église, il y avait des congrégations modernes, nées depuis la Révolution, qui brillaient déjà d'un vif éclat et rivalisaient avec les anciennes par le dévouement et l'édification. Il y avait les communautés actives et les contemplatives. L'abbé Chanel eut toujours un très grand respect pour tous ces modes généraux ou particuliers de servir Dieu, soit dans l'action, soit dans la contemplation ; néanmoins, aucun n'exerça sur lui une sérieuse attraction.

---

(1) MONTALEMBERT : *Les Moines d'Occident* (tom. 1, liv. II, p. 42).

Mais il y avait une Société nouvelle, humble et petite, comme un enfant sortant de ses langes, et qui, dès son berceau, exhalait un parfum d'humilité et de simplicité qui frappa tout d'abord l'abbé Chanel. Le premier germe de cette œuvre avait été conçu, en 1816, au grand Séminaire de Saint-Irénée, à Lyon, et elle avait pris naissance aux pieds de la Sainte Vierge, dans l'antique sanctuaire de Fourvière. La Reine du ciel lui avait donnés on nom et, par là même, l'avait adoptée comme sa fille bien-aimée.

Les premiers membres de cette Société se nommaient *Maristes* et reconnaissaient Marie pour leur mère et perpétuelle supérieure. Ils étaient en petit nombre, mais l'abbé Chanel en connaissait plusieurs, qui étaient pour lui des condisciples ; il connaissait en particulier le R. P. Colin, fondateur de la jeune Société, qui à ce moment dirigeait, sous l'autorité de Mgr Devie, les missions paroissiales du diocèse de Belley.

L'abbé Chanel vit le R. P. Colin, lui soumit ses idées, lui communiqua ses intentions ; après avoir mûrement réfléchi, beaucoup prié, et pris l'avis de personnes graves, il lui exprima son désir d'entrer dans la Société dont il était le chef. Le R. P. Colin l'accueillit avec une bonté toute paternelle. Une nouvelle demande fut adressée à Mgr Devie, et, cette fois, l'autorisation fut accordée. La joie et la reconnaissance de l'abbé Chanel furent sans mesure.

Mais les desseins les mieux conçus réussissent rarement sans avoir rencontré beaucoup d'obstacles. La vocation religieuse est une grâce si grande et si précieuse que Dieu la fait d'ordinaire acheter par de grands sacrifices. L'abbé Chanel, comme tant d'autres, eut à se défendre contre les oppositions de sa famille et de ses amis. Son affection même pour sa paroisse de Crozet devait causer à son cœur de cruels déchirements.

Ses parents, comme cela arrive presque toujours, son père, sa mère, ses frères et sœurs, le regardaient comme perdu pour eux. Le sacrifice leur fut extrêmement douloureux ;

mais ils avaient une foi trop courageuse pour refuser à Dieu le sacrifice qu'il leur demandait ; ils comprirent que ce fils et frère lui appartenait plus qu'à eux, et que, si cruelle que fût cette séparation, ils n'avaient pas le droit de s'y opposer.

En dehors de sa famille, l'abbé Chanel eut à combattre des objections dictées par de vives sympathies, et qui, en apparence, n'étaient pas dénuées de fondement. Mais les motifs de sa résolution étaient pour lui plus forts que tout raisonnement ; rien ne pouvait, dès lors, ni lui faire changer sa décision, ni l'émouvoir.

Restait sa paroisse, où personne encore ne connaissait son dessein.

Avant de quitter la cure de Crozet, l'abbé Chanel s'occupa de l'avenir de sa sœur. Plus d'une fois, on doit se le rappeler, cette pieuse fille a figuré dans notre récit. On a vu que, dès son enfance, elle avait suivi, comme pas à pas, son frère dans la voie de la sainteté ; même, avant lui, elle aspirait à la vie religieuse.

[D'après les conseils de son frère et son impulsion propre, elle fit le voyage de Belley pour se présenter au couvent de *Bon-Repos*, maison-mère des *Religieuses du Saint-Nom de Marie*. Admise au noviciat, elle devint un ange de ferveur, d'obéissance et d'humilité. Elle prit le voile et, cachée dans la solitude, on ne la connut plus désormais que sous le nom de *Sœur Saint-Dominique*.

Longtemps, à Crozet, des larmes coulèrent au souvenir de cette mère de tant d'enfants, qu'elle avait élevées. On était loin de prévoir que, peu de jours après son départ, une autre séparation en ferait couler de plus amères. L'abbé Chanel seul le savait ; mais il s'efforçait vainement de renfermer ce secret dans son cœur. Plus s'approchait l'heure de son départ, plus on remarquait dans ses traits une teinte de tristesse et d'affliction. La surprise fut encore plus grande, quand on le vit distribuer son mobilier aux familles indigentes, et se dépouiller pour elles de tout ce qui ne lui était pas rigoureusement nécessaire.

« Le dernier dimanche qu'il passa à Crozet, dit l'abbé Bramerel, il consacra sa paroisse à la Très Sainte Vierge. Après la récitation du chapelet, qui avait lieu à l'issue des vêpres, il entonna d'une voix émue le cantique : *Je mets ma confiance, Vierge, en votre secours, etc.* Pendant qu'il chantait, des larmes s'échappèrent de ses yeux. Ensuite, il adressa quelques paroles sur la dévotion envers Marie, et sur la conformité à la volonté de Dieu. Le soir du même jour, il fit ses adieux à M. Girod, et le chargea d'être l'interprète de ses sentiments auprès des habitants de Crozet. Au sortir de cette visite, il monta promptement en voiture et se déroba à la faveur de la nuit. Certainement, si la paroisse eût été informée de son départ, elle s'y serait opposée. »

Le lendemain la nouvelle de ce départ plongea les paroissiens dans le deuil et la consternation. Ils s'empressèrent d'écrire à l'abbé Chanel et le supplièrent de rester au milieu d'eux. Touché de ces marques d'attachement, mais inébranlable dans le parti qu'il venait d'embrasser : « Ce qui me console, leur répondit-il après l'installation de son successeur, c'est que je vous laisse entre les mains d'un prêtre qui affermira vos âmes dans le bien, et dont le zèle réparera mes fautes et mes négligences. » Cette lettre se terminait par la demande de quelques prières, par des adieux touchants et de sages conseils : c'était le langage d'un père qui épanche son cœur dans celui de ses enfants.

L'abbé Chanel aimait trop la paroisse de Crozet pour qu'il pût jamais l'oublier. Toujours aussi, dans la Société de Marie où nous allons le suivre, en France et au delà des mers, partout enfin Crozet, sera encore l'objet de ses ferventes prières, de ses plus doux entretiens et de ses plus chers souvenirs...

Deux modestes villages, dans le diocèse de Belley, ont droit d'être saintement fiers d'avoir eu pour curés, l'un (1),

---

(1) Châtillon-les-Dombes.

saint Vincent de Paul, et l'autre (1), M. Jean-Baptiste-Marie Vianney ; l'humble paroisse de Crozet ne peut-elle pas, à son tour, se féliciter d'avoir eu pour pasteur l'abbé Chanel? Oui, sans doute...

Le nom du Bienheureux Chanel est impérissable dans le village de Crozet. Les pères le rappellent à leurs fils et les mères à leurs filles. Il est pour tous un enseignement et un encouragement à la vertu. Plus d'une fois, ce seul nom évoqué a suffi pour déterminer de généreux sacrifices. En voici une preuve entre bien d'autres. Sept ans après le départ du saint prêtre, alors qu'il se livrait aux travaux de l'apostolat, son digne successeur, l'abbé Levrat, entreprit de fonder à Crozet l'*Œuvre de la propagation de la foi*. Voyant avec douleur qu'on ne répondait à son appel que par une froide indifférence : « Ah ! mes frères, s'écria-t-il du haut de la chaire évangélique, que je suis trompé dans mon attente ! Pourtant, cette œuvre est l'unique soutien des Missions étrangères ; le P. Chanel y est par conséquent intéressé. Du fond des îles lointaines où il exerce son zèle, il unit sa voix à la mienne pour solliciter le secours de vos prières et de vos aumônes. Après tout ce qu'il a fait pour vous, je croyais que vous l'aimiez encore... » A ce peu de paroles, l'auditoire fondit en larmes, et s'empressa de s'associer à l'œuvre que proposait le pieux curé.

----

(1) Ars.

LIVRE II

Depuis l'entrée du Bienheureux dans la Société de Marie jusqu'à son départ pour l'Océanie.

(1831-1835)

CHAPITRE PREMIER

LE BIENHEUREUX, PROFESSEUR AU PETIT SÉMINAIRE DE BELLEY

I. Le Bienheureux, professeur. — II. Le Bienheureux
est nommé directeur spirituel.

I

L'ÉPOQUE où l'abbé Chanel entra dans la Société de Marie, il n'y trouva que deux voies ouvertes à son zèle : le ministère des Missions, surtout dans les campagnes, et un emploi au collège de Belley, dont la direction avait été remise tout récemment entre les mains du R. P. Colin par Mgr Devie. C'est au collège que le P. Chanel (1) fut placé comme professeur de la classe de sixième.

---

(1) Nous lui donnerons dorénavant ce nom de Père, bien que les vœux des premiers Maristes n'aient été prononcés que cinq ans après, en 1836.

C'était pour lui un poste bien nouveau, auquel rien jusqu'ici ne l'avait préparé. Il n'y a que des rapports éloignés entre le gouvernement d'une paroisse, si humble qu'elle soit, et le soin d'une classe de petits enfants; et puis, dans un tel emploi, comment réaliser le projet si longtemps caressé des Missions étrangères, pour lequel il a brisé son avenir? Le saint religieux ne s'adressa pas même ces questions : son supérieur avait parlé : il obéit, bien sûr qu'en obéissant, il faisait la volonté de Dieu. Il fit mieux encore : il se regarda comme très honoré d'avoir à diriger des enfants fort jeunes, encore à cet âge où le Sauveur Jésus les aimait de prédilection. Il retrouvait en eux, avec un peu plus de culture, ses enfants de Crozet, à qui il avait fait le catéchisme, et il les aima comme il avait aimé ses anciens petits paroissiens ; et de leur côté, ces enfants, si légers d'ordinaire, devenaient sérieux et travaillaient pour lui faire plaisir.

Le P. Chanel donnait un grand soin à l'enseignement religieux, sans lequel il ne peut y avoir qu'une imparfaite ou fausse éducation. Il était habile à faire jaillir, même des choses qui semblaient peu s'y prêter, par exemple, d'un fait d'histoire ou d'un texte du *de Viris*, des leçons de morale ou de piété. Il leur montrait notamment la supériorité des grands hommes et des saints du christianisme sur les héros, trop vantés, du paganisme ou de la fable.

Comme il est dans la nature des enfants de s'instruire, au point de vue moral et religieux, bien plus par les yeux que par les oreilles, et qu'ainsi, d'ordinaire, ils deviennent la copie vivante de leurs maîtres (1), le P. Chanel joignait incessamment à ses pieuses allocutions le langage muet et entraînant du bon exemple. N'oubliant jamais qu'en sa personne les élèves ne devaient pas voir le professeur seul, mais encore le prêtre de la Société de Marie, il veillait de plus près sur sa conduite. Il se montrait fidèle au devoir, sous quelque

---

(1) « *Tales, ut plurimum, evadere solent discipuli quales fuerunt ipsorum magistri.* » *(Concile de Bordeaux.)*

forme que le devoir se présentât, car il savait que la vie morale s'insinue et se respire comme l'air, et qu'elle s'échappe par de secrètes émanations qui, bien que trop délicates pour tomber sous l'analyse, n'en saisissent pas moins d'une manière vive l'intelligence de l'enfant : c'est un mot, un regard, une attitude, un sourire ; c'est surtout cet ensemble multiple de relations, d'habitudes de langage, qui sont à l'âme ce que sont à la fleur ces mystérieuses issues par où s'exhale le parfum.

A l'heure des récréations, le P. Chanel se retrouvait au milieu de ses élèves. Aussitôt qu'il paraissait, *tous ces jeunes cœurs* se sentaient attirés vers lui par cette sympathie instinctive qui est comme la loi des affinités morales. On l'environnait, on l'interrogeait, on se pressait autour de lui avec cet épanouissement de visage et cette liberté de mouvement qui dénotent l'affection.

En agissant de la sorte, le P. Chanel ne contribuait pas seulement à donner plus de vie aux jeux et aux plaisirs des élèves, il exerçait encore sur eux, par sa présence, une influence salutaire. Il prévenait, ou réprimait à temps, bien des fautes qui échappent à de jeunes écoliers dans leurs récréations : que de mauvaises manières, que de paroles brusques et inconvenantes, que de querelles et de disputes amènent trop souvent l'animation des jeux, la rivalité des intérêts et les divergences de caractère !

Le P. Chanel ne bornait pas à sa classe ses devoirs à l'égard de la communauté. Sans doute il avait acquitté sa dette principale ; mais restant sous le toit du collège, dans toutes les rencontres qui sollicitaient sa part de vigilance et de dévouement, il secondait le zèle des préfets de discipline et les remplaçait au besoin. « J'aime les écoliers comme des anges, disait-il, et je m'en défie comme de petits démons. » Aussi faisait-il bonne garde autour d'eux. Il veillait surtout à ce que les paroles et les liaisons n'eussent rien de contraire à la charité ni aux bonnes mœurs.

Le P. Chanel était bien persuadé que dans l'œuvre sublime,

mais difficile, de l'éducation, le maître le plus habile est toujours impuissant s'il n'a l'appui d'en haut ; aussi appelait-il sur les efforts de son zèle les bénédictions célestes. Il recommandait fréquemment les élèves, et en particulier ceux de sa classe, à la Sainte Vierge, à saint Joseph et aux Anges gardiens. C'était aussi la pratique de piété qu'il conseillait aux professeurs qui lui avaient confié la direction de leur conscience.

Outre la charge d'une classe, le P. Chanel faisait encore, chaque semaine, une conférence à la communauté, tantôt sur les règles de la civilité, tantôt sur les cérémonies de l'Église. Quoiqu'on ne cessât de lui recommander la modération dans le zèle, il ne s'arrêta que lorsque les forces l'abandonnèrent. Sa santé fut gravement atteinte. Des maux de poitrine, des crachements de sang, un extrême abattement l'obligèrent de s'aliter. Quelle ne fut pas la tristesse de ses chers élèves ! comme ils s'informaient chaque jour de son état ! avec quelle ferveur ils demandaient à Dieu son rétablissement ! Tous auraient voulu lui servir d'infirmiers. A l'heure des récréations, ils allaient, à tour de rôle, le voir et lui tenir compagnie. Enfin le malade se remit peu à peu, et, avec des ménagements, il put reprendre sa classe et la conduire jusqu'aux vacances.

II

Tout ce que nous avons vu jusqu'ici nous a fait connaître le caractère et les vertus aimables du P. Chanel. On trouve en lui quelque chose de saint François de Sales, de saint Vincent de Paul, du Bienheureux J.-B. Vianney. Il est jeune encore, et néanmoins nous remarquons en lui une singulière aptitude pour la conduite des âmes et la direction des consciences. Nous ne serons donc pas étonnés qu'après cette première année d'enseignement, ses supérieurs aient jeté les yeux sur lui pour le nommer directeur spirituel du Séminaire. Ce changement se fit pendant les vacances de 1832, et, à la rentrée d'octobre, cette nouvelle fut accueillie avec une satisfaction générale.

Le nouveau directeur mesura devant Dieu toute l'importance et toute l'étendue de sa charge. Sa mission lui parut belle, mais difficile.

La nature, la grâce, l'expérience lui avaient donné cette douceur chrétienne et sacerdotale qui « porte avec soi, dit Bossuet, trois vertus absolument nécessaires à ceux qui dirigent les âmes : la patience, pour supporter les défauts ; la compassion, pour les plaindre ; la condescendance, pour les guérir (1). »

Il avait souvent médité l'admirable avertissement de Fénelon aux éducateurs de la jeunesse :

« Pour entrer utilement dans vos fonctions, il faut qu'on n'ait qu'à vous voir pour savoir comment il faut faire pour aimer Dieu ; il faut que vous soyez une loi vivante de la piété ; il faut être doux et humble, ferme sans hauteur, et condescendant sans mollesse ; il faut que l'amour divin vous presse, et que, si Jésus-Christ vous demandait comme à saint Pierre : *M'aimez-vous ?* vous puissiez lui répondre, non des lèvres, mais du cœur : *Vous savez, Seigneur, que je vous aime.* Alors vous mériterez qu'il vous dise : *Paissez mes agneaux... Paissez mes brebis !* »

« Le Père spirituel d'une communauté, disait-il lui-même, ne devrait pas être un homme, mais un ange. Confident de toutes les fautes, même de celles qui échappent à la surveillance des maîtres, il a toute autorité pour en arrêter le cours. Afin de prévenir, ou de réprimer, les fautes extérieures, il atteint même les pensées, les désirs les plus secrets, et guérit les plaies les plus cachées. Il forme la conscience des élèves, les éclaire sur leurs défauts, leur indique les moyens de se corriger, et leur donne la force par la grâce des sacrements.

____

(1) *Panégyrique de saint François de Sales*, IIIe partie.

7

C'est à lui encore de faire naître, de développer les vocations, et d'écarter tout ce qui pourrait leur nuire ou les étouffer. Qu'il est à plaindre, le collège où le Sacerdoce n'exerce pas sa divine influence ! Comment peut-il échapper à l'immoralité? »

Tout enfant, quel qu'il soit, porte en lui-même un principe secret et énergique de dépravation. Vient un âge où ce principe dangereux, que nous appelons concupiscence, s'éveille et se développe. C'est l'heure du péril, c'est le moment de la tentation. La tentation, voilà un mot que la philosophie ne connaît pas, ou tout au moins qu'elle ne prononce jamais, tant elle se sent embarrassée à expliquer l'idée, et impuissante à guérir la chose. La tentation, c'est le désespoir de la sagesse humaine! Qui d'entre, nous pourtant, n'a pas mille fois éprouvé l'influence, trop réelle et trop sérieuse, qu'elle exerce sur la vie de l'homme? Eh bien ! que peuvent des instituteurs, aussi honnêtes et consciencieux que l'on voudra, pour défendre un faible enfant contre la tentation? D'abord, savent-ils seulement quand elle existe? Le pauvre enfant timide qui en est atteint leur cache soigneusement sa lutte. Oserait-il parler de peines de conscience à cet homme qui porte un habit comme lui, et qui au gouvernement d'un collège joint le souci d'une famille? Il tient donc son anxiété fermée en lui-même, comme un feu qui le mine sourdement, et quand on a pu s'apercevoir que le vice a pénétré cette âme et la ravage, il n'est plus temps d'y porter remède. Et d'ailleurs, quel remède est possible à qui n'a pas les secrets divins de la grâce et du Sacerdoce? On fera sans doute de belles phrases sur la dignité de la raison humaine ; mais qu'importe au jeune esclave, qui se dit avec une douloureuse conviction : Je ne puis briser ma chaîne?

Telle maison d'éducation offre un aspect discipliné, et même rigide, qui recouvre sous ces dehors irréprochables une désolante corruption ; telle autre apparaît d'abord plus libre, plus épanouie, moins régulière, où les mœurs sont chastes pourtant, parce que les âmes sont religieuses. Là vous sentez

l'influence salutaire du Sacerdoce ; il y plane une bénédiction qui conserve et purifie; les sacrements y sont fréquentés ;
la parole sacrée y alimente la vie normale; le Christ domine
dans toutes les salles comme une prédication perpétuelle ;
la douce image de Marie est sous tous les regards, comme le
souvenir d'une mère : toutes les forces divines de la piété y
protègent l'enfant contre les faiblesses de sa nature. Pour se
préserver, il a la prière ; pour se relever, la confession ; pour
se guider, la direction d'un ami qu'il appelle son père, dont
l'œil vigilant le suit, dont l'expérience le conseille, dont la
compatissante bonté ne le laisse jamais sans appui et sans
consolation.

Telles étaient, aux yeux du P. Chanel, les vraies et seules
garanties de moralité. Et voilà la fonction qu'il allait remplir
au milieu de deux cents élèves. C'est ainsi qu'il la comprit,
c'est ainsi qu'il l'accomplit, durant trois années, avec un
merveilleux succès.

CHAPITRE II

LE BIENHEUREUX, DIRECTEUR SPIRITUEL

AU PETIT SÉMINAIRE DE BELLEY

I. Le Bienheureux Chanel directeur. — II. Voyage à Rome et à Lorette.

I

L'ANNÉE scolaire 1832-1833 s'ouvrit, comme tous les ans, par une retraite, qui fut donnée peu de jours après la rentrée. Elle eut un succès auquel la popularité du nouveau directeur ne fut pas étrangère. Le P. Chanel en fut heureux, et il en exprima sa satisfaction dans les lignes suivantes : « Une retraite vient d'avoir lieu dans notre collège. Elle a produit d'excellents fruits. Nous avons eu la consolation de voir nos tribunaux de la pénitence baignés des larmes du repentir... Avec quelle piété nos élèves se sont approchés de la Table sainte ! Aussi, avoir vu notre communauté à la rentrée des classes, et la voir maintenant, c'est voir, pour ainsi dire, le jour et la nuit. On ne la reconnaît pas. Nos enfants sont laborieux, dociles et contents à ravir. Quelques-uns même n'ont pu s'empêcher de venir en bondissant nous exprimer leur bonheur. Je vous assure que, pour ma part, j'en ai pleuré de joie... »

Pour continuer et affermir le bien produit par ces pieux exercices, le P. Chanel, avec l'approbation du R. P. Colin, supérieur, établit la Congrégation de la Sainte-Vierge et celle des Saints-Anges. Il se souvenait trop des fruits que ces deux institutions avaient opérés à Meximieux, pour ne pas les introduire au collège de Belley. Ce fut à la suite de la retraite qu'il réunit les premiers éléments et forma les conseils. Les résultats ne se firent pas attendre. « Nos jeunes congréganistes, écrivait-il quelque temps après, ont leur petit oratoire, qui déjà commence à s'embellir. C'est là que chaque semaine je les rassemble pour entretenir l'élan de ferveur, ou plutôt de bonne volonté, que je remarque en eux... Veuillez, s'il vous plaît, ne pas les oublier dans vos prières... Nous regardons ici ces deux associations comme un grand coup de la Providence... »

Avec l'intelligence, le zèle, l'entrain, qu'y mit le P. Chanel, les Congrégations prospérèrent de plus en plus. Celle de la Sainte-Vierge comptait déjà dans ses rangs un fruit mûr pour le ciel.

Elle avait pour préfet un jeune rhétoricien, Georges Vibert, de Seyssel. C'était un modèle accompli de régularité, de candeur et de modestie. Il avait quinze ans à peine. Si jeune encore, on remarquait en lui un attrait particulier pour l'oraison, l'humilité et la mortification des sens. Animé de plus en plus du désir de sa propre perfection et du salut du prochain, il soupirait après le jour où il lui serait donné de s'incorporer à la Société de Marie, et de traverser les mers pour évangéliser les infidèles. « Qui sait, mon cher enfant, lui disait le P. Chanel, si nous ne partagerons pas ensemble le même bonheur !... » Tous deux nourrissaient l'espoir d'unir les efforts de leur zèle et le sacrifice de leur vie. Mais hélas ! ce doux espoir ne fut pas de longue durée... Vers la fin de sa première année de théologie, le jeune Vibert s'en allait mourant au sein de sa famille éplorée. Le 14 janvier 1837, il rendait sa belle âme à Dieu.

Le P. Chanel ne perdait point de vue ses congréganistes. Il les encourageait et stimulait leur ardeur. Si tous ne répondaient pas également à ses désirs, tous, du moins, faisaient preuve de bonne volonté. Aussi, par leur conduite, exercèrent-ils une salutaire influence. Ils rendirent plus assidue la fréquentation des sacrements, et firent aimer la discipline du collège.

L'une des principales fonctions du directeur, c'est la prédication à la chapelle ; le P. Chanel préparait ses instructions comme il le faisait à Crozet. Il eut un profond respect de la parole de Dieu, dès son séjour au Séminaire, où il l'écoutait comme élève. Quand il eut à la donner lui-même à ses auditeurs, adultes ou jeunes enfants, il le fit avec cet accent de foi qui remue et pénètre. A ses élèves de Belley, il aimait à rappeler l'obligation imposée à l'homme de servir Dieu dès sa jeunesse ; Dieu, leur disait-il, est jaloux des prémices du cœur, et, d'ordinaire, l'accomplissement du devoir chrétien, dès les premières années, garantit la fidélité dans l'avenir et la sainteté des derniers jours. Tout en montrant ce que la vertu exige de générosité et de sacrifice, il lui conservait toujours une physionomie douce et aimable, sachant que plus on aime un objet, plus on fait d'efforts pour l'atteindre ; mais il ne craignait pas, à l'occasion, d'appeler à l'aide de sa parole ces vérités fortes qui saisissent l'âme d'une crainte salutaire. Un jour, il disait : « N'oublions pas que nous marchons vers l'éternité. Encore quelques années, peut-être quelques mois, que sais-je? quelques jours... et le temps des mérites aura fait place à celui des récompenses ou des châtiments éternels !

« Il est écrit, dans le saint Évangile, que le serviteur inutile sera jeté, pieds et mains liés; dans les ténèbres de l'enfer... Que sera-ce du serviteur infidèle et coupable? »

Ici, le pieux orateur s'arrêta un instant, comme pour donner à réfléchir et pour calmer en même temps l'émotion qui le dominait ; puis reprenant la parole : « Mes enfants, dit-il, la mort frappe à tout âge. L'adolescence n'est point à l'abri de ses coups ; n'en avons-nous pas une preuve au milieu de nous? A qui cette place que je vois déserte, et que je ne puis fixer sans douleur? Qui de nous, en voyant partir ce cher élève,croyait lui dire un dernier adieu? Il était jeune, il jouissait d'une santé florissante, nous devions après huit jours d'absence le revoir ; et cependant la mort l'a frappé !... Cette mort est un avertissement pour nous : sachons-en profiter.

« Nous admirions la piété de ce cher enfant : les sentiments chrétiens qu'il a manifestés au redoutable passage, nous consolent et nous rassurent sur son éternelle destinée. Hélas ! vous n'avez pas plus que lui droit de compter sur de longs jours : tenez-vous donc sur vos gardes, réglez tellement votre conduite que vous soyez toujours prêts à comparaître devant Dieu (1) !... »

Tel n'était pourtant par le ton habituel du sage directeur quand il parlait du haut de la chaire. Plus souvent, il faisait prédominer sur la crainte l'espoir et la confiance en la divine miséricorde. Il désirait qu'on se formât habituellement, de Dieu, moins l'idée d'un juge sévère que celle d'un tendre père. Il ne concevait pas qu'on pût servir Dieu plutôt par contrainte que par amour. Pour dilater les cœurs, il parlait souvent de ses bontés, de sa providence, et des soins paternels dont il nous comble chaque jour. S'il entr'ouvrait quelquefois devant son auditoire les abîmes de l'enfer, il s'empressait d'élever les regards et les cœurs vers le séjour des glorieuses et éternelles récompenses.

La parole de Dieu, tombant du haut de la chaire, a une efficacité merveilleuse pour éclairer, instruire et émouvoir les âmes ; mais elle ne peut entrer dans les détails de la conduite privée de chaque auditeur ; cet enseignement, commun à tous, à cause des natures, des dispositions, des états d'âme si divers, a besoin, pour devenir pratique, de s'individualiser dans chacun d'eux en particulier. Dans un collège, il faut qu'après avoir développé une vérité, exalté une vertu, censuré un vice, le directeur puisse dire à ceux que ces avis touchent de plus près : *Tu es ille vir.* Ce résultat nécessaire

____

(1) Extrait d'un manuscrit intitulé : *La Loi chrétienne du travail.*

pour le développement spirituel et moral des âmes, s'obtient par le Sacrement de Pénitence et par la direction.

Le directeur, au saint Tribunal, est à la fois un docteur, un juge et un père. Auprès des enfants et des jeunes gens, il est plus qu'un père, il doit être une mère.

Le P. Chanel avait bien un cœur maternel pour chacun de ses pénitents, et ceux-ci ne se trompaient pas sur la sincérité de son affection, car bientôt, quoique les élèves fussent libres dans le choix de leur confesseur, presque tous s'adressèrent à lui.

Il ne négligeait pas les plus petits, et, contre l'usage trop répandu alors, il n'attendait pas pour les absoudre qu'ils eussent fait leur première communion. Les maîtres eux-mêmes le prirent pour leur guide spirituel, et les domestiques, aux veilles des fêtes et plus souvent, venaient en toute confiance se jeter entre ses bras. Pour tous, ses conseils étaient sages, sa morale douce, sa parole chaude, lumineuse, encourageante. « Vous eussiez dit, raconte un de ces grands jeunes gens, qu'il prenait votre cœur dans ses mains, l'enlaçait dans les liens de la charité, et le jetait tout attendri dans les bras de la miséricorde divine. »

La direction, dans des entretiens plus familiers, complétait l'effet de la confession. Elle se faisait, d'ordinaire, dans sa chambre, et, bien que ces relations eussent lieu hors du saint Tribunal, il savait les rattacher avec sagesse et discernement aux intérêts de la conscience.

On a conservé plusieurs traits qui montrent l'utilité de ces entretiens particuliers. Un élève qui, l'année précédente, avait remporté les premiers prix de sa classe, baissait de jour en jour, au point de se trouver parmi les plus médiocres ; le préfet eut la sage pensée de le lui envoyer : « En voici un, lui dit-il, que je vous recommande tout spécialement ; son intelligence s'est dérangée, parce que sa conscience a besoin d'être arrangée. » Le zélé directeur mit la main à l'œuvre, et avec plein succès ; car, bientôt, le rétrograde remonta au premier rang.

Un autre élève, d'une classe supérieure, avait reçu, contre la règle du collège, un livre dont la lecture pouvait être nuisible. Le P. Chanel n'en fut pas plutôt instruit qu'il se hâta de le mander chez lui. L'accueillant avec sa bonté ordinaire, il obtint sans peine l'aveu qu'il désirait. Ici, laissons parler cet élève : « Le bon Père me pria de le lui remettre, s'engageant à me le rendre, s'il ne renfermait rien d'impie ou d'immoral. Et moi, je ne voulais pas, et l'esprit de vertige s'emparait de moi ; alors il se jeta à mes genoux et me conjura, au nom de mes plus chers intérêts, de ne pas lui refuser le sacrifice qu'il me demandait. Vivement frappé de ce mouvement de zèle inattendu, je fus ébranlé, et ne tardai pas à me rendre à ses vœux. Quand je quittai le collège, je reçus ses adieux avec ses derniers conseils, qu'il me donna les yeux baignés de larmes. Le souvenir d'un si bon Père ne s'effacera jamais de mon cœur (1). »

Quelque zélé que fût le P. Chanel, il s'abstenait avec prudence d'engager les élèves dans la voie d'une perfection à laquelle Dieu ne semblait point les convier. La plupart d'entre eux étant appelés à vivre dans le siècle, il lui suffisait que leur conduite retraçât au moins les caractères essentiels de la vie chrétienne. Il s'appliquait donc à déraciner leurs vices naissants, à leur inspirer le goût du devoir, à mettre la vertu au-dessus des intérêts et des calculs matériels ; et il les tenait en garde contre ces élans d'exaltation factice qui ne laissent dans l'âme qu'une sensibilité vague et une piété sans consistance. C'est ainsi qu'il préparait l'enfant à sa future position sociale ; en sorte que, se trouvant en mesure de répondre aux différentes nécessités de son avenir, le disciple formé par un tel maître pouvait passer de la vie de collège à la vie du monde sans trop de secousses et de déceptions.

----

(1) Ce jeune homme, après avoir passé quelque temps dans le monde, entra au grand Séminaire de Brou, devint prêtre et religieux, et il honora sa double vocation par sa piété, son zèle, son intelligence et sa modestie.

Non content de se dévouer aux âmes qui l'entouraient, il en dirigeait encore beaucoup d'autres, que lui envoyait la Providence. Tantôt, c'étaient des pécheurs, qu'il remettait dans la voie du salut; tantôt, c'étaient des prêtres, qui passaient sous sa direction quelques jours de retraite ; tantôt, enfin, il était appelé pour un malade à l'Hôtel-Dieu, situé en face du collège. Que de fois on est venu, la nuit, interrompre son sommeil et réclamer le secours de son ministère ! Un pauvre, nommé Tranchand, fut, durant plusieurs mois, l'objet de son zèle. Des accès de folie furieuse rendaient parfois cet homme si intraitable, qu'on s'était vu forcé de le lier et de le renfermer dans une cellule. On ne pouvait l'aborder que dans ses moments lucides ; encore essuyait-on de sa part les plus révoltantes grossièretés. Abruti par l'ignorance et la débauche, il n'avait sur les lèvres que des paroles impies ou obscènes. Vainement avait-on essayé de le ramener à Dieu. Touché de son déplorable état, le P. Chanel le recommanda aux prières du couvent de *Bon-Repos*. Fort de cet appui, il alla trouver son pauvre à l'Hôtel-Dieu, et lui témoigna le plus vif intérêt. Peu à peu, il gagna son cœur. De temps en temps, il lui apportait quelques soulagements corporels, et l'instruisait des principales vérités de notre sainte Religion. Et cet homme, si éloigné des voies du salut, se convertit et mourut chrétiennement.

Le P. Chanel remplit, durant deux ans, les fonctions de directeur spirituel au petit Séminaire de Belley. Pendant les vacances, entre la première et la seconde année, il fit le voyage de Rome, dont il est nécessaire de dire quelques mots.

II

En 1833, la Société de Marie comptait dix-sept années d'existence. Son zélé fondateur pensa que le moment était venu de soumettre au père commun des fidèles l'esprit et la marche de cette institution naissante, et d'appeler sur elle l'approbation du chef infaillible de l'Église.

Le cardinal Macchi, ancien nonce à Paris, consulté sur l'opportunité de ce projet, conseilla le voyage de Rome, assurant que *l'approbation de la Société de Marie ne souffrirait aucune difficulté, pourvu qu'elle fût demandée par les Ordinaires de Lyon et de Belley.* Il n'y avait donc plus qu'à solliciter les lettres de recommandation des deux évêques, et à se rendre dans la ville éternelle.

Les évêques de Lyon et de Belley firent, dans leurs lettres, un bel éloge de la société naissante. Celui de Grenoble voulut aussi la recommander au Souverain Pontife. Muni de ces pièces importantes, le T. R. P. Colin rédigea une adresse à Sa Sainteté Grégoire XVI, et la fit signer par les dix-sept prêtres qui formaient alors la Société de Marie. Cette adresse, en date du 23 août 1833, précédait le sommaire des règles du nouvel institut, composé de prêtres, de frères, de sœurs et d'un tiers ordre. A ceux qu'étonnait le plan si vaste soumis au Très Saint Père, le pieux fondateur répondait : « Le but de mon voyage était uniquement de consulter sur notre entreprise, et d'accomplir un vœu, que j'avais fait depuis longtemps, de travailler à l'œuvre jusqu'à ce qu'elle eût été soumise au Souverain Pontife. J'ai donc, dès le principe, déclaré positivement qu'il ne s'agissait nullement de l'approbation de la Société ; qu'à cette fin nous présenterions plus tard des règles plus complètes ; mais que, dans ce moment, nous ne cherchions que des conseils et le consentement du Saint-Siège, pour poursuivre l'entreprise (1)...

Le T. R. P. Colin choisit, pour l'accompagner à Rome, les PP. Chanel et Bourdin, et le départ fut fixé au 26 août, jour où s'ouvraient les vacances pour le petit Séminaire de Belley.

Les trois voyageurs firent d'abord le pèlerinage de Fourvière, dont le sanctuaire était comme le berceau de leur

____

(1) Lettre du T. R. P. Colin au P. Champagnat, 27 février 1834.

Société. Le 4 septembre, ils s'embarquèrent à Marseille sur un brick qui portait le nom gracieux de *Madone de Bon-Secours*. En sortant du port, deux bâtiments qui les précédaient s'entrechoquèrent violemment, et ne purent continuer leur route. « N'ayons pas peur, s'écria le P. Chanel; le navire qui nous porte est le navire de la Sainte Vierge. » Le voyage, cependant, ne fut pas sans épreuves. Les voyageurs n'arrivèrent à Rome que le 15 septembre.

Leur première visite fut à la basilique du prince des Apôtres. Après avoir satisfait sa dévotion, le P. Chanel, admirant les vastes proportions du temple et les richesses qu'il renferme : « Convenez, dit-il en souriant, qu'on a élevé en l'honneur de mon saint patron une église vraiment digne de lui. » Le lendemain, il offrit le saint sacrifice à la *Confession de Saint-Pierre*. Attiré par sa piété envers son glorieux patron, il visita la prison *Mamertine* et le mont Janicule.

Parcourant les catacombes de Saint-Sébastien et de Saint-Laurent, le Colisée, etc., il s'écriait : « Une retraite qu'on ferait ici, n'aurait besoin ni de livres, ni de prédicateur ; chaque pas évoque un religieux souvenir ; on respire un parfum de foi et de piété ; l'air est comme imprégné du sang des martyrs (1). »

Il n'eut garde d'oublier saint Louis de Gonzague ; en célébrant les divins mystères sur la tombe de cet ange mortel, le P. Chanel payait un tribut de piété au saint qu'il avait pris pour patron secondaire. Il aimait trop les élèves de Belley pour ne pas penser à eux auprès de leur protecteur et de leur modèle.

« L'une des principales raisons qui me font aimer Rome, disait-il, c'est le parfum de dévotion envers Marie qu'on respire à chaque pas (2). » Son cœur, en effet, éprouvait une douce émotion à la vue des madones exposées à l'intérieur ou à l'entrée de presque toutes les maisons. Il fut encore plus

---

(1) *Vie du P. Chanel*, p. 241.
(2) *Ibid.*, p. 243.

vivement impressionné, lorsqu'il visita les temples magnifiques que la piété des Romains a élevés à la gloire de Marie, sous les titres les plus beaux et les plus consolants.

Il était heureux d'aller prier dans les églises où notre divin Sauveur est exposé pour *l'adoration des quarante heures*. « En France, disait-il, nous n'avons cette adoration qu'une fois chaque année. Ah ! si, à l'exemple de Rome, elle devenait perpétuelle dans nos grandes villes, que d'âmes viendraient y puiser des grâces, et dédommageraient Notre-Seigneur des outrages qu'il reçoit dans le Sacrement de son amour ! »

Malgré ce vif intérêt, qui entraînait le P. Chanel vers tout ce qui pouvait l'édifier et nourrir sa piété, il ne résista pas à la légitime curiosité de visiter les monuments célèbres au point de vue de l'art et de l'histoire.

Chaque jour, il employait une partie de son temps à rendre service au T. R. P. Colin. Remplissant auprès de lui les fonctions de secrétaire, il l'accompagnait dans ses visites ; et, afin de lui épargner bien des pas et des fatigues, il le remplaçait toutes les fois que, pour traiter une affaire, la présence du Supérieur n'était point indispensable.

Dès le lendemain de leur arrivée, nos trois voyageurs avaient fait visite au cardinal Macchi, et lui avaient remis les différentes pièces qu'ils apportaient. Son Éminence voulut bien présenter Elle-même ce dossier au Très Saint Père, le 17 septembre.

Les demandes d'audience étaient si nombreuses que le Bienheureux craignit d'être obligé de quitter Rome sans avoir pu déposer aux pieds du Souverain Pontife les hommages de sa piété filiale. Comme il en exprimait sa douleur au cardinal Macchi : « Consolez-vous, lui dit Son Éminence, je prierai moi-même Sa Sainteté d'accorder à mes bons Pères Maristes la faveur qu'ils sollicitent. » Grâce à la prière du cardinal, l'audience tant désirée eut lieu le lendemain, 28 septembre 1833. Le P. Chanel en rendit compte au P. Convers, dans une lettre en date du même jour. « Notre audience, dit-il en terminant, a duré près de trois quarts d'heure. Je ne puis vous exprimer ce qui s'est alors passé dans mon âme. Il me semble que je suis sous l'impression d'un songe... Au sortir du palais pontifical, nous avons récité, dans la première église que nous avons rencontrée, le *Te Deum* et le *Magnificat* en reconnaissance de la haute faveur que nous venions de recevoir (1). »

En les bénissant, le pape Grégoire XVI avait prononcé ces paroles : *Croissez et multipliez-vous, et remplissez la terre.* Nos trois voyageurs les avaient gravées dans leur cœur, et ils en demandaient à Dieu la réalisation, *pour sa plus grande gloire et l'honneur de sa sainte Mère.*

Durant son séjour à Rome, le P. Chanel n'avait point oublié sa chère *Congrégation de la Sainte-Vierge et des Saints-Anges.* Il l'avait fait affilier à celle du Collège Romain, afin qu'elle pût participer aux grâces et aux privilèges que les Souverains Pontifes lui ont accordés. Le décret d'affiliation porte la date du 20 septembre 1833.

Avant qu'il fût question du voyage de Rome, il écrivait à une personne d'Ambérieux : « Que je serais heureux, s'il m'était permis de faire un pèlerinage à Notre-Dame de Lorette ! Quel parfum céleste on doit respirer dans la sainte maison de Nazareth ! Après avoir vu de mes yeux cette humble habitation de Jésus, de Marie et de saint Joseph, j'aurais, d'abord, pour moi un sujet inépuisable de méditations ; j'en profiterais pour les autres, surtout au collège de Belley, et plus tard, je l'espère, dans les missions étrangères. Ce serait un puissant moyen de réveiller dans les âmes la foi et la piété chrétienne (2). »

Ce vœu allait se réaliser. Les vacances de la cour romaine ne permettaient pas de poursuivre les démarches pour l'approbation de la Société. Les trois Pères Maristes se mirent donc en route pour Lorette. Ils y arrivèrent la veille de la fête du Saint-Rosaire. Le temps était propice pour les nom-

----

(1) *Vie du P. Chanel*, p. 252.
(2) Lettre du 27 janvier 1833, citée par le P. Bourdin, p. 255.

breuses caravanes qui affluaient de toutes parts. Les voyageurs admiraient la foi de ces populations, qui, pour visiter la *Santa Casa*, aux jours de grande fête, font souvent de longs voyages, et viennent par tous les chemins et toutes les routes, au chant des litanies.

« Lorsque le P. Chanel aperçut, raconte le P. Bourdin, non pas la *Santa Casa* elle-même, mais seulement la basilique qui la renferme, il parut impressionné jusqu'au fond de l'âme... A peine entré dans le saint temple, il se jeta au pied du Saint Sacrement, resta longtemps en adoration, et fit ensuite à genoux le tour de la *Santa Casa*. Pénétrant enfin dans l'enceinte sacrée, il resta près d'une heure prosterné devant l'image de la Sainte Vierge. Nous étions à ses côtés et nous entendions les soupirs qui s'échappaient de son cœur au souvenir des mystères qui se sont accomplis dans ce lieu saint. Nous récitâmes ensemble le chapelet. Avec quelle ferveur il prononçait l'*Ave Maria*, à l'endroit même où l'archange Gabriel salua Marie pleine de grâces ! Plus d'une fois, avant son départ, il revint dans ce sanctuaire béni. »

« En quittant Lorette, continue le P. Bourdin, nous y laissâmes le R. P. Colin, qui devait bientôt reprendre le chemin de Rome. Pour nous, que nos emplois rappelaient au collège de Belley, nous n'avions plus que trois semaines de vacances, qu'il nous fut permis de consacrer à la visite de quelques villes intéressantes du nord de l'Italie.

« Quels que fussent les incidents de la route, le P. Chanel conservait toujours une amabilité, une douceur de caractère inaltérable. L'oraison, la récitation du bréviaire, l'examen de conscience, la lecture spirituelle et le chapelet avaient, dans ses journées, leurs heures réglées, dont il ne s'écartait point. »

Pour célébrer la sainte messe, il choisissait, autant que possible, l'église, et, dans l'église, l'autel où était vénérée une madone miraculeuse, ou une relique de Notre-Seigneur ou de quelque saint illustre. Il ne manque pas de le noter dans l'*Album*, où, chaque jour, il écrivait ses pensées et ses impressions de voyage.

Le Bienheureux arriva à Belley la veille de la Toussaint, et reprit ses fonctions de directeur spirituel, qu'il continua à remplir pendant une année, avec le zèle et le succès dont nous avons déjà parlé.

CHAPITRE III

I. Le Bienheureux, Supérieur. — II. Le Bienheureux est désigné pour les Missions de l'Océanie. Ses adieux à ses élèves.

I

LA Société de Marie, grâce à la protection de sa céleste patronne, grandissait de jour en jour. Il devenait nécessaire de régler sa marche et de compléter ses constitutions. Pour n'être point distrait dans ce travail, le T. R. P. Colin voulut se trouver seul avec Dieu. En se retirant dans la solitude, il nomma le P. Chanel supérieur du petit Séminaire de Belley. Impossible de se donner un plus digne successeur ; car il l'avait vu à l'œuvre et connaissait ses éminentes qualités d'esprit et de cœur : amour de Dieu et zèle des âmes, intelligence et tact, force d'âme et douceur. Il pouvait donc compter que sa charge passerait ainsi en bonnes mains, et l'avenir réalisa ses espérances.

Obligé d'accepter une fonction que son humilité redoutait, le Bienheureux résolut de la remplir avec toute la perfection possible. Il apporta d'abord le plus grand soin à ce que tout fût prêt dans le petit Séminaire, pour la rentrée des élèves. Ce jour-là, il offrit le saint sacrifice, dans le double but d'attirer sur leur voyage la protection du ciel, et d'écarter de l'établissement le trouble et la confusion qu'amène quelquefois la réouverture des classes.

Dès le soir même de la rentrée, il annonçait aux élèves qu'à partir de ce moment les règlements de la maison étaient en pleine vigueur ; qu'il espérait, connaissant déjà leur bonne volonté, qu'ils y seraient tous fidèles, et qu'au prix de cette fidélité, ils passeraient une année heureuse et bénie de Dieu. « Mes enfants, ajoutait-il, que le collège soit pour vous comme une seconde famille ; que votre âme s'y puisse épanouir à l'aise ; que vous y trouviez de l'affection, du bonheur même : ce sont là des idées que nous avons plus d'une fois exprimées, c'est le caractère que nous avons voulu donner à notre établissement, et que nous nous efforcerons de lui maintenir. Mais que rien ne contrarie jamais vos goûts et vos désirs ; que vous n'ayez point de violence à vous faire, point de peine à endurer, point de privation à subir ; que le chemin de la vertu et de la science soit pour vous dégagé de toute épine : c'est ce qu'il serait aussi funeste de tenter qu'impossible de réaliser. La vie de l'écolier est un apprentissage de la vie de l'homme ; habituez-vous donc d'avance à savoir souffrir ; donnez à votre caractère une attitude ferme, à votre cœur de la force, à votre volonté de l'énergie (1)... »

Le lendemain, à la messe du Saint-Esprit, le zélé supérieur, après une vive exhortation, consacra solennellement tous ses élèves à la Sainte Vierge, et plaça sous ses auspices leurs études, leurs récréations, leur repos.

Tous les soirs, pendant plusieurs semaines, il réunit la communauté et remplaça la lecture spirituelle par l'explication des règlements de la maison et par quelques paroles d'encouragement.

L'un des élèves de cette année, M. François Modelon, écrivait, le 7 septembre 1865, au P. Bourdin :

_____

(1) *Vie du P. Chanel*, p. 285.

« Élève au collège de Belley, j'eus le bonheur d'avoir le
P. Chanel pour supérieur. Tous ceux qui l'ont connu se
rappellent sa bonté sans faiblesse, sa douceur sans afféterie
sa fermeté sans rudesse, son intelligence sans prétention, sa
charité sans bornes. Rien n'égalait la chaleur onctueuse et
pénétrante de sa parole à la chapelle, ni la grâce de son esprit
dans les allocutions familières, en salle d'étude et dans les
classes.

« Quand il traversait nos cours de récréation animées de
tant de jeux variés, simples et francs, on s'interrompait ;
tous les regards, tous nos sourires d'enfants se tournaient
de son côté, et volaient au-devant de lui pour obtenir
deux mots de ses lèvres, ou l'amener avec une dignité gracieuse, à prendre part à nos amusements.

« Il avait une grande délicatesse, sans rien d'affecté dans
le ton et les manières, de la noblesse dans le port et la démarche, et pourtant rien de compassé ; c'était la nature, belle
de simplicité, de candeur et de paternelle tendresse. Son front,
assez élevé, était calme et pur, son teint, de cette belle pâleur
mate et légèrement transparente qui accuse la vie ardente,
mais dirigée, disciplinée par une grande âme. Ses yeux étaient
grands ; son regard doux, pénétrant, profond, vous parlait ;
son sourire avait plus de mansuétude et de sympathie que
de finesse ; l'ensemble de tous ses traits lui conciliait, de prime
abord, l'estime et l'affection.

« Si je parle ainsi de celui que je crois, et que j'ai toujours
cru un élu de Dieu, c'est qu'il me fut donné de le connaître
encore à un autre point de vue : je me confessais à lui,
et j'ai vu de saintes larmes remplir ses yeux, attachés sur
un crucifix, pendant le cours de mes aveux. Quelle bienveillance après ! quelle bonté, quelle tendresse pour cette âme
d'enfant, dont il prévoyait déjà sans doute les luttes inouïes
et les nombreuses défaillances, sur la route douloureuse de
la vie (1) !... »

----

(1) *Vie du P. Chanel*, p. 323.

Le P. Chanel se regardait comme le dépositaire des règles et le gardien des âmes, responsable de l'observation des unes et de la conservation des autres. Sachant combien l'exemple est puissant sur le cœur des jeunes gens, il ne se dispensait d'aucune règle, d'aucun exercice de communauté ; et la seule prérogative qu'il tirât de son office, c'était l'obligation d'édifier ses inférieurs et la charge de les servir.

Chaque semaine, et plus souvent encore, s'il le croyait nécessaire, il réunissait tous ses collaborateurs, les interrogeait sur la marche de la communauté, recueillait avec soin leurs observations, et leur faisait part des siennes avec modestie.

Trop souvent, les jeunes professeurs se découragent au milieu d'une classe d'enfants légers et paresseux. Le Bienheureux avait le don de raviver leur zèle et leur dévouement : « Vous le savez, leur disait-il, une semence ne lève pas aussitôt qu'elle est jetée en terre ; un arbre est planté longtemps avant qu'il porte des fruits : il en est de même de la culture des âmes. On travaille quelquefois beaucoup, sans voir avancer l'ouvrage ; néanmoins il se fait secrètement. »

Il avait compris que dans une maison d'éducation, l'ordre ne peut être maintenu que par une surveillance intelligente et soutenue. Celle qu'il exerçait lui-même, s'étendait à toutes les parties de l'administration. Il se tenait au courant de tout, sans faire tout par lui-même, et voulait que chacun remplît parfaitement son devoir.

Dieu permit que l'établissement fût en proie à une épidémie. Le fléau envahit d'abord une classe, puis se propage dans tous les rangs ; le collège n'est bientôt plus qu'un hôpital. Le P. Chanel reçoit chez lui les plus malades ; il est sur pied jour et nuit, attentif à faire exécuter les prescriptions des médecins, et remplit lui-même l'office d'infirmier. Durant ces jours d'épreuves, il allait souvent se jeter aux pieds de la Sainte Vierge, laissant un cierge toujours allumé à son autel. Le fléau régna près de quatre semaines. Quand il eut entièrement disparu, on rendit grâces à Dieu de ce qu'il n'avait fait aucune victime.

Le soin général de la maison ne lui faisait point oublier la direction des domestiques. Plein de bonté et de douceur, il savait gagner leur cœur et rendre leur charge facile. De temps en temps, il les réunissait, pour les instruire de leurs devoirs, et leur apprendre à sanctifier les plus petits actes de leurs journées. Devenu leur guide spirituel par le libre choix de leur volonté, il prenait un soin spécial du salut de leur âme.

« Lorsque j'étais malade, raconte Marie, ancienne domestique du petit Séminaire, il venait exactement me confesser, m'apporter le bon Dieu... Si le médecin m'oubliait, il lui parlait de moi. Ah ! si je ne l'avais pas eu, que serais-je devenue pendant cette maladie? Il me disait que sans la charité on ne pouvait être sauvé. *Il l'avait bien, lui, cette charité! Jamais nous n'avons eu un supérieur comme lui.* »

Son dévouement était de toutes les heures et de tous les instants. Qui jamais a plus payé de sa personne, dans l'exercice de ses fonctions? Accessible à tous, il n'avait d'autre mesure de son temps que la convenance de chacun ; interrompu sans cesse, il quittait sa tâche, pour la reprendre avec une égalité d'âme que rien n'altérait, et sans que l'on pût découvrir, sur cette figure toujours souriante, aucune trace de lassitude ou d'ennui. On lui avait donné le surnom de *bon pasteur*.

« Plus d'une fois, dit le même témoin, lorsqu'il était harassé de fatigue, à la suite des travaux du saint ministère, je l'ai trouvé assis dans sa chambre, refusant tout soulagement, et se contentant de prier en silence, les yeux fixés sur un crucifix. »

Il n'y avait qu'une trêve aux occupations multiples de cette vie de dévouement : c'était le moment de la prière. « Sitôt que l'heure était venue, écrit le P. Bourdin, où l'Église place sur les lèvres du prêtre ces prières qu'elle distribue le long du jour comme un aliment spirituel, on voyait le pieux supérieur se recueillir à l'instant même, et cesser de traiter avec les hommes, pour converser avec Dieu dans le silence de son âme (1).

La prière lui était tellement familière qu'il y recourait sans cesse, et, surtout, dans les circonstances plus difficiles. Quand le temps était mauvais, lorsque le tonnerre grondait et que la grêle menaçait les récoltes, en un mot, toutes les fois que le P. Chanel se trouvait en présence de quelque calamité, il allait vite à la chapelle se prosterner devant le Tabernacle. La maladie d'un élève faisait-elle des progrès, il redoublait ses visites au Saint Sacrement et à la Sainte Vierge. Les finances de la maison s'épuisaient-elles, il s'adressait à saint Joseph, pourvoyeur de la Sainte Famille, et faisait brûler un cierge devant son image.

Quoiqu'il fût d'une santé délicate, il ne prenait aucun adoucissement particulier, et suivait le régime ordinaire de la communauté. Si quelque chose le contrariait au réfectoire, *il levait les yeux vers le crucifix.*

Il eut, un jour, le pénible devoir de signaler une faute à l'un des professeurs, et il le fit en toute charité ; mais celui-ci reçut mal l'avertissement et se répandit en paroles peu respectueuses. Le P. Chanel *dirigea, aussitôt, son regard vers le crucifix, et garda le silence.*

Le fond de son caractère était bien la bonté et la douceur ; mais, au besoin, il savait être ferme, et il en donna des preuves dans plusieurs circonstances. Parce qu'il avait toujours le sourire sur les lèvres et ne perdait jamais son calme, quelques personnes se plaignaient de sa grande bonté, craignant qu'elle ne devînt nuisible au bien du collège. Ces plaintes n'étaient pas fondées, car nous savons, par les témoignages cités plus haut, que sa douceur triomphait de toutes les difficultés et gagnait tous les cœurs.

Pendant qu'il exerçait ainsi, avec tout le zèle possible, ses fonctions de supérieur, il reçut la nouvelle de la mort du vénérable M. Trompier. Le Bienheureux versa d'abondantes

---

(1) *Vie du P. Chanel*, p. 276.

larmes, et adressa au ciel de ferventes prières pour le repos de l'âme de son bienfaiteur.

Son cœur était à peine remis de cette douloureuse épreuve, qu'il reçut une blessure encore plus profonde, et, cette fois, le trait qui le déchira fut imprévu.

« Le hameau de la Potière, lui écrit-on, est dans le deuil et l'affliction : votre bon père vient de nous quitter pour passer à une vie meilleure. Un soir, revenant seul, il a été frappé d'une attaque d'apoplexie, et il est tombé dans un fossé rempli d'eau, où on l'a trouvé mort. »

A cette nouvelle accablante, le P. Chanel se jette au pied de la croix, qu'il arrose de ses larmes ; s'unissant à Jésus-Christ au jardin des Olives, il accepte le calice d'amertume qu'il plaît à Dieu de lui envoyer. Il irait bien consoler sa famille ; mais la distance qui l'en sépare, et, plus encore, les devoirs de sa charge s'y opposent : il se contente de lui écrire.

Il fait part de l'affligeante nouvelle à sa jeune sœur, à *Bon-Repos*, et mêle ses larmes aux siennes. Le lendemain, il revient dire la messe pour l'âme de son père, et son émotion est telle qu'il inonde le saint autel de ses larmes.

Plus tard, il rendit visite à sa mère.

« Le voyage que j'ai fait, écrit-il au P. Bret (29 juin 1835), a été le plus triste que j'aie jamais entrepris. C'est par accident que mon pauvre père est mort, en venant du moulin... O douleur !... On ne peut se consoler de semblable événement... Ma pauvre mère se résigne peu à peu à la volonté de Dieu, et reprend courage. J'ai craint que ce malheur ne fût pour elle un coup mortel. »

Tout entier à l'accomplissement de ses devoirs, il n'aimait point à se répandre au dehors. Il se contentait des visites nécessaires ; de temps à autre, il allait voir sa sœur, religieuse à *Bon-Repos ;* ses entretiens avec elle ne roulaient que sur les devoirs et le bonheur de la vie religieuse. La Sœur Saint-Dominique félicitait son frère d'avoir quitté le ministère ordinaire pour s'attacher à la Société de Marie ; elle l'encourageait même à poursuivre la vocation qui l'appelait aux missions étrangères ; le plus souvent elle lui révélait ses propres imperfections, et le priait de lui enseigner les moyens de pratiquer les vertus du saint état de vie qu'elle avait embrassé. « N'oublions pas, lui répondait-il, que c'est pour nous rendre plus humbles que Dieu nous laisse nos misères ; nous devons croire qu'il pense à nous et qu'il nous aime ; ayons les yeux fixés sur lui, plutôt que sur nos défauts. *N'examinons pas*, dit saint François de Sales, *si notre cœur lui plaît, mais bien si son cœur nous plaît.* »

Au milieu de ses occupations, son zèle infatigable savait trouver le temps de répondre aux nombreuses consultations qui lui venaient de tous côtés. Sa correspondance est pleine de l'esprit de Dieu, qui semble lui avoir dicté ses admirables conseils. Nous en citerons quelques exemples :

Une de ses nièces, novice au monastère de la Visitation de Bourg, lui écrivit qu'elle voulait rentrer dans sa famille. « Eh ! quoi, lui répondit-il, vous déposez le glaive du sacrifice avant d'avoir saisi la couronne ! Reprenez courage, ma fille ; affermissez-vous dans votre vocation ; redoublez d'exactitude et de ferveur dans vos prières ; jetez-vous aux pieds de la Sainte Vierge, et conjurez-la d'être votre lumière et votre force, dans la voie que vous avez à suivre pour arriver au ciel. La vie, songez-y bien, n'est qu'une rapide traversée sur la planche du temps à l'éternité (1)... »

La supérieure d'une nombreuse communauté lui avait exposé ses peines et ses embarras : « Ma révérende Mère, lui écrit-il, je viens de lire une lettre de Fénelon qui est bien propre à dissiper vos ennuis et à relever votre courage. Je vais en extraire les pensées sur lesquelles il vous importe le plus de réfléchir... « C'est dans la prière seule que vous trouverez le conseil, le courage, la patience, la douceur, la fermeté, le ménagement des esprits. C'est là que vous apprendrez à gouverner sans trouble. C'est dans le silence que Dieu vous

---

(1) *Vie du P. Chanel,* p. 302.

ôtera votre esprit, pour vous donner le sien. Il faut qu'il soit, lui seul, tout en toutes choses. Quand Dieu sera tout en vous, il atteindra d'un bout à l'autre avec force et douceur. Vous ne sauriez donc trop prier.

« Si vous décidez et si vous agissez sans prière, votre propre esprit vous agitera beaucoup, vous attirera bien des contra-dictions, vous causera des doutes et des incertitudes très pénibles, et vous vous épuiserez en pure perte ; mais si vous êtes fidèle à la prière, votre purgatoire se changera en paradis terrestre, et vous ferez plus de bien en un jour dans la paix, que vous n'en faites en un mois dans le trouble. Ceux qui sont intimement unis en Dieu, se trouvent sans cesse ensem-ble, au lieu que ceux qui habitent la même maison, sans habiter le cœur de Dieu, sont dans un éloignement infini sous le même toit (1)... »

Un ancien élève de Belley lui demanda quelques conseils pour surmonter les obstacles que la vertu rencontre dans le monde. « Mon cher enfant, lui répondit-il, je vois avec plaisir que vous prenez toujours au sérieux l'affaire de votre salut. Continuez à marcher d'un pas ferme et soutenu dans cette voie : *Celui-là seul sera couronné*, dit Jésus-Christ, *qui aura persévéré jusqu'à la fin.*

« Pour répondre à votre confiance, je vous donnerai des règles sur quelques points importants de la vie chrétienne :

« Le matin, avant de vous livrer aux affaires, recueillez-vous devant Dieu, priez et méditez quelques instants. La méditation éclaire l'âme, lui rappelle ses devoirs et la dispose à les remplir.

« Confessez-vous au moins tous les mois. Ne vous endormez jamais avec un péché mortel sur la conscience. A votre âge, on a dans le cœur de quoi faire bien des fautes ; mais avec la foi, dont les principes sont enracinés chez vous, vos retours à la vertu seront prompts et faciles.

---

(1) Extrait d'une lettre citée par le P. Bourdin, p. 303.

« Tenez-vous en garde contre les mauvaises lectures et les fréquentations dangereuses.

« Ne vous laissez point aller à d'inutiles loisirs. Suivant les besoins, appliquez votre corps, ou votre intelligence, à un travail, varié peut-être, mais soutenu. Le travail abrite l'homme contre les traits du démon : *Semper te diabolus occupatum inveniat* (1).

« Quoique vous soyez encore plein de jeunesse et de santé, rendez-vous familière la pensée de la mort. Elle éloigne du mal et porte à la vertu ; elle n'effraye que le crime.

« Enfin, mon cher enfant, ayez une piété filiale envers la Sainte Vierge. On l'a dit bien souvent, et on ne saurait trop le répéter : *Devotus Mariæ non peribit* (2). »

A la fin d'avril, il écrivait à sa mère : « Voici le beau mois de mai, qui réjouit tous les enfants de Marie. Nous nous apprêtons à le célébrer de notre mieux. Sans doute, bien chère mère, vous ferez comme nous. Heureuses les familles où règne la dévotion envers la Sainte Vierge ! Je ne saurais trop vous remercier de me l'avoir inspirée de bonne heure. Resserrons de plus en plus les liens qui nous unissent à Marie. Recourons à elle dans tous nos besoins. Dispensatrice des grâces, elle nous rendra forts et invincibles contre les ennemis de notre salut ; consolatrice des affligés, elle adoucira nos peines et nos souffrances... Honorons aussi et invoquons fréquemment saint Joseph. Quel admirable modèle de la vie humble et laborieuse ! Quel puissant patron à l'heure de la mort (3) ! »

II

Au commencement du mois de Marie, qu'il aimait à célébrer solennellement, le Bienheureux reçut une nouvelle qui

------

(1) Que le diable vous trouve toujours occupé. (*Cassien.*)

(2) Le serviteur de Marie ne périra point (*S. Hilaire*). Lettre citée par le P. Bourdin, p. 312.

(3) Lettre citée par le P. Bourdin, p. 313.

le combla de joie. Déjà il savait que le 11 mars, la Sacrée Congrégation des Évêques et Réguliers avait pris la décision de supplier le Très Saint Père d'approuver la Société de Marie, en ordonnant d'expédier à ce sujet des lettres apostoliques, et que, le 18, Sa Sainteté Grégoire XVI avait pleinement confirmé la résolution des éminentissimes cardinaux. Avec ses confrères, il attendait le document pontifical qui devait donner à la petite Société une approbation solennelle. Le bref si désiré porte la date du 29 avril 1836, jour à jamais béni pour tous les membres du nouvel institut. Quand le Père Colin reçut le pli qui le renfermait, il réunit, avant de l'ouvrir, les confrères qui se trouvaient auprès de lui, et tous vinrent successivement se mettre à genoux et baiser humblement la lettre pontificale, en signe d'adhésion pleine et entière à tout ce qu'elle contenait ; ils l'ouvrirent ensuite, et lurent, avec un profonde émotion, ces paroles du Vicaire de Jésus-Christ :

« Le salut de toutes les nations, dont Nous avons reçu la charge du prince des pasteurs et de l'évêque des âmes, Nous pousse à veiller continuellement pour ne laisser échapper aucun moyen de faire louer le nom du Seigneur, du levant au couchant, et de faire régner et resplendir la très sainte foi catholique, sans laquelle il est impossible de plaire à Dieu.

« C'est pourquoi Nous environnons de la bienveillance particulière de notre cœur paternel, surtout ces ecclésiastiques qui, réunis en société, se rappelant leur institution et leur vocation, ne cessent d'exhorter les peuples selon la saine doctrine par la prédication de la parole divine et la dispensation de la grâce multiforme de Dieu, et s'efforcent, avec tout le soin et toute l'application possibles, de produire, dans la vigne du Seigneur, des fruits abondants de vertu et d'honnêteté.

« Certes, nous n'avons pas éprouvé un médiocre plaisir lorsque Nous avons appris que notre cher fils Claude Colin et quelques prêtres du diocèse de Belley, en France, avaient

jeté, déjà depuis un certain nombre d'années, les fondements d'une nouvelle société de religieux, sous le titre de
Société de Marie.

« Cette société a pour but principal d'accroître la gloire
de Dieu et l'honneur de sa très sainte Mère, et de propager
l'Église romaine, soit par l'éducation chrétienne des enfants,
soit aussi par les missions jusqu'aux extrémités de l'univers. »

Le bref rappelait ensuite que la Sacrée Congrégation de
la Propagande avait assigné l'Océanie occidentale aux nouveaux religieux et leur accordait toutes les facultés nécessaires pour élire un supérieur général et émettre les vœux
simples de religion. Il fut décidé que la nomination du supérieur général et l'émission des vœux auraient lieu, après une
retraite, le samedi 24 septembre, fête de Notre-Dame de
la Merci (1).

----

(1) Lorsque la Société de Marie fut fondée, plusieurs personnes,
pressées par le désir d'une plus grande perfection, mais retenues dans
le monde par divers obstacles, résolurent de s'associer pour honorer
Marie d'un culte spécial et de s'unir dans ce but à la Société naissante.
Le tiers ordre de Marie se trouva ainsi fondé en 1832. Grâce à l'appui
que lui prêtait l'archevêque de Lyon, il vit la bénédiction du ciel se
répandre sur ses humbles commencements. Bientôt il se dilata, et il
devint nécessaire de recourir au Saint-Siège. Le 8 septembre 1850
fut le jour fortuné où le tiers ordre reçut de Pie IX sa dernière approbation, et le 8 décembre suivant, le cardinal de Bonald l'instituait
canoniquement, par l'autorité apostolique, et en vertu d'une déléga-
tion spéciale de N. S. P. le Pape. *(Voir le Manuel du tiers ordre de
Marie.)*

M. Jean-Marie Vianney, curé d'Ars, sollicita plusieurs fois, auprès
de son évêque, la faveur d'entrer dans la Société de Marie, dont il
disait : « C'est une œuvre selon le cœur de Dieu, parce qu'il y a de
l'humilité, de la simplicité et des contradictions. Ils y vont bonne-
ment. » « Quel bonheur est le vôtre! disait-il à deux prêtres Maristes,
en 1859. Quoi ! vous êtes les enfants du R. P. Colin, de ce saint prêtre
que j'ai tant connu au grand séminaire! Et moi, j'aurais voulu me
faire mariste, et mon évêque s'y oppose toujours... » Ne pouvant obtenir la permission qu'il demandait, il voulut au moins s'agréger à
l'institut qu'il estimait et chérissait, en se faisant recevoir du tiers
ordre.

Un autre bref nommait Mgr Pompallier (1) évêque de Maronée et Vicaire Apostolique de l'Océanie occidentale. Il porte la date du 13 mai, jour auquel le Saint-Siège a fixé la fête de *Notre-Dame, Mère du divin Pasteur*. La nouvelle mission de l'Océanie avait son chef ; il ne restait plus qu'à désigner les heureux missionnaires qui auraient la gloire de porter l'Évangile aux peuples de ces îles, *placées bien loin dans la mer* (2).

Le P. Chanel voyait enfin s'ouvrir devant lui la carrière de l'apostolat. Déjà, plusieurs fois, il s'était offert pour le premier départ de missionnaires. Lorsqu'on lui donna l'assurance qu'il en ferait partie, sa joie fut immense. C'était pour lui le comble du bonheur.

« Ah ! la bonne nouvelle que j'ai à vous donner ! écrit-il à l'un de ses amis. Notre petite Société vient d'être approuvée par le Vicaire de Jésus-Christ, qui a daigné encore lui confier les missions de l'Océanie. Quelles actions de grâces ne devons-nous pas rendre à Dieu !

« J'ai manifesté mes vieux désirs, et mon cœur ne cesse de battre de joie, depuis que mon nom est inscrit pour le premier envoi de missionnaires. Nous serons d'abord huit : cinq prêtres et trois frères catéchistes. Le P. Bret, que vous connaissez, est du nombre. Il partage mon bonheur. Toutefois il paraît plus sérieux, plus recueilli qu'à l'ordinaire. Depuis quelques jours, je ne lui vois dans les mains que son chapelet ou la vie de saint François Xavier.

« Nous serons prêts au premier signal de départ que nous donnera le Souverain Pontife. Il nous tarde de monter à bord du navire qui nous transportera en Polynésie. Il est impossible

---

(1) Mgr Jean-Baptiste-François Pompallier, né à Lyon le 11 décembre 1802, avait donné un certain nombre de missions avec les Pères de la Société de Marie. Il fut proposé à la Propagande par Mgr de Pins, administrateur du diocèse de Lyon, comme chef de la nouvelle mission de l'Océanie occidentale, décrétée en 1835 et confiée en 1836 à la Société de Marie.

(2) Isaïe, LXVI, 19.

que, dans une si longue traversée, nous ne courions pas de très grands dangers. Je ne m'en effraie pas le moins du monde ; j'ai déjà fait à Dieu le sacrifice de ma vie. Une seule chose m'épouvante, c'est d'être si indigne de la vocation apostolique. J'ai un si grand besoin de l'assistance de Dieu et de la Sainte Vierge, que je *quête* partout des prières. Je compte sur les vôtres. Mgr Devie, qui m'a fort encouragé, m'a promis le secours des siennes (1). »

Dès les premiers jours de juillet, il fit le voyage de la Potière, afin de préparer sa famille, et surtout sa mère, à la dernière séparation. « Je reviens du pays natal, écrit-il à la même personne ; j'ai laissé, grâce à Dieu, mes parents en bonne santé. Tout en leur parlant des missions étrangères, je ne leur ai point dévoilé mon projet ; j'aurais fait couler trop de larmes. J'ai cependant confié mon secret à deux curés du voisinage, les chargeant de préparer les cœurs à la terrible nouvelle de mon départ, de consoler surtout ma pauvre mère.

« Pardon si j'ai traversé votre village sans m'y arrêter : j'étais trop pressé de rentrer à Belley : le cri de mon devoir faisait *un bruit de tonnerre*.

« Depuis qu'on a daigné m'admettre pour les missions de l'Océanie, mon esprit et mon cœur sont presque toujours au delà des mers. Il me semble que je suis déjà au milieu de mes chers sauvages. Je crois les voir et leur parler. Oh ! qu'il me tarde que cette douce illusion se convertisse en réalité !...

« Le T. R. P. Colin, notre supérieur général, espère recevoir bientôt nos feuilles de pouvoirs. Il activera de tout son zèle notre départ, pour ne pas avoir à se reprocher la perte d'une seule âme. On ne peut lui parler de cette mission sans l'attendrir jusqu'aux larmes. Il nous accompagnerait volontiers, s'il pouvait se dégager des liens qui le retiennent en France... »

---

(1) Lettre adressée à M. B***, d'Ambérieux, citée par le P. Bourdin, p. 316.

S'adressant encore à la même personne : « Voulez-vous savoir, lui dit-il, sur quel point du globe nous débarquerons? Prenez votre *Atlas :* doublez le cap Horn, situé à l'extrémité de l'Amérique méridionale, et arrivez jusqu'à nos antipodes. Notre mission embrasse tous les archipels compris entre le sud de la Nouvelle-Zélande et le nord de l'Océan Pacifique. Quel vaste champ nous aurons à défricher ! Que n'avons-nous mille vies pour une telle entreprise! Ah ! qu'il me tarde de me confier à la mer ! Une voix me crie, au fond du cœur, que ma véritable patrie est dans les îles qui viennent de nous échoir en partage. Je ne suis plus maintenant qu'un exilé en France... Ne croyez pas, cependant, que j'oublie jamais ma famille, mes bienfaiteurs et mes amis. Priez, ah ! priez pour moi... »

Lui-même recourait plus fréquemment à la prière ; dans les derniers temps, il allait très souvent à l'église et se mettait à genoux sur le marchepied de l'autel, se tenant immobile, sans jamais s'appuyer. *C'était là son coin et il n'en bougeait pas.*

Le retour des vacances, fixé au 18 août 1836, permit au Bienheureux de déposer enfin le fardeau de l'administration. « Aucun de nous, dit un ancien élève (1), n'a oublié les adieux du saint prêtre, le jour où, fidèle à sa vocation, il dut nous quitter pour franchir les mers et éclairer des rayons de sa foi les sauvages de l'Océanie. Prévoyant qu'il ne reverrait plus son pays ni ses chers enfants de Belley, lorsqu'il descendit du saint autel où il venait de célébrer, une dernière fois, les saints mystères pour nous, il prit dans ses mains une petite statue de la Sainte Vierge et la plaça sur une console en face de la communauté. Il l'entoura de ses bras et la baigna quelques instants de ses larmes brûlantes et silencieuses. Notre émotion était à son comble. « O Mère, s'écria-t-il d'une voix entrecoupée de sanglots, bonne Mère, vous savez

____

(1) François Modelon, lettre du 7 septembre 1865.

combien je les aime, ces enfants que votre Fils et Vous m'aviez confiés ; veillez sur eux, je vous les rends, puisque je m'en vais ; prenez-les, gardez-les toujours sur votre sein maternel. » Il nous donna sa dernière bénédiction et partit. Ceux de nous, en grand nombre, qui avaient joui de sa sainte intimité, voulaient le suivre et pleuraient : ils perdaient un père, un ange tutélaire de leur adolescence. »

CHAPITRE IV

(1836)

I. Profession religieuse du Bienheureux. — II. Ses adieux à sa famille et
à ses amis. — III. Départ pour le Havre.

I

DEVENU libre par le départ des élèves, le Bienheureux parut tout à coup plus réfléchi et plus sérieux
qu'à l'ordinaire. Cette vocation de l'apostolat, qu'il
avait tant désirée, et dont l'annonce lui avait procuré tant
de joie, sembla l'effrayer, et son âme en était toute troublée.
A la vue des difficultés et des dangers que présentent les
missions lointaines, il se demandait avec anxiété s'il n'avait
point cédé trop vite à l'enthousiasme du moment, et s'il
avait assez mûri devant le Seigneur une si haute ambition.

Tout préoccupé de ces pensées, il se présenta, un jour,
à *Bon-Repos*, et, en demandant à la supérieure générale les
prières de sa communauté, il ne put s'empêcher de manifester
ses craintes et ses inquiétudes. « Ah ! mon Père, lui dit la
bonne supérieure, quelle grâce le Seigneur vous fait en vous
envoyant en Océanie ! Et vous laisseriez échapper de vos
mains la palme de l'apostolat, et peut-être celle du martyre !
Voudriez-vous ressembler à ces ouvriers évangéliques qui

craignent de sacrifier leurs aises et leurs commodités, lors-qu'il est question de la gloire de Dieu? Allons, courage et confiance !... Nos prières vous sont assurées ; nous comptons sur les vôtres... »

Ces paroles furent comme un trait de lumière pour le P. Chanel. Tous les nuages qui obscurcissaient son esprit se dissipèrent à l'instant, et il se trouva confirmé dans sa vocation, sans que rien fût capable désormais de l'ébranler.

Il parle de cette rude épreuve à une personne d'Ambérieux, et l'invite à s'unir à lui pour remercier la Sainte Vierge de la victoire qu'il a remportée.

Des amis tentèrent, plus d'une fois, d'ébranler sa résolution. Tout en louant son zèle, ils lui représentaient que pour l'exercer il n'était pas nécessaire d'aller aux antipodes, lorsque, si près de nous, il y avait tant d'âmes à convertir ; que, d'ailleurs, sa santé faible et délicate ne pourrait résister aux fatigues d'une longue traversée, etc. A toutes ces objections, il se contentait de répondre qu'il avait réfléchi, pris conseil et tout pesé devant Dieu.

M. Bernard nous disait : « Je ne vous le cacherai pas : j'aimais tant le bon Père Chanel que j'ai fait tout mon possible pour l'empêcher de partir. Comme nous étions à peu près du même âge et très familiers : « Cher ami, me répondit-il en souriant, tout ce que vous me dites là entre par une oreille et sort par l'autre. » Et cependant, quand je l'embrassai pour la dernière fois, je vis des larmes rouler dans ses yeux : il avait si bon cœur !

« Je crus devoir lui écrire au Havre, pour lui demander pardon de toutes les difficultés que je lui avais suscitées au sujet de sa vocation. Il me répondit : « Vous me rappelez un souvenir qui pèse sur votre cœur, et qui n'a pas même effleuré le mien. Allons, cher ami, ne pensez plus à ces *petits coups de bec* que vous m'avez donnés au moment de nos adieux, l'estime et l'affection que je vous ai vouées n'ont rien souffert dans cette circonstance... » La lettre se terminait par ces mots : *Au revoir, au ciel ou en Polynésie.* »

Au milieu du mois de septembre, les membres de la Société de Marie se réunirent à Belley, dans leur maison dite *des Capucins*, pour faire leur retraite sous la présidence de Mgr Devie et de Mgr Pompallier, évêque de Maronée. A la suite des saints exercices, le samedi 24, fête de Notre-Dame de la Merci, les prêtres qui composaient la petite Société élurent canoniquement, conformément au bref d'approbation, pour supérieur général le T. R. P. Jean-Claude-Marie Colin ; et tous, à sa suite, émirent les trois vœux religieux de pauvreté, de chasteté et d'obéissance. Dans cette circonstance, personne ne témoigna plus d'empressement que le Bienheureux. Le P. Bourdin lui ayant avoué qu'il hésitait, il le prit par la main et l'embrassa : « Ah ! cher ami, lui dit-il, n'ayez pas peur ; je vous connais de trop vieille date pour mettre en doute votre vocation. » Et le P. Bourdin s'enrôla à l'instant sous la bannière de Marie (1).

Pour s'affermir de plus en plus dans sa vocation et pour attirer sur sa mission les bénédictions du ciel, le P. Chanel priait et faisait beaucoup prier. C'était ce qu'il appelait, avant tout, *ses préparatifs de départ*. Il fit graver, et distribua par centaines, une image de la Vierge immaculée, avec cette invocation : *Que par vous, ô Marie, le nom du Sauveur des hommes soit connu et adoré sur toute la terre.* Il exhortait les âmes ferventes à répandre cette invocation dans les écoles et les familles chrétiennes. De son côté, il s'engageait à prier pour les auxiliaires de son apostolat. Il promettait aussi d'associer à sa reconnaissance tous ses futurs néophytes.

______

(1) Parmi les vingt prêtres qui firent les vœux religieux le 24 septembre, nous devons citer le Vénérable Marcellin-Joseph Champagnat, né à Marlhes, diocèse de Lyon, et fondateur de l'institut des *Petits Frères de Marie*, qui s'est développé d'une manière vraiment merveilleuse. Depuis plusieurs années, sa cause a été introduite et le procès de béatification suit son cours.

II

Personne n'estimait plus le P. Chanel que Mgr l'Évêque de Maronée. Aussi, le jeune prélat s'empressa-t-il de le nommer son Provicaire Apostolique. Déjà le T. R. P. Colin l'avait établi Supérieur des Pères et des Frères qui devaient s'embarquer pour l'Océanie. Ce double titre lui imposa l'obligation de s'occuper, d'une manière plus spéciale, des intérêts de la mission et des préparatifs du départ.

Il se présenta d'abord à Mgr Devie, pour lui faire ses adieux. Le vénérable prélat l'accueillit avec une bonté mêlée de tristesse : « Mon enfant, lui dit-il, vous allez donc nous quitter ! vous allez voir se réaliser l'aspiration qui remplit votre âme depuis tant d'années. Vous dirai-je que c'est le premier chagrin qui me vient de vous? Et cependant, je m'en réjouis, puisque vous obéissez, je n'en puis douter, à la volonté de Dieu, qui vous appelle aux travaux apostoliques. Plus d'une fois, j'ai dû vous contrarier en m'opposant à votre départ pour le Nouveau Monde ; mais je n'ajournais le commencement de votre mission que pour m'éclairer, devant Dieu, sur la réalité d'une vocation qui sort de la voie commune. Du reste, il était bon que vous y fussiez préparé par l'exercice du saint ministère. La divine Providence a fait mieux encore : elle vous y a disposé par la vie religieuse. La carrière dans laquelle vous entrez est à la fois belle et difficile ; attendez-vous à des privations et des fatigues sans cesse renaissantes. Mais courage ! la Sainte Vierge, dont vous êtes l'enfant de prédilection, vous soutiendra, vous consolera, et vous fera triompher des obstacles. Adieu, recevez la bénédiction de celui qui ne vous reverra plus sur la terre (1). » Le jeune apôtre se prosterna aux pieds du prélat, qui, attendri jusqu'aux larmes, l'embrassa pour la dernière fois.

---

(1) *Vie du P. Chanel*, p. 331.

Au couvent de *Bon-Repos*, il parla des missions catholiques dans des termes qui firent une profonde impression.

« La magnifique destinée que celle de l'Église, notre mère ! dit-il aux religieuses, réunies dans leur chapelle. Elle doit, comme l'astre du jour, faire le tour du monde pour l'éclairer et le vivifier. Sa course lui est tracée par son divin époux. Il faut qu'elle la poursuive et qu'elle l'achève, sans qu'aucun obstacle puisse l'arrêter. Le ciel et la terre passeront, avant que passe cette parole de Jésus-Christ : *L'Évangile du royaume sera prêché dans tout l'univers* (Math., XXIV, 14). Il n'y aura point de contrée si reculée et si barbare, où ne pénètre sa divine lumière. »

Après avoir montré comment l'Église avait rempli sa mission, il ajouta : « Dans l'impuissance où vous êtes d'aller prêcher la foi aux extrémités de la terre, ah ! mes chères Sœurs, soyez autant de missionnaires dans votre solitude bénie. L'apostolat de la prière n'est pas moins efficace que celui du sacerdoce. Il l'avait bien compris, l'apôtre des Indes, lorsque, du fond de l'Asie, il écrivait à ses frères bien-aimés de Rome : *Je ne suis qu'un pécheur, et je ne mérite pas de servir d'instrument aux miséricordes de Dieu sur les Indiens ; cependant, souvenez-vous de moi dans vos prières, et je ne désespère pas que Dieu m'emploie à planter la foi sur ces terres idolâtres.* Il fut révélé à sainte Thérèse que la conversion de plusieurs milliers d'infidèles avait été le fruit de ses prières. Peut-être direz-vous qu'il ne vous est pas donné de prier avec toute la ferveur de cette âme séraphique ; mais vous êtes les membres vivants de cette Église, qui ne prie jamais en vain ; et, à ce titre, n'avez-vous pas le droit d'unir vos vœux à ceux de l'Épouse de Jésus-Christ? C'est plus qu'un droit, c'est un devoir sacré...

« Souvent je vous ai priées de me venir en aide par vos communions ferventes. Je ne puis mettre en doute l'efficacité du secours que vous m'avez prêté dans l'exercice de la charge que je viens de déposer. Si jusque-là vos prières

m'ont soutenu, pourrez-vous me refuser leur appui, alors
que j'en aurai plus besoin que jamais? »

Les religieuses, que ces paroles avaient vivement émues
s'agenouillèrent et reçurent la bénédiction du missionnaire

Au sortir de la chapelle, il vit sa sœur à part. Il lui adressa
quelques paroles sur le prix de sa vocation, l'encouragea à
tendre incessament vers la perfection et se recommanda à
ses prières. La jeune religieuse, à son tour, félicita son frère
de l'insigne faveur que Dieu lui faisait en l'appelant à l'apostolat, et le pria de ne point l'oublier au saint autel ; il n'y eut
donc que des pensées de foi et d'héroïsme échangées dans
cette conversation, qui fut la dernière pour ce frère et cette
sœur, si fidèles à leur vocation de renoncement. Mais la nature
n'avait rien perdu de ses droits, et quand le frère eut dépassé
le seuil du couvent, la sœur sentit son cœur défaillir ; elle
se jeta aux pieds de sa supérieure, et, par un mouvement
d'étrange mais de sublime obéissance, lui demanda la permission de pleurer.

En quittant Belley, le P. Chanel se dirigea vers son pays
natal pour y prendre congé de sa famille. Il s'arrêta d'abord
à Ambérieux, présida, une dernière fois, la congrégation des
Filles de la Persévérance et distribua l'image dont nous avons
parlé, et d'autres images sur lesquelles il avait écrit : *Priez
pour moi. Chanel prêtre*. Il termina son allocution par ces
mots : *Je ne vous dis pas adieu, mais au revoir au ciel. Que
personne n'y manque*.

Il vint le même jour au grand Séminaire de Brou, où il
s'entretint longtemps des missions de l'Océanie avec M. Perrodin ; celui-ci racontait, plus tard, que dans cette conversation la joie débordait du cœur du P. Chanel, *qu'il était aux
anges*. Il me conjura de prier et de faire prier beaucoup pour
lui. « *Je vais chercher mon salut bien loin*, ajouta-t-il en souriant, *et j'ai grand espoir de l'y trouver*. »

Le lendemain, 1er octobre, il prit le chemin de la Potière
où il arriva d'assez bonne heure. Il parla longuement sur les
missions, mais sans laisser soupçonner l'éloignement de celle

qui lui était confiée. Son frère nous assure qu'il paraissait être au comble du bonheur. « Mais, quand reviendras-tu, lui demandai-je? — *Qui peut le savoir?* répondit-il avec un aimable sourire. *Et puis, si on ne se revoit pas sur la terre, on se reverra au ciel.* »

Le dimanche matin, fête du saint Rosaire, il se rendit à l'église de Cuet. M. Terrier, curé de la paroisse, voulut qu'il annonçât la parole de Dieu à ses compatriotes. Le nouvel apôtre en profita pour recommander la dévotion à la Sainte Vierge et solliciter des prières.

Sa mère avait dîné au presbytère. « Après vêpres, lisons-nous dans une lettre du P. Chanel, nous continuâmes encore quelques instants la conversation. Puis, elle s'en alla, tout occupée de la manière dont elle pourrait nous donner à dîner, le lendemain. La pauvre mère ne pensait pas ne plus me revoir. La chose, pourtant, s'est passée de la sorte. J'allai faire une petite visite à M. le curé de Montrevel et coucher chez M. le curé de Malafrétaz. Le lundi matin, je vis mes deux sœurs et leurs familles, avant d'aller dire la sainte messe à Cras. On fit aussi descendre notre sœur Josephte, en sorte que je vis à peu près tout mon monde, assez lestement pour venir dîner, le même jour, à Attignat (1). »

Le curé de l'endroit, M. Vuillod Vincent, son ami et son ancien condisciple, avait réuni le clergé du canton. A la suite du repas, le P. Chanel prit modestement la parole en faveur de sa mission. Il demanda une aumône, et surtout des prières. Une somme assez forte lui fut remise, avec promesse qu'on ne l'oublierait point au Saint Autel.

Un de ses amis, M l'abbé Gouchon, économe au grand Séminaire de Brou, et plus tard mariste, remarquant l'altération dont la figure du missionnaire était empreinte, se méprit sur le caractère de cette émotion. Il s'approcha de lui comme pour ranimer son courage. « Ah ! cher ami, lui dit le P. Chanel, je suis moins découragé que jamais ; je ne

---

(1) Lettre à sa sœur, religieuse à *Bon-Repos*, 21 novembre 1836.

suis ému que par le bonheur de ma vocation et l'espoir du martyre (1). »

Le P. Chanel arriva à Lyon le 5 octobre, et fit plusieurs voyages dans l'intérêt de sa mission. Partout sur son passage, à Saint-Romain-de-Couzon, à Saint-Étienne, à Saint-Chamond, dans les différentes communautés qu'il visita, il recueillit ce qu'il demandait, des prières et des aumônes.

Ce fut une véritable fête pour lui, lorsqu'à *l'Hermitage* (2), berceau, et alors maison-mère, des *Petits Frères de Marie*, il put embrasser plusieurs confrères, et surtout le P. Champagnat, fondateur de la congrégation. Il adressa quelques mots à la pieuse communauté, sur le bonheur de la vie religieuse et les précieux avantages de l'éducation chrétienne. En terminant, il exhorta les *Petits Frères de Marie* à entretenir parmi eux le feu du zèle apostolique, puisque leurs fonctions sont un véritable apostolat. « Mais combien ce zèle deviendrait plus nécessaire à ceux d'entre vous que Dieu appellerait aux missions étrangères ! Ne l'oubliez pas, le zèle n'est que la charité en action, et un bon religieux l'alimente par la prière et l'accomplissement de tous ses devoirs. »

Mgr de Maronée partit le premier pour Paris, et se fit accompagner des PP. Servant et Bret, et du F. Joseph Xavier.

Le P. Chanel avait été chargé de compléter le matériel de la mission et de l'expédier au Havre. Chaque matin, il gravissait avec, le P. Bataillon, la colline de Fourvière, et offrait le saint sacrifice à l'autel de Marie (3). Le dernier jour, il suspendit au cou de l'Enfant Jésus, que la Sainte Vierge

---

(1) *Vie du P. Chanel*, p. 341.

(2) Entre le village de Lavalla et la ville de Saint-Chamond (Loire).

(3) Toujours le P. Chanel se rappellera Notre-Dame de Fourvière. Le 21 octobre 1839, il écrira à M. Bajard, aumônier à l'Antiquaille de Lyon : « Toutes les fois que vous ferez une ascension à Notre-Dame de Fourvière, faites-lui souvenir que je lui ai demandé de nombreuses grâces, au pied de son image vénérée ; et veuillez, s'il vous plaît, joindre vos pieuses demandes aux miennes. Je tâche de m'y trouver tous les samedis, quoique douze heures après vous, à cause de notre méridien, qui a tout ce retard sur le vôtre. »

tient entre ses bras, un cœur en vermeil. Ce cœur, que les missionnaires s'étaient procuré par ordre de leur évêque, renfermait leurs noms et leur consécration. Cet exemple ne sera point perdu, et leurs successeurs, avant de quitter la patrie, viendront tous se consacrer à Marie et mettre leurs noms à côté de ceux des premiers apôtres maristes.

III

Les préparatifs du départ s'achevaient lorsque le T. R. P. Colin, supérieur général de la Société de Marie, adressa aux premiers missionnaires qu'il envoyait en Océanie une lettre admirable, vrai monument de foi, en même temps que de sage prévoyance et de tendresse paternelle.

En voici le texte, que nous reproduisons pour l'édification du lecteur :

A. M. D. G. et D. G. H. (1).

Belley, 13 octobre 1836.

Mes bien chers Frères en Jésus et Marie,

Que la grâce et la paix de Notre-Seigneur Jésus-Christ, et la protection de Marie, notre mère, soient avec vous et vous accompagnent partout.

J'ose vous en faire l'aveu, c'est avec une espèce de secrète jalousie que je vous vois rompre, avec un si saint courage, tous les liens de la chair et du sang, pour suivre la voie qui vous appelle et porter le flambeau de la foi aux peuples de l'Océanie occidentale. Que ne puis-je participer à votre bonheur et partager vos peines et vos travaux, pour ensuite avoir une part à la grande récompense que le ciel vous promet ! Mais, hélas ! mes péchés me rendent indigne de la grâce de l'apostolat et du martyre. Souffrez, du moins, que je vous donne

____

(1) Pour la plus grande gloire de Dieu et l'honneur de la Mère de Dieu.

quelques avis, qui peut-être pourront vous être utiles, et qui seront pour vous une nouvelle preuve de ma tendre affection.

1º Ne comptez jamais sur vous, ni dans la prospérité, ni dans l'adversité, mais uniquement sur Jésus et Marie. Plus vous serez pleins de cette défiance de vous-mêmes et de cette confiance en Dieu, plus vous attirerez les lumières et les grâces du ciel sur vous. L'homme de foi, qui place sa confiance en Dieu seul, est inébranlable au milieu des plus grands dangers. Il n'est ni téméraire, ni pusillanime ; il dit sans cesse : *Omnia possum in eo qui me confortat.* Souvenez-vous continuellement que le succès de votre mission sera la récompense de votre foi et de votre confiance en Dieu seul.

2º Ne perdez jamais de vue la présence du Sauveur du monde. C'est en son nom que vous partez ; c'est lui qui vous envoie : *Sicut misit me Pater, et ego mitto vos.* Il sera avec vous partout, comme autrefois il était avec ses apôtres ; il sera avec vous dans vos courses, dans vos voyages sur terre, sur mer, dans le calme comme dans la tempête, en santé comme dans la maladie ; si vous avez faim ou soif, il aura faim ou soif avec vous. C'est lui que l'on recevra dans vos personnes, que l'on persécutera si l'on vous persécute, que l'on rebutera si l'on vous rebute. Voyez-le donc partout, en tout temps, dans tous les événements heureux ou fâcheux ; voyez-le partout, intimement uni à vous, partageant vos travaux, vos souffrances, vos joies, vos consolations. Rapportez-lui la gloire de toutes vos actions, vous oubliant vous-mêmes, ne vous regardant que comme de vils instruments. C'est dans la pensée continuelle à ce divin Sauveur que vous trouverez votre force, votre paix et toutes les lumières dont vous aurez besoin.

3º Dans les persécutions, dangers, privations, tentations, maladies, ne raisonnez jamais avec vous-mêmes ; ne vous concentrez point au dedans de vous ; autrement les désolations, les regrets, la tristesse s'empareront de vous, et vous sentirez votre courage et votre vertu singulièrement s'affaiblir. Mais portez de suite vos vues, vos pensées sur Jésus et Marie, sur le ciel, sur les souffrances du Sauveur, etc. Je vous recommande extrêmement cette pratique : vous en sentirez bientôt l'importance.

4º Soyez hommes de prière et d'oraison. Convertir une âme est plus que ressusciter un mort ; or, tout cela ne peut se faire que par la prière. Priez donc continuellement pour la conversion de vos infidèles : offrez chaque jour vos actions à cette fin, et un jour par semaine, au choix de chacun de vous, offrez dans le même but et pour vos besoins particuliers, toutes les bonnes œuvres qui se feront dans chaque branche de la Société. Cette pratique vous attirera de grandes grâces.

5º Quelque occupés que vous soyez, ne passez aucun jour sans réciter au moins quelques dizaines de chapelet. Mettez toujours chaque île où vous aboutirez sous la protection de Marie.

6º Autant que vous le pourrez et que le permettront les circonstances des lieux, soyez toujours simples, modestes, pauvres, cependant propres dans vos habits et tout votre extérieur, demandant les uns aux autres les diverses permissions dont vous aurez besoin, lorsque vous ne pourrez recourir à Mgr Pompallier.

7º *Væ soli*, a dit l'Esprit-Saint, et ce sera surtout en Polynésie que l'isolement sera dangereux : aussi il n'y a que des circonstances nécessaires qui puissent vous permettre de sortir ou de rester seul ; dans les autres cas, vous devez porter jusqu'au scrupule le soin d'être toujours au moins deux ensemble, ne serait-ce que pour aller vous promener. Cette précaution vous mettra à l'abri de beaucoup de dangers.

8º Enfin, soyez unis en Jésus et Marie. Point de contestation, point de raisonnement entre vous, obéissant à Mgr Pompallier, comme à votre évêque et votre supérieur. Je vous renouvelle la recommandation que je vous ai faite, de n'adresser les lettres que vous enverrez en Europe, qu'au supérieur de la Société.

Je finis cette lettre par où j'ai commencé. Je vous souhaite la paix, l'amour de Jésus et de Marie. Soyez courageux ; ne laissez point pénéter la crainte, la mélancolie dans votre âme. Relisez souvent cette lettre ; prenez-en chacun une copie. Je vous embrasse tous avec la plus tendre affection, et vous promets le concours des prières de la Société tout entière. Profitez de toutes les occasions pour nous donner de vos nouvelles.

Je suis, et serai toujours, votre très humble et tout dévoué serviteur.

COLIN, supérieur.

Le P. Chanel fit de cette lettre la règle de sa conduite, et répondit plus tard au T. R. P. Colin : « Agréez nos bien vifs sentiments de reconnaissance pour les sages avis que vous daignez nous donner. Puissent-ils fructifier dans nos cœurs !... Nous désirerions que nos cœurs fussent aussi brûlants que le climat sous lequel nous vivons. Mais, hélas ! combien il s'en faut qu'il en soit ainsi ! Nous tâchons de faire tous les jours nos exercices de piété ensemble... Nous avons chacun une copie de votre lettre, que nous regardons tous comme un monument de votre tendresse paternelle à notre égard. Nous suivons le règlement que Monseigneur notre évêque nous a dicté. Nous désirons bien tous ne pas mettre obstacle aux effets des miséricordes de Dieu sur les insulaires commis à nos soins. Mais, hélas ! nous savons mieux désirer que faire... »

Le 16 octobre 1836, le Bienheureux, accompagné du P. Bataillon et des FF. Michel et Marie Nizier, quitta Lyon pour se diriger sur Paris. Pendant le voyage, le P. Chanel, entendant blasphémer le nom de Dieu, en fut si vivement ému qu'il dit à ses confrères : *Récitons quelques prières et faisons des actes de contrition, pour demander pardon au bon Dieu des péchés qui viennent de se commettre.* Cela fait, reprenant sa gaîté ordinaire, il charma ses compagnons de route par ses aimables conversations.

Arrivés à Paris, les voyageurs rejoignirent Mgr Pompallier au Séminaire des Missions étrangères, et reçurent dans cet établissement une généreuse hospitalité. « Je ne puis vous exprimer, écrit le P. Chanel, tout ce que j'ai ressenti au fond de mon âme, dans cette pieuse retraite, où tant de saints prêtres se sont préparés à l'apostolat et au martyre. Que de fois je me suis recueilli dans la salle où l'on a déposé quelques-unes de leurs reliques (1) !... »

A Rouen, nos missionnaires furent reçus au grand Séminaire avec un empressement fraternel. Au moment du départ, comme il était déjà nuit, l'un des voyageurs, en fermant la portière, meurtrit fortement un des doigts du P. Chanel, qui ne dit rien de sa blessure. Le lendemain, en voyant sa main, ses confrères admirèrent sa patience, car il avait dû souffrir cruellement toute la nuit.

Au Havre, une pieuse veuve, âgée de 83 ans, Mme Dodard, reçut les trois voyageurs avec cet empressement qu'elle savait montrer à tous les missionnaires. Le jour de la Toussaint, le P. Chanel prêcha deux fois. Le second sermon fut donné à Ingouville et produisit une grande impression. Mme Dodard en fut si touchée, qu'elle choisit le nouvel apôtre pour son confesseur dans sa dernière maladie.

Par suite des vents contraires, le moment, si désiré, du départ se fit longtemps attendre.

____

(1) Extrait d'une lettre au P. Convers, 10 novembre 1836.

Le P. Chanel profita de ce retard pour se livrer, avec ses confrères, à l'étude de la langue anglaise, dont la connaissance lui paraissait indispensable. Il regrettait vivement de n'avoir pu trouver, à Paris, aucun livre qui lui donnât la clef des idiomes polynésiens.

Il écrivit alors un grand nombre de lettres, qui toutes expriment les mêmes sentiments d'humilité, de foi et de confiance en Dieu.

Le 21 novembre, il écrit à sa sœur, religieuse à *Bon-Repos* : « Encore un petit mot entre nous deux, ma bonne sœur, puisque nous pouvons le faire. Voici bientôt un mois que je suis au Havre, ou, pour parler plus exactement, à Ingouville, situé à quelques minutes du Havre. Le mauvais temps nous retient sur le rivage, malgré toute la ferveur des prières qui se font pour nous. Tous les jours, nous nous mettons à consulter les nuages, pour voir la direction qu'ils prennent, et, presque tous les jours, ils nous ont apporté pluie, grêle ou neige, éclairs et tonnerre. Cependant, samedi dernier, l'espérance de revoir le beau temps nous est revenue. Dimanche a été meilleur encore. Aujourd'hui, fête de la Présentation de la Sainte Vierge, nous commençons à craindre, de nouveau, les vents contraires et la pluie. Dieu soit béni de tout !... Que personne ne se lasse de prier, parce qu'aucun d'entre nous ne se lassera d'être reconnaissant et de s'en bien trouver. »

Un mois après, il dit à sa sœur : « C'est pour aujourd'hui, 23 décembre, qu'est fixé notre départ. Mais il est bien possible que, d'après les impénétrables desseins de Dieu, nous ne partions pas encore tout à fait aujourd'hui (je commence à dire aujourd'hui, parce que je vois qu'il est minuit et quart), car l'excellente Mme Dodard, notre bienfaitrice, se trouve dangereusement malade. Elle ne cesse depuis quelque temps de demander à Dieu la grâce de mourir [quand sa maison sera pleine de missionnaires. Elle en a maintenant plus qu'elle n'en peut loger. Elle n'en a jamais eu autant à la fois. (Ils étaient alors au nombre de trente-quatre.) Il est

possible que le bon Dieu lui accorde l'effet de sa demande.
C'est Mgr Pompallier qui lui a administré le saint viatique et
l'extrême-onction. Ces deux cérémonies ont été des plus tou-
chantes, tant par la foi et la ferveur de cette bonne dame,
que par le nombre des missionnaires qui y assistaient. Ce sera
une bien triste consolation pour nous, que d'aller accompagner au cimetière celle qui nous prodigue toutes sortes de
soins et d'attentions. Que la volonté de Dieu soit faite (1) !... »

Le jour de la Présentation de la Sainte Vierge, il écrit à
la Supérieure générale des Sœurs de la Providence de Por-
tieux : « Tout indigne que je suis de la sublimité de ma vocation, je ne voudrais pas l'échanger contre un royaume. Je
manque de tout, excepté de bonne volonté. Vous m'aiderez,
je l'espère, à obtenir le zèle et les vertus nécessaires au plus
pauvre des missionnaires. »

A la fin du mois de novembre, il écrit au T. R. P. Colin,
et par lui à ses chers enfants de Belley : « Après un mois
d'attente, nous touchons, enfin, au moment de notre départ.
Le navire qui doit nous porter jusqu'à Valparaiso, est tout
prêt à sortir du port, si le bon Dieu ne juge pas à propos de
l'y retenir encore quelques jours. La *Joséphine*, qui doit conduire Mgr Blanc avec ses vingt-deux missionnaires jusqu'à
la Nouvelle-Orléans, partira en même temps que notre
Delphine. Il est convenu qu'on chantera l'*Ave maris Stella*
sur les deux navires. Tout le monde a promis de le faire de
bon cœur. Nous sommes tous contents comme *des rois*, et
brûlons tous du désir de nous confier à tous les dangers de
la mer, pour plaire à Notre-Seigneur et à sa sainte Mère...

« Je suis bien édifié de la conduite de tous mes confrères...
Je devrais donner le bon exemple, et je le reçois : voilà comme
j'ai le malheur de laisser renverser les choses... »

____

(1) Mme Dodard mourut quelques jours après le départ des missionnaires, le 1er janvier 1837. Elle disait à sa dernière heure : « J'espère
que le bon Dieu voudra bien me recevoir dans son paradis, moi qui
ai reçu ici-bas tous ceux qui étaient envoyés en son nom, pour sa
gloire et le salut des âmes ! »

Aux Sœurs de l'Antiquaille, à Lyon, qui lui avaient demandé des images signées de sa main et de celle d'un autre missionnaire, il répond : « Pardonnez, mes très chères Sœurs, à deux pauvres prêtres, qui voudraient bien être moins indignes du vif intérêt que vous leur portez, s'ils ne répondent pas aux petites demandes que vous avez l'extrême bonté de leur adresser. L'épreuve serait peut-être trop forte pour leur peu d'humilité. Malgré tous les grands et nombreux motifs que nous avons de pratiquer cette vertu, qui est la base et la sauvegarde de toutes les autres, nous ne savons pas encore assez le faire, pour ne pas éprouver une satisfaction trop humaine en donnant plusieurs fois nos noms. Si nos âmes vous sont chères, écrivez à la place de nos noms : *Mon Dieu ! Ayez pitié de ces pauvres pécheurs, que vous daignez envoyer à d'autres pécheurs pour les aider à se sauver.* Ne craignez pas de répéter la même chose des milliers de fois...

« *Vive le bon Dieu !* »

LIVRE III

L'Apostolat du Bienheureux. — Son martyre.

(1837-1841)

CHAPITRE PREMIER

VOYAGE DU HAVRE A FOUTOUNA

I. Du Havre à Valparaiso. Mort du P. Bret. — II. Taïti. Wallis. Arrivée
à Foutouna.

I

NFIN, le jour si impatiemment attendu se leva.
Le 24 décembre 1836, les nouveaux apôtres de
l'Océanie furent convoqués à bord de la *Delphine*.
De leur côté, et à la même heure, Mgr Blanc, archevêque de
la Nouvelle-Orléans, et ses missionnaires, s'embarquèrent
sur la *Joséphine*. Dès que les voiles furent déployées, l'air
retentit de l'hymne *Ave, maris stella*, chantée sur les deux
ponts d'une voix unanime. Les navires eurent de la peine à
sortir du port. Une fois dégagés des obstacles imprévus qui
les retenaient, ils prirent le large, et disparurent aux yeux
de la foule accourue sur le rivage.

« Nous partons tous contents, écrit le P. Bret ; nous nous reposons en paix, entre les mains de la Sainte Vierge, du succès de la traversée. Combien qui envient notre sort, et méritaient plus que moi d'être choisis pour la mission que nous allons remplir !...

« Le personnel du navire est trop nombreux pour que chacun de nous ait une cabine à lui seul. Loin de m'en plaindre, je m'en réjouis ; je partage, en effet, la cabine du bon P. Chanel, notre supérieur...

« Nos matelots paraissent bons. Quelques-uns d'entre eux ont trouvé des médailles, échappées de nos poches, et les ont suspendues à leur cou, après nous les avoir montrées. Le capitaine et le lieutenant sont fort honnêtes... »

Le navire faisait bonne route, lorsque soudain il fut assailli par la tempête. Trente-deux navires partis du Havre le même jour furent jetés à la côte. La *Delphine* et la *Joséphine* seules résistèrent à la violence des vents. La Sainte Vierge protégeait les missionnaires. Une preuve plus évidente de cette protection, c'est que leur vaisseau avait bravé la violence des flots avec un gouvernail très gravement endommagé. Une amarre, que le capitaine du port n'avait pas larguée à temps, se trouva engagée entre le gouvernail et l'arrière du bâtiment. Ignorant les obstacles qui s'opposaient à sa sortie, on usa de tous les moyens de force pour le dégager, sans se mettre en peine des avaries. Cependant, des quatre tenons qui attachaient le gouvernail au vaisseau, deux étaient brisés et le troisième à demi arraché. On ne s'en aperçut qu'après huit jours de navigation... Il fallut attacher le gouvernail pour l'empêcher de tomber à l'eau, et on se dirigea vers les Canaries. Pendant huit jours, on eut calme, mauvais temps ou vent contraire. Le navire pouvait à chaque instant perdre son gouvernail ; à en juger par l'inquiétude et la tristesse qui régnaient sur le visage des officiers, les passagers avaient tout à craindre. Enfin le 7 janvier, une goélette approche, c'est le salut ! et le navire aborde à Santa-Cruz, port de relâche.

Les missionnaires, pendant les jours de danger, n'avaient point oublié Celle que l'Église salue sous le nom d'*Étoile de la mer ;* ils l'avaient invoquée avec confiance, et lorsque, le 8 janvier, on jeta l'ancre, ils récitèrent avec ferveur, en actions de grâces, le *Te Deum* et les litanies de Lorette. Leur cœur d'apôtre désirait une autre consolation ; pour la première fois, depuis leur départ du Havre, la messe fut dite à bord par Monseigneur, et tous les missionnaires communièrent de sa main.

Le lendemain, il se rendirent tous à l'église principale. Monseigneur fut reçu solennellement par tout le clergé, et célébra la messe, au milieu d'un grand concours de fidèles.

La patience de nos voyageurs fut mise à une rude épreuve par les réparations de leur navire, qui les retinrent près de deux mois à Santa-Cruz, où ils avaient espéré ne relâcher que quelques jours.

Mgr Pompallier n'avait pas accepté l'hospitalité que lui avait offerte l'évêque de *Laguna,* parce qu'il ne voulut pas se séparer de ses compagnons de voyage. Il habita avec eux la modeste chambre d'une auberge ; les missionnaires, pour s'accoutumer aux fatigues et aux privations, couchaient sur des planches et menaient une vie très mortifiée.

La maladie vint s'ajouter aux autres privations.

Les missionnaires avaient espéré qu'ils trouveraient, dans le port de Santa-Cruz, le repos et les secours que réclamait leur santé ; leur attente fut trompée ; la saison était mauvaise, et une espèce d'épidémie régnait sur ce rivage ; tous en ressentirent plus ou moins les atteintes. Quand ils reprirent la mer, le 28 février, ils n'étaient pas encore rétablis. Le P. Bret, surtout, était en proie à un violent mal de tête, auquel se joignit bientôt une fièvre très ardente, que rien ne put maîtriser.

« Malgré nos vœux et nos larmes, écrit le P. Chanel à sa mère (1), le bon Dieu nous l'a ravi ; il lui a plu de le couronner avant le combat...

---

(1) Valparaiso, juillet 1837.

« Quelle perte pour notre mission, et pour mon cœur quelle blessure ! Mais que dis-je? la destinée de notre cher défunt est bien plus digne d'envie, que propre à jeter dans le deuil et les larmes. En effet, sa conduite fut constamment exemplaire. Sa piété était vive et douce. Elle prit de bonne heure le caractère d'un zèle, d'un dévouement apostolique.

« Dans sa dernière maladie, quoiqu'il souffrît beaucoup, il était patient et résigné. Souvent, il nous disait de prier auprès de lui, et de ne pas craindre de le fatiguer. Lui-même, le crucifix à la main, ne cessait de s'entretenir avec Dieu. Le dimanche des Rameaux, je lui donnai le saint viatique et l'extrême-onction. Le lendemain matin, il me dit qu'il touchait à sa fin, qu'il me remerciait de tous les soins que je lui avais prodigués, qu'il était heureux de mourir mariste, qu'il lui importait peu que son corps fût dévoré par les poissons ou par les vers. A sept heures du soir, il s'endormit doucement dans le Seigneur, le lundi saint, 20 mars 1837. »

Le lendemain matin, Monseigneur célébra la messe pour le repos de l'âme du jeune missionnaire. Tous communièrent à la même intention. Vers les neuf heures, Sa Grandeur fit la cérémonie des funérailles, en présence de tout l'équipage. Les quelques paroles qu'Elle lui adressa firent couler bien des larmes ; puis le corps fut confié à l'Océan, jusqu'au jour de la résurrection glorieuse. Tout le jour, le pavillon de deuil flotta sur le navire. On était sous l'équateur ; mais aucun matelot ne songea au divertissement d'usage, connu sous le nom de *baptême de la ligne*.

Le P. Chanel annonça au T. R. P. Colin la perte qu'il venait de faire. « Heureusement, ajouta-t-il, toutes les circonstances qui peuvent consoler dans un semblable événement, se rencontrent dans le coup qui nous a frappés. Il nous a quittés, le bien cher confrère, pour retourner dans le sein de son Dieu. Mais il ne saurait cesser d'être notre ami, notre confrère. Il n'a changé qu'un nom, celui de missionnaire, contre celui de protecteur de notre mission. Puissent tous vos enfants, présents et futurs, terminer leur carrière dans des conditions aussi rassurantes. Notre nombre a diminué ; mais notre courage et notre confiance en Dieu semblent prendre, de jour en jour, de nouvelles forces. »

« Cet événement, si triste pour nous, raconte le P. Bataillon, fut le signal de la conversion de tout l'équipage. Déjà, depuis quelque temps, nous nous occupions à instruire les matelots. Quelques-uns avaient cédé à nos exhortations et s'étaient approchés des sacrements. Après la mort du P. Bret, ce fut un ébranlement général. Je me rappellerai toujours cette mission à bord, ce chant des litanies et des cantiques, qui, tous les soirs, partait de notre vaisseau. Non, je n'oublierai jamais les faveurs dont Dieu nous combla, comme pour nous faire perdre de vue la perte d'un confrère. »

Le P. Chanel se distingua entre tous par son zèle à instruire les matelots. Ses manières obligeantes et pleines d'égards lui avaient concilié l'estime de tous ; ses instructions étaient mieux goûtées que celles de ses confrères ; les matelots trouvaient qu'*il prêchait bien*. De fait, il expliquait avec tant de simplicité et de clarté ce qu'il leur disait, que les plus bornés ne pouvaient manquer de le comprendre.

Mgr Bataillon lui rend ce témoignage : « Le Père Chanel, qui était notre supérieur, fut aussi notre modèle en toute chose. Toujours bon, toujours égal, toujours patient et résigné dans les diverses épreuves qui accompagnent d'ordinaire de si longues traversées ; plein d'affabilité, d'égards, de prévenances pour tout le monde, il n'aurait pas fait de la peine à un enfant ; prêt à consoler, à encourager et à rendre tous les services qui dépendaient de sa charité. Nous ne l'avons jamais vu de mauvaise humeur. En un mot, je ne me souviens pas d'avoir rien remarqué de tant soit peu répréhensible dans sa conduite extérieure et dans ses rapports avec le prochain. » « Je l'ai dit bien des fois, et je me plais à le déposer ici, je n'ai jamais rencontré un homme plus doux, plus modeste et plus candide. Il ne manquait point de prudence, mais ce qui le distinguait surtout, c'était la simplicité de la colombe, et tout, dans sa personne, portait à croire qu'il conservait l'innocence de son baptême (1). »

Le 27 avril, survint une tempête si violente, qu'elle menaça plus d'une fois d'engloutir la *Delphine* dans les flots. La Sainte Vierge, à coup sûr, la préserva du naufrage. Depuis ce jour, le voyage n'offrit rien d'extraordinaire jusqu'à Valparaiso.

Ainsi que le P. Chanel l'écrit à sa mère :

« Il y a, sur mer, des jours où la navigation est fort agréable ; il y en a d'autres aussi qui sont bien propres à dégoûter de la navigation. Si je ne m'étais embarqué que pour le plaisir de voyager, les tempêtes qui nous ont assaillis diminueraient bien l'envie de recommencer cette promenade. Mais, grâce à Dieu, qu'il fasse beau ou mauvais temps, le missionnaire est toujours content de s'être mis en route. »

Enfin, le 28 juin, les missionnaires entraient dans le port de Valparaiso.

« A peine avons-nous jeté l'ancre, dit le P. Bataillon, que trois Pères de la congrégation de Picpus montent à bord, nous embrassent comme des frères, nous offrent leur maison et tout ce qu'ils possèdent, avec une générosité que je n'oublierai jamais. Mgr de Maronée fut, en particulier, l'objet des attentions les plus délicates. Il se vit conduire, comme en triomphe, à l'église des bons Pères. Nous chantâmes un *Te Deum* d'actions de grâces et les litanies de la Sainte Vierge.

« Un spectacle encore plus beau vint inonder notre cœur de la joie la plus douce. Les gens de notre équipage, qui nous avaient déjà tant consolés pendant la traversée, s'approchèrent de la table sainte, et ceux qui n'avaient point été confirmés, reçurent, ce même jour, le sacrement de Confirmation. »

______

(1) Rome, 8 avril 1857.

II

Le séjour des missionnaires à Valparaiso fut d'un mois et demi. Comme la *Delphine* était arrivée au terme de son voyage, il fallait trouver un autre navire pour se rendre dans les îles de l'Océanie. Bien des jours s'écoulèrent en recherches inutiles. Pour tromper l'attente, trop prolongée au gré de leurs désirs, nos apôtres tournèrent leurs regards vers la patrie.

Le P. Chanel adressa à sa mère une lettre dans laquelle se montre toute sa piété filiale. Elle se termine par ces mots : « Ma bonne mère, je crains d'avoir oublié de vous demander votre bénédiction, à l'heure de nos adieux. Je vous conjure de me la donner, non seulement quand vous aurez reçu cette lettre, mais encore tous les jours de votre vie. Elle m'atteindra, soyez-en sûre, malgré la distance qui nous sépare. »

Le 23 juillet, il écrit aux élèves du petit Séminaire de Belley :

« Mes bien chers amis, il y aura bientôt une année que la divine Providence nous a séparés. Je puis vous dire que j'ai tenu la parole que je vous donnai dans ma dernière lettre, d'être toujours au milieu de vous par mon cœur. Tandis que notre *Delphine* m'emportait bien loin de vous, combien j'aimais à vous suivre dans vos démarches les plus importantes pour votre bonheur !

« Je ne suis pas encore, avec Monseigneur notre Vicaire Apostolique e tous ses autres ouvriers, au milieu des pauvres sauvages, dont je vous parlais si souvent et avec tant de plaisir. On nous raconte, à leur sujet, les choses les plus capables d'enflammer notre courage et notre zèle. Non seulement des missionnaires, mais des voyageurs qui en viennent, nous disent que c'est une moisson toute prête à être recueillie. Quelle ne serait pas notre joie, si Dieu suscitait parmi vous de nombreux ouvriers pour venir partager nos

fatigues et nos consolations ! Ne calculez point avec les sacrifices ; plus ils seront grands, plus vous devez vous estimer
heureux de pouvoir les offrir à Celui qui a tout fait pour
nous...

« Nous allons, dans quelques jours, nous confier de nouveau
à l'élément qui nous a portés jusqu'ici.

« Vous consentez bien, je pense, à ce que nous disions
à nos pauvres sauvages que nous avons laissé dans notre
patrie de jeunes et nombreux missionnaires, qui hâtent par
leurs désirs le moment où ils pourront venir nous aider à les
évangéliser... Soyez toujours missionnaires de prière, en
attendant que vous puissiez l'être d'action. J'aime bien à
vous voir sous la sauvegarde de la Sainte Vierge. Adieu,
adieu, mes chers amis. »

Les négociations de Mgr Pompallier avaient enfin abouti.
Les missionnaires Maristes et ceux de la société de Picpus
montèrent sur le brick américain l'*Europa*, et quittèrent le
port de Valparaiso, le 10 août.

Le nouvel équipage était loin de ressembler à celui de la
Delphine. Un des officiers, apprenant qu'il y avait à bord des
missionnaires *papistes*, comme il les nommait, ne voulait
pas y monter. Cependant, après s'être emporté contre eux,
en menaces et jurements, il se décida à s'embarquer. Les
matelots partageaient plus ou moins ses préjugés contre la
vraie religion et ses ministres.

« Prions pour eux, dit le P. Chanel à ses confrères, et
soyons à leur égard pleins de bonté et de prévoyance. » Ce
conseil fut suivi, et bientôt la défiance et la haine firent place
à l'estime et à l'affection. Plus les marins virent de près les
missionnaires, plus ils se félicitèrent de les avoir à bord de
de leur navire. Tout leur plaisir fut de converser avec eux,
d'entendre leurs cantiques, de les voir prier et célébrer les
saints mystères. Souvent même, le capitaine les pressait de
chanter, pour avoir, disait-il, un vent favorable.

Le cœur de l'officier dont nous avons parlé fut tellement
changé, qu'il ne voulait plus se séparer des missionnaires

et qu'il leur promit de se faire instruire dès qu'il serait à Taïti. Il racontait, en riant, que sa haine contre les *papistes* lui venait de sa mère, qui se plaisait à lui dépeindre les prêtres catholiques comme des espèces de monstres, que l'on ne saurait toucher, et même apercevoir, sans se souiller. « Aussi, ajoutait-il, j'avais conçu une telle aversion contre eux, que j'avais juré de ne jamais me trouver en leur compagnie. Mais vos bons procédés ont bien vite changé mes sentiments et dissipé les préjugés de mon éducation. »

Mgr Pompallier eut l'heureuse idée, avant d'arriver en Océanie, d'inviter sa pieuse caravane à faire la retraite annuelle. Il présidait les exercices, et le P. Chanel exposait les sujets de méditation. « Je n'oublierai jamais cette retraite au milieu de l'Océan, nous disait Mgr Bataillon. Oh ! qu'il est facile de méditer sur la vanité des choses de ce monde, lorsqu'on n'est séparé de l'abîme que par quelques planches ! Quand on n'aperçoit que le ciel et les flots courroucés de l'Océan, la grandeur de Dieu paraît tout entière. Oui, *si les soulèvements de la mer sont admirables, le Seigneur, qui les excite, est encore plus admirable* (Ps. 92). A la vue de ces merveilles, l'homme se trouve comme anéanti, et il n'a point de peine à tourner ses regards vers Celui qui est le maître de la vie et de la mort. »

Le 13 septembre, l'*Europa* arrivait devant *Manréva*, la principale des îles *Gambier*. C'est là qu'elle devait déposer les Pères de la société de Picpus, qui, depuis le Havre, avaient été les compagnons des missionnaires Maristes.

Grâce au zèle de Mgr Rouchouze et des missionnaires de la congrégation de Picpus, la foi avait fait dans ces îles de rapides progrès. A peine l'ancre est-elle jetée, qu'un grand nombre de naturels montent à bord, et témoignent de toutes manières leur joie de voir un autre évêque et d'autres missionnaires. Ils se jettent à genoux, baisent l'anneau de Monseigneur, serrent la main des Pères, font le signe de la croix et crient de toutes leurs forces qu'ils sont chrétiens.

Le 14, Mgr Pompallier célébra les saints mystères dans

une pauvre église de bambous, en présence de Mgr Rouchouze, de sept prêtres et de six catéchistes. Pendant toute la messe, les chrétiens qui étaient accourus en grand nombre, chantèrent des cantiques avec un accord surprenant. Les missionnaires étaient attendris jusqu'aux larmes.

Tous se rendirent ensuite dans la grande île, à la suite des deux évêques. Le roi vint à leur rencontre. Le rivage était couvert de chrétiens, tous à genoux, criant de toutes leurs forces : *Salut !* et demandant la bénédiction. On eut de la peine à se frayer un passage, parce que tous voulaient toucher et baiser la main du nouvel évêque et des missionnaires. On n'entendait que les cris : *Salut, Missionnaires ! Chrétiens, catholiques, apostoliques, romains ! Jésus-Christ ! Vierge Marie !* Arrivés à l'église, ils récitèrent, tous ensemble, la doctrine chrétienne et chantèrent un cantique avec beaucoup d'entrain.

Nos missionnaires passèrent toute la journée au milieu de ces bons néophytes, qui les entouraient, leur demandaient leurs noms, ceux de leurs pères et de leurs mères. En apprenant la mort du P. Bret, ils versèrent des larmes. « Qu'avez-vous fait d'un corps si saint ? disait le roi. Pourquoi ne m'avez-vous pas apporté un si grand trésor ? »

Le soir, la foule demande à voir Mgr Pompallier. Les deux évêques et leur suite prennent place sur un petit monticule. Quelle n'est pas leur surprise, lorsqu'ils voient tomber à leurs pieds une grande quantité de cocos, de bananes, etc. ! C'étaient les présents de ce bon peuple. Tous poussent un cri, qui répond à notre *vivat !* et chantent un cantique. Mgr Rouchouze leur adresse une petite allocution. Ils ne se retirent que vers la nuit, et on les entend, dans toute la vallée, réciter leur prière en commun.

Le lendemain, les missionnaires, passant devant un temple de l'idolâtrie, désormais abandonné, y trouvent des ouvriers qui en retaillaient les pierres pour une église ; montrant l'effigie *d'un gros rat* sur une poutre : *Voila*, dirent-ils, *le Dieu que nous adorions autrefois*.

Les nouveaux apôtres de l'Océanie occidentale étaient dans l'admiration, et ne savaient comment exprimer leurs sentiments de joie et de bonheur. Le P. Chanel était ému jusqu'aux larmes. Élevant les regards vers le ciel, il dit : « O Marie, faites éclater ce prodige dans les archipels qui nous sont échus en partage ! Il y va de la gloire de votre divin Fils, de votre honneur et du salut des âmes. »

Mais il était temps de regagner l'*Europa*, qui devait remettre à la voile le soir de ce même jour. Mgr Rouchouze voulut les accompagner avec ses apôtres, et leur fit les plus touchants adieux. L'ancre fut levée, le 16 septembre, et un vent favorable les poussa rapidement vers Taïti. Toutes les conversations des nouveaux apôtres roulaient sur ce qu'ils venaient de voir et d'entendre. « Que ce bon évêque et ses prêtres, disaient-ils, doivent être heureux au milieu de leurs fervents néophytes ! Quand pourrons-nous, à notre tour, jouir du même bonheur? » Le P. Chanel note, dans son *journal*, l'anniversaire de cette visite aux îles *Gambier*, comme une des belles époques de sa vie.

L'*Europa* jetait l'ancre devant Taïti, le 22 septembre. Le navire est immédiatement entouré d'une multitude de pirogues. « Le consul américain, écrit le P. Bataillon, est le premier à venir nous saluer. Notre vénérable évêque fait demander à la reine *Pomaré*, ou plutôt à M. Pritchard, ministre protestant, la permission de descendre à terre. Quoique plus d'une fois cette faveur eût été refusée aux Pères de Picpus, on n'osa pas suivre envers nous le même système. Nous pûmes donc mettre le pied sur le sol de Taïti.

« Monseigneur s'empressa de rendre visite au consul américain, catholique originaire de Hollande, qui avait déjà bien mérité de la religion par les services qu'il avait rendus aux missionnaires de Picpus. En traversant *Papéiti* qui n'était, du reste, qu'un chétif et misérable village, nous remarquâmes l'immense différence qu'il y a entre un pays catholique et une contrée protestante. Aux *Gambier*, il avait suffi de quelques années pour changer la face de l'île ; à Taïti, la civilisation n'avait presque fait aucun progrès, malgré le séjour prolongé des ministres protestants.

« Notre Vicaire Apostolique voulut offrir ses hommages à la reine *Pomaré*. Le P. Maigret, le Provicaire de Mgr Rouchouze, qui se rendait aux *Sandwich*, nous servit d'interprète. Un hangar assez pauvre servait de palais à Sa Majesté, que nous trouvâmes assise à terre, selon l'usage du pays. Aux questions de Monseigneur, elle répond en quelques monosyllabes lentement articulés, qu'elle désirerait bien nous garder dans son île, mais qu'elle craignait M. Pritchard. *La pauvre reine régnait, mais ne gouvernait pas.*

« Force était donc d'aller plus loin, de trouver un navire pour nous conduire dans les îles de l'Océanie occidentale. Sa Grandeur, faute de mieux, loua une goélette, la *Raiatéa*, qui fut à notre entière disposition. Un officier de marine, M. Stocks, qui avait été passager avec nous depuis Valparaiso, s'offrit à nous servir de capitaine.

« Pendant les préparatifs, nous visitâmes une partie de l'île, et nous prîmes plaisir à graver sur des arbres la croix du Sauveur et les saints noms de Jésus et de Marie, pour qu'à la vue du signe sacré de la croix, le démon prît la fuite, et que Dieu daignât envoyer à ces îles le flambeau de la vraie foi. »

Taïti appartenait au vicariat de l'Océanie orientale. Mgr Pompallier eut, néanmoins, à exercer son ministère sur une âme soumise à sa juridiction par droit de naissance. Voici comment il raconte le fait :

« Hier, mon Provicaire, le P. Chanel, m'a présenté à baptiser un enfant de six ans environ, né en Nouvelle-Zélande. Le père, qui est employé sur notre navire, et qui est catholique, promet de l'élever selon la doctrine de l'Église. Il l'avait confié jusque-là à des personnes de Taïti ; maintenant il va l'emmener avec lui sur les mers. Je l'ai donc baptisé solennellement dans ma cabine, devant une sorte d'autel où j'ai dit la sainte messe, et lui ai donné la Confirmation. L'enfant s'est prêté avec empressement aux cérémonies que je faisais. Tous les prêtres et les catéchistes étaient présents.

« Ce petit chrétien sera donc, pour l'Église, le premier de ses enfants dans la Nouvelle-Zélande. Ne semble-t-il pas être venu au-devant de la bonne nouvelle, que nous sommes heureux de porter à ces peuples lointains (1)?

Les adieux des missionnaires à leurs derniers compagnons de voyage firent couler bien des larmes, parce que l'estime et l'affection étaient devenues bien vives de part et d'autre. Au moment où la *Raiatéa* mit à la voile et passa devant l'*Europa*, les deux équipages hissèrent leur pavillon et se saluèrent de nouveau.

Le matin du 5 octobre, on découvrit plusieurs îles de l'Océanie occidentale. Mgr Pompallier et le P. Chanel voulaient qu'on s'arrêtât dans celle d'*Ouliléa;* mais divers obstacles les obligèrent à renoncer à leur projet; ils se dirigèrent vers *Vavao*, qui, par son étendue et son importance, tient le second rang parmi les îles de l'archipel *Tonga*.

« Dès que nous l'aperçûmes, écrit le P. Bataillon, nous tressaillîmes de joie ; mais, hélas ! à peine commencions-nous à la côtoyer, pour trouver un ancrage, qu'une tempête s'éleva, comme si le démon déchaînait sa rage, à la vue des apôtres qui s'efforcent de renverser son empire. La pluie tombait par torrents ; le vent soufflait avec violence. Tout à coup l'orage s'apaise ; une effrayante obscurité nous environne ; la foudre seule qui, à chaque instant, déchire et sillonne les nuages, éclaire cette nuit horrible. Vainement nos matelots font des efforts inouïs pour résister à la violence des courants qui nous entraînent vers les récifs ; nous n'en sommes plus séparés que par un espace de la longueur de notre navire. Nous tombons à genoux : *Mon Dieu, sauvez-nous, nous périssons! O Marie! voyez vos enfants!* Et soudain un coup de vent éloigne notre navire des récifs.

« Mais ce n'était pas la fin de l'épreuve. Des courants impétueux nous entraînent de nouveau vers les écueils.

____

(1) *Annales de la Propagation de la foi*, tome X, p. 409.

On se hâte de détacher la chaloupe, afin de sauver au moins l'équipage. Un second coup de vent nous repousse loin des rochers, et nous permet de regagner la haute mer. Nous vîmes notre capitaine, à genoux, s'écrier comme hors de lui-même : *O Providence ! O Providence ! — Depuis que je parcours les mers*, nous dit-il, *j'ai couru de grands dangers ; mais je n'ai jamais été si près de la mort. Deux minutes de plus et nous étions écrasés contre ces rochers escarpés.* Vous devez penser si Monseigneur et ses missionnaires remerciaient la Sainte Vierge, dont l'Église célébrait, ce même jour, 22 octobre, le glorieux patronage. Un *Te Deum* et les litanies de Lorette furent chantés, en action de grâces, à bord du navire.

« Dès la pointe du jour, on se rapprocha de l'île. Monseigneur fit réciter, en faveur de ses premiers enfants, qu'il allait visiter, le *Veni Creator*, l'*Ave maris stella* et le *Miserere*, et il régla qu'on réciterait ces mêmes prières pendant neuf jours, toutes les fois qu'on aborderait dans une île non convertie.

« L'ancre est jetée vers midi. A l'instant, une foule de naturels montent à bord. Qu'ils sont intéressants ! et combien nous regrettons de les voir la proie de l'hérésie ! Bientôt arrive un ancien matelot de l'*Astrolabe*, le seul Français qui se trouve dans cette île, depuis dix à douze ans. Il nous donne tous les renseignements que nous désirons. Il nous dit, en particulier, que nous pouvons sans difficulté nous rendre auprès du roi, et qu'il nous servira d'interprète.

« Arrivé auprès de Sa Majesté, Monseigneur lui demanda si Elle voulait recevoir dans ses États quelqu'un de sa suite, pour y étudier la langue et enseigner, s'il le fallait, les connaissances des grandes nations civilisées. *Vous pouvez*, répondit le roi, *demeurer dans toute mon île. Quant au désir que vous manifestez de faire part de vos connaissances à mes sujets, je ne puis rien vous permettre avant l'arrivée de M. Thomas. Au surplus, j'ai embrassé la religion qu'il nous a apportée ; mon dessein est de la garder. Que pourriez-vous m'apprendre de plus ?* »

Monseigneur ne se découragea pas. Tout en ménageant la réputation des missionnaires protestants, il insinua l'illégitimité de leur mission. *Votre Majesté pourra, du reste, comparer leur doctrine et la nôtre, et voir de quel côté est la vérité.* Le roi persista dans sa résolution, et renvoya au lendemain, 25 octobre, la conclusion de cette affaire.

Le 25, M. Thomas, chef des ministres protestants, était de retour. Monseigneur lui demanda par écrit une entrevue, qui fut accordée pour le 26.

Au jour dit, Monseigneur, les trois Pères et deux Frères se rendent auprès du roi, et de là auprès du ministre. Monseigneur commence par rendre compte de son entretien avec le roi. Après avoir rappelé la tolérance religieuse qui règne en Angleterre et en France, il montre les lettres de protection qu'il a reçues du gouvernement français et de divers consuls anglais et américains. *Au reste,* ajoute-t-il, *ne demandant un pied-à-terre à Vavao qu'à titre de citoyen français, je sollicite ce que m'accorde le droit des gens.*

Le ministre répond : « L'île est trop petite pour deux religions, et je sais trop bien que si l'on vous permet de demeurer ici, vous ne tarderez pas d'attirer tout le monde à vous. Il y a tout près d'ici des îles, les îles Wallis, où notre religion n'a pas pénétré, et où vous pourrez vous établir en liberté. » Or, les habitants de Wallis venaient de massacrer de cinquante à soixante naturels, que les ministres y avaient envoyés pour convertir l'île au méthodisme ; ils avaient aussi pris et massacré tout récemment l'équipage de deux navires.

Le ministre n'eut rien de plus pressé que de courir chez le roi pour l'indisposer contre les missionnaires. Il sortait tout joyeux, au moment où Monseigneur et ses prêtres se présentaient. « Quand nous fûmes en présence de Sa Majesté, raconte le P. Chanel, elle jeta sur nous un regard de mépris, et nous dit d'une voix forte et impérieuse : *J'ai réfléchi et j'ai pris conseil : je ne veux pas qu'il y ait ici deux religions. Je vous ordonne, par conséquent, de sortir au plus tôt de mon royaume.* »

Monseigneur n'insista plus. Il salua le roi sans lui témoigner le moindre mécontentement. *En m'éloignant de Vavao*, lui dit-il, *je conserve l'espoir de revoir Votre Majesté et de m'entretenir avec Elle.*

« Nous rentrons à bord de la *Raiatéa*, écrit Mgr Bataillon. Le ministre Thomas, comme pour nous faire croire qu'il n'était pour rien dans la décision du roi, nous envoie un certain nombre d'imprimés tongiens, samoans et vitiens, avec une lettre pleine de politesse. Monseigneur lui fait, à son tour, porter quelques présents. Plusieurs Anglais viennent nous faire visite. Ils nous avouent franchement que la conduite de leurs ministres les indigne, et que notre départ est souverainement regrettable. Ces sentiments leur étaient inspirés par notre capitaine, protestant lui-même, qui avait été ravi d'admiration à la vue de tout ce que la religion catholique avait opéré aux îles Gambier.

« Malgré tout ce qu'on put dire sur l'île Wallis, nous résolûmes d'aller sonder le terrain. Nous avions à bord un Anglais nommé Thomas Boog, qui avait passé quelques mois à Wallis, et s'était fixé à Foutouna. En nous demandant passage pour cette île, il nous avait donné les renseignements que nous désirions, et il devait encore nous servir d'interprète. La traversée fut heureuse. Le troisième jour, 1er novembre 1837, nous arrivions en face d'*Ouvéa*, appelée *Wallis* par les Anglais.

« Pendant la sainte messe, qui fut célébrée à bord, nous priâmes Notre-Seigneur, la Sainte Vierge et tous les saints de bénir la première mission que nous désirions fonder. Déjà deux insulaires avaient lancé à toutes rames leur pirogue pour se présenter les premiers à bord de notre goélette. Ces insulaires étaient deux jeunes chefs, l'un nommé *Pélo*, de la grande île, et l'autre *Toungahala*, de la petite. *Pélo* et M. Stoks, notre capitaine, se reconnurent et s'embrassèrent cordialement ; ils avaient fait ensemble un voyage sur un navire baleinier. Cette heureuse circonstance permit qu'on fût bientôt comme en famille.

« Toutefois, notre costume ecclésiastique intriguait les

deux chefs. Ils ouvraient de grands yeux et ne savaient trop que penser de nous. « Etes-vous des missionnaires, demandèrent-ils, et venez-vous de ce pays qui a vu naître Bonaparte? — Oui, répondîmes-nous, nous venons de cette terre qui a donné le jour à Napoléon Bonaparte, dont le nom et les exploits ont retenti dans tout l'univers. Nous venons de la France, l'une des plus grandes nations du monde. » En parlant ainsi de la gloire de notre patrie, nous tâchions de leur faire oublier la première question : êtes-vous missionnaires? Nous savions qu'ils détestaient les missionnaires protestants et, dans ce moment, décliner nos noms et nos qualités, c'était peut-être nous fermer à jamais l'entrée de l'île.

« Cependant, le jeune *Toungahala*, que le bon Dieu et la Sainte Vierge disposaient en notre faveur, ne cessait de questionner le capitaine Stoks sur nos noms, nos intentions, etc. Celui-ci parla de nous d'une manière si avantageuse, que le jeune chef s'attacha à nous pour toujours, et nous rendit les plus grands services.

« Notre goélette, pendant ces conversations, avançait lentement vers la ceinture de récifs qui environnent l'île tout entière, et contre lesquels les vagues viennent se briser avec un horrible fracas. Grâce à l'habileté de *Toungahala*, elle pénétra facilement, par la principale des trois ouvertures, dans la grande et belle rade circulaire, constamment couverte de pirogues. »

Mgr Pompallier, *Pélo*, Thomas Boog et le P. Bataillon descendent à terre. A peine leurs pieds ont-ils touché le sol d'*Ouvéa*, qu'ils se jettent à genoux et récitent un *Ave Maria*, comme pour en prendre possession au nom de la Sainte Vierge. Ceux qui demeurent sur le navire prient avec ferveur pour le succès de la visite.

Ils arrivent auprès du roi, qu'ils trouvent couché sur une natte. Sa Grandeur lui offre quelques présents qu'il accepte avec beaucoup de plaisir ; puis, à l'aide de son interprète, lui expose l'objet de sa visite et de son dessein de laisser deux hommes de sa suite pour apprendre la langue du pays.

A cette demande, le roi éclate de rire, et après un instant de réflexion s'écrie : *Ne seriez-vous pas des missionnaires?* Monseigneur, sachant qu'il voulait parler des missionnaires protestants, les seuls connus : « Rassurez-vous, lui dit-il, nous ne sommes point de ces hommes que vous avez raison de craindre. Vous reconnaîtrez bientôt que nous sommes vos amis les plus dévoués. — Eh bien ! reprit le roi, puisque vous ne venez qu'en qualités d'amis, vous pourrez demeurer avec moi. Sous peu, je vous ferai construire une case à côté de la mienne. Je m'engage à vous fournir des vivres et à vous couvrir de ma protection. »

Monseigneur témoigna au roi sa vive reconnaissance, et quand il fut de retour à la goélette, tous les missionnaires bénirent Dieu d'avoir exaucé leurs prières.

Le lendemain matin, Sa Grandeur désigna le P. Bataillon et le F. Joseph pour fonder à *Ouvéa* la première mission de l'Océanie occidentale.

Néanmoins, tout n'était pas terminé. Les parents du roi tentèrent de le faire revenir sur sa décision. Un conseil fut tenu. Le vieillard qui remplissait les fonctions de *Kivalou*, ou premier ministre, fut d'avis de renvoyer ces étrangers. « Je crains beaucoup, dit-il, que le but ne soit de changer la religion de l'île, et mes cheveux blancs me font une loi de m'opposer à tout ce qui peut, de près ou de loin, amener la ruine de la religion de mes pères. » Le discours du *Kivalou* fit une vive impression. Mais *Toungahala* prit si bien la défense des missionnaires, que le roi donna l'ordre formel de les laisser dans l'île. C'était sans doute par l'inspiration de la Sainte Vierge, car pendant tout le temps du conseil, les missionnaires n'avaient cessé de la prier et de semer partout des médailles de l'Immaculée Conception.

La mission de Wallis réussit merveilleusement. En 1842, le Saint-Siège érigea le vicariat apostolique de l'Océanie centrale, et le confia au P. Bataillon, qui fut sacré à Wallis, évêque d'Énos, le 3 décembre 1843.

CHAPITRE II

COMMENCEMENTS DE LA MISSION DU BIENHEUREUX

A FOUTOUNA

I. Arrivée du Bienheureux à Foutouna. — II. L'île et ses habitants. — III. Vie et travaux du Bienheureux à Foutouna. — IV. Superstitions et menaces de guerre. — V. Voyage du Bienheureux à Wallis.

I

E 7 novembre 1837, la *Raiatéa* remit à la voile, et se dirigea vers Foutouna, pour y déposer Thomas Boog et une dizaine de Foutouniens, que Mgr Pompallier avait trouvés à Wallis. Il était bien convenu que la goélette ne séjournerait que le temps nécessaire au débarquement des passagers, et à la réception des vivres qu'ils devaient donner en paiement. Sa Grandeur avait hâte de fonder la seconde mission de la Société de Marie, dans l'île de Rotouma, et voulait la confier au P. Chanel, son Provicaire. Mais Dieu avait d'autres desseins, et la petite île de Foutouna était le champ que notre apôtre devait défricher et arroser de son sang.

Grâce à un vent favorable, la *Raiatéa* arriva devant Foutouna le 8, et mouilla dans le détroit qui sépare les deux îles, tout près de la plus petite, nommée *Alofi*. « Le lendemain, dit le P. Servant, nous mîmes pied à terre. Là nous recontrâmes l'équipage d'un baleinier anglais, qui avait fait naufrage sur les récifs de l'archipel Fidji. Le capitaine pria Monseigneur de les recevoir à bord de sa goélette pour se rendre, les uns à Rotouma, les autres à Sydney. Sa Grandeur y consentit volontiers. »

Le mouillage n'étant pas sûr, la *Raiatéa* jeta l'ancre dans le petit port de *Singavé*, et ne tarda pas à être encombrée de visiteurs.

Monseigneur ne voulait pas s'arrêter à Foutouna, mais le débarquement des passagers et l'embarquement des naufragés exigèrent plusieurs jours. Sa Grandeur put à loisir converser avec les blancs de l'île ; tous lui attestèrent que les Foutouniens n'étaient pas un peuple méchant et farouche, et que les missionnaires y seraient bien reçus ; Monseigneur examina avec soin si rien, dans la conduite des naturels, ne contredirait ces premiers témoignages. Parmi ces naturels se trouvait *Sam Kélétaona*, qui savait un peu d'anglais, s'habillait à l'européenne, et se présentait avec une certaine aisance ; prévenant, affable, il ne tarissait pas sur les qualités des blancs de l'île. Mgr de Maronée, ébranlé par tout ce qu'il entendait et voyait, résolut de faire l'essai d'une mission à Foutouna. Il prit à part le P. Chanel, et lui demanda s'il resterait volontiers dans cette île : *Monseigneur*, répondit-il aussitôt, *je suis à votre disposition*.

Le samedi 11 novembre, Sa Grandeur, accompagnée du P. Chanel, du F. Marie Nizier et de Thomas Boog, se rendit dans la vallée d'*Alo*, auprès du roi Niouliki. Plusieurs blancs et quelques indigènes avaient voulu les suivre. Le roi était absent, et il fallut l'attendre plusieurs heures. A son arrivée, Monseigneur lui fit connaître le motif qui l'amenait auprès de lui, et son intention de laisser deux de ses compagnons pour apprendre la langue et les usages de Foutouna. Il répondit de leur dévouement à Sa Majesté si, de son côté, Elle daignait les prendre sous sa protection et pourvoir à leur subsistance.

Un nombre considérable d'indigènes s'était réuni à *Alo*. L'admission proposée fut mise en délibération. *Maligi*, premier ministre, s'y opposa fortement, en disant qu'il ne voulait point de religion nouvelle. *Maïlé*, cousin du roi, et jouissant d'une grande autorité à cause de sa bravoure, prit la parole et dit : *Je crois que nous ferons bien de ne pas chasser ces blancs et de les laisser séjourner dans l'île ; leur présence ne pourra que nous procurer des richesses.* Cet avis prévalut, et le *kava*, préparé selon les cérémonies ordinaires, vint confirmer la décision. Pendant que l'assemblée délibérait, les missionnaires avaient prié avec ferveur, et la Sainte Vierge venait encore d'exaucer les vœux et les prières de ses enfants.

Un repas foutounien fut ensuite servi aux assistants. Il se composait d'un petit porc rôti, d'ignames et de taros cuits, le tout porté dans des paniers tressés avec des feuilles de cocotier.

Après le repas, le roi demanda si nous serions contents de voir une danse du pays. Monseigneur fit comprendre que la proposition lui était agréable. Un instant après, la petite population d'*Alo* se trouvait dans la maison royale. Quelques-uns de nos compagnons se joignirent à eux, et ils étaient, en tout, une vingtaine. La danse s'exécutait au son de la voix des danseurs et des danseuses, accompagnée de coups frappés en cadence sur une natte tendue aux bords d'une auge. Nous fûmes étonnés du parfait accord de tous leurs mouvements, et surtout agréablement surpris de ne rien voir de contraire à la bienséance. D'après leurs usages, les hommes et les femmes, tout en dansant ensemble, formaient deux groupes séparés.

Dès que la marée le permit, Monseigneur et sa suite retournèrent à la goélette, mais n'y arrivèrent qu'après minuit. Ce retard inattendu et les rassemblements aperçus sur le rivage, avaient sérieusement alarmé tous les passagers. Aussi la joie fut vive lorsqu'on vit apparaître le canot qui ramenait l'évêque et ses compagnons. Le P. Chanel se mit aussitôt à réciter son office. Sa Grandeur s'en aperçut et lui demanda ce qu'il faisait : « *Monseigneur, je veux témoigner au bon Dieu ma bonne volonté, en disant l'office, que je n'ai pu réciter aujour-*

d'hui. — Je vous ordonne de cesser et d'aller vous reposer. »
Le P. Chanel obéit à l'instant.

Le dimanche, 12 novembre, le Bienheureux descendit
définitivement à Foutouna.

En abordant sur cette terre, désormais sa patrie, le P. Chanel se jeta à genoux, la consacra à la Sainte Vierge, et, en
signe de cette consécration, suspendit à un arbre la *médaille
miraculeuse*. Il adressa ensuite une fervente prière à saint
François d'Assise, que Mgr Pompallier venait de désigner
comme le patron spécial de Foutouna.

Le F. Marie Nizier vint le rejoindre dans la case royale.
Lui aussi se sentait au cœur le désir, et comme le besoin, du
sacrifice et du dévouement. Sa nouvelle patrie allait lui en
fournir, comme au missionnaire, de nombreuses occasions.

Le roi était venu, avec un de ses parents et de nombreux
indigènes, à la rencontre du missionnaire. La cérémonie du
kava et une large distribution de vivres marquèrent l'entrée
de l'apôtre sur cette terre, qui devait être le théâtre de son
apostolat et de son martyre.

II

Foutouna est souvent nommée par les géographes *Horn*
ou *Allofatou*. Elle est située à 179° de longitude orientale et
entre 14° et 15° de latitude australe. Sous la dénomination
de *Foutouna*, on comprend deux îles, que sépare un petit
bras de mer. La plus grande, qui peut avoir de neuf à dix
lieues de tour, conserve le nom de *Foutouna*, et l'autre a pris
celui d'*Alofi*.

Les deux îles sont très accidentées ; elles renferment des
vallées profondes et de hautes montagnes. Les Foutouniens
en donnaient cette explication : *Maoui Alona*, dieu qui ne
travaillait qu'à la faveur des ténèbres, fut un jour averti par
Téaïloïto, son portier, qu'il y avait au fond de l'Océan des

troupes de poissons, c'est-à-dire plusieurs groupes d'îles. Le soir même, le *dieu* se mit en barque et jeta sa ligne. A mesure qu'une île sortait des eaux, il sautait dessus et *gambadait* tout à son aise, pour bien l'aplatir dans tous les sens. Il pêcha et aplanit de la sorte plusieurs îles. Le jour, qui devait interrompre son travail, commençant à poindre, *Maoui* se hâte de jeter une dernière fois l'hameçon. L'île surnage, le *dieu* s'élance dessus ; mais il ne peut faire que quelques sauts, à cause du jour qui paraît. De là toutes les inégalités de terrain que l'on remarque à Foutouna.

L'île est d'origine volcanique et on en trouve des preuves à chaque pas. C'est peut-être à cette origine qu'il faut attribuer les tremblements de terre qui l'agitent *de temps à autre*. « Une nuit, dit le P. Chanel, je fus éveillé par une secousse si violente, qu'il me sembla que toute l'île allait s'engloutir. Dans l'espace de vingt-quatre heures, j'en comptai dix-neuf autres, moins fortes que la première. Cet événement me fit conjecturer que *Foutouna* était assise sur un volcan, et que c'était peut-être le volcan même qui l'avait formée. Les naturels m'en donnèrent une autre explication : le dieu *Mafouisse-Foulou*, me dirent-ils, est couché à une grande profondeur sous l'île ; quand il a dormi l'espace d'un an sur un côté, il se tourne pour dormir sur l'autre, et ses efforts ébranlent la terre. Si le cratère venait à se rouvrir, ils pourraient ajouter que c'est encore *Mafouisse* qui souffle ses feux, et leur fable serait aussi poétique que celle d'Encelade chez les anciens (1). »

« Foutouna est d'une grande fertilité, et, vue de la mer, elle semble en sortir comme un bouquet de fleurs et de verdure. Les eaux y sont bonnes, abondantes et limpides (2). »

On y trouve les animaux, les plantes, les arbres et les fruits des autres îles.

---

(1) Lettre au P. Convers, mai 1840 (*Annales de la Propagation de la foi*, tome XIII, p. 376 et suiv.).
(2) Même lettre.

Les Foutouniens appartiennent à la race polynésienne et en ont tous les caractères extérieurs. Ils sont d'une taille avantageuse, d'une constitution forte et bien proportionnée ; leur teint est légèrement cuivré et leurs traits développés ; ils sont intelligents et laborieux.

Leurs vêtements consistaient en des feuilles, des tapes ou des nattes, qui les recouvraient de la ceinture aux genoux. Ils étaient les mêmes pour les deux sexes ; la manière de les draper offrait seule une différence ; ce n'était que pour la pêche qu'ils se contentaient d'une simple ceinture.

Les hommes laissaient croître leur chevelure, l'oignaient d'une huile parfumée et la liaient ordinairement au sommet de la tête ; mais ils la laissaient flotter à la rencontre d'un chef, d'un parent ou d'un ami. Traverser un village étranger sans lui donner ce témoignage de respect et de concorde, c'était lui faire une injure assez grave pour motiver une déclaration de guerre.

Les femmes portaient les cheveux courts ; mais elles laissaient pousser une ou deux touffes, dont elles se paraient suivant les caprices de leur vanité. A la mort d'un proche parent, elles se rasaient la tête en signe de deuil ; les jeunes filles laissaient croître leur chevelure jusqu'à leur mariage, et la coupaient après cet acte solennel.

« Il est un ornement propre aux Foutouniens, et dont ils tirent la plus grande vanité. Il consiste à se diviser la figure en quatre carreaux symétriques, deux noirs et deux rouges. Les premiers sont peints simplement avec du charbon, les autres avec le suc d'une racine que les naturels récoltent et préparent en commun, avec tous les joyeux ébats qui signalent chez vous l'époque des vendanges. Je vous laisse à juger le curieux effet de ces visages à compartiments si tranchés (1). »

Les insulaires des deux sexes portaient habituellement,

---

(1) Lettre du P. Chevron à ses parents, 21 octobre 1841. (*Annales de la Propagation de la foi*, tome XV, p. 29 et suiv.)

suspendus à leurs oreilles, des fleurs, des dents de requin ou des coquillages.

Les actes principaux de la vie devenaient l'objet d'une réjouissance accompagnée de festins, de danses et de jeux.

Les Foutouniens avaient l'habitude de *circoncire* leurs enfants, dès qu'ils avaient atteint l'âge de puberté. Quoique cette cérémonie n'eût à leurs yeux aucune signification religieuse, elle constituait une des époques les plus solennelles de la vie. A la date fixée, on réunissait les enfants d'une vallée dans une même maison. Pendant les cinq premiers jours qui suivaient l'opération, ils ne pouvaient sortir et passaient leur temps à manger et à dormir. Ce terme écoulé, les circoncis étaient peints de noir et de rouge, et ils portaient le nom de *parés pour l'intérieur de la maison (Fakamaafalé)*. On renouvelait cette cérémonie, cinq jours après, et on les nommait les *parés pour le dehors (Fakamaafofo)*. Enfin, quinze jours après l'opération, les parents se réunissaient ; les circoncis se revêtaient des étoffes du pays, et on célébrait une fête, où les vivres étaient servis avec abondance. On appelait cette fête *Fakamaa, permission de sortir.*

Le *tatouage* se pratiquait à Foutouna, comme dans les autres îles. Les *tatoueurs* se servaient d'un morceau d'écaille, garni de cinq à six dents aiguës ; ils enduisaient ces dents d'une teinture noire, et les enfonçaient dans la peau à petits coups de baguette. Ces piqûres formaient différents dessins de la ceinture aux genoux ; leurs bras en étaient aussi couverts. Les femmes ne recevaient que quelques lignes de fantaisie sur la main ou l'avant-bras. Cette opération était l'occasion d'une fête.

Le *mariage* donnait lieu à des réjouissances encore plus solennelles. Le jeune homme, qui voulait se marier, faisait demander par ses parents la fille qu'il désirait épouser, et la proposition était toujours accompagnée de présents. L'usage accordait trois jours aux parents pour donner ou refuser leur consentement ; s'ils repoussaient la demande, ils envoyaient des présents équivalents à ceux qu'ils avaient reçus, et c'était la preuve que la proposition n'était pas agréée ; dans le cas contraire, ils ne répondaient rien. Dès le quatrième jour, les membres de la famille du jeune homme préparaient des vivres en grande quantité, et les portaient chez les parents de la fiancée. Les deux familles, et souvent les habitants d'une ou plusieurs vallées, se réunissaient pour le repas de noces, auquel succédaient les jeux, les chants et la danse.

Le lendemain de cette fête, qui souvent durait plusieurs jours, les fiancés recevaient une espèce de consécration nuptiale. Ils se peignaient le visage, se couronnaient de fleurs et se paraient de leurs plus belles étoffes. Puis, ils se rendaient auprès du *Toé matoua* (prêtre de la parenté), qui faisait asseoir la fiancée contre *la colonne divine*, pendant qu'il conjurait son *dieu* de lui accorder la faveur d'avoir des enfants.

A Foutouna, les *funérailles* étaient plus ou moins solennelles suivant l'âge, le rang et le mérite du défunt. Le corps était oint d'une huile parfumée, son visage peint de rouge et de noir, et sa poitrine couverte d'une belle natte ; avant de l'inhumer, on l'exposait tout un jour à l'entrée de sa case.

Les parents et amis accouraient en foule, en versant des larmes, jetant des cris lamentables, et se déchirant la poitrine et le visage avec les ongles ou des coquillages ; les femmes poussaient des hurlements, en prononçant certaines exclamations de douleur qui leur étaient réservées.

Quand le mort était porté en terre, chacun s'approchait et touchait du bout de son nez celui du cadavre. La fosse, creusée près de la maison, était recouverte de sable fin, et, quatre jours après, la tombe était entourée de pierres plus ou moins grandes, suivant la dignité du défunt. Pendant dix jours au moins, elle était arrosée, le matin, d'une huile parfumée, et, le soir, recouverte de plusieurs nattes et d'un beau *siapo*.

Les funérailles étaient ordinairement suivies d'un grand festin, de danse et de pugilat.

Les proches parents, en signe de deuil, se coupaient plus

ou moins la chevelure, se revêtaient des étoffes les plus gros-
sières, s'abstenaient de bain et renouvelaient la scène san-
glante du jour du décès.

Mais, que devenait l'âme dans la pensée des Foutouniens?
Ils la nommaient *maouli* (la vie), et la croyaient immortelle.
Ils admettaient deux vies futures, l'une heureuse, l'autre
malheureuse. Pour avoir part à la première, il fallait avoir
honoré les *dieux*, respecté les *tapous*, obéi à ses chefs, s'être
marié, et surtout avoir versé son sang sur un champ de
bataille. On se représentait le *langi* (ciel) comme un pays
abondant en vivres et jeux divers ; au milieu, s'élevait un
arbre immense, le *Poukatala*, dont les feuilles pouvaient
subvenir à tous les besoins ; cuites au four, elles se transfor-
maient en toutes sortes de mets délicieux. Dès que les heureux habitants du ciel sentaient la vieillesse, il leur suffisait
de se baigner dans le lac *Vaiola* pour en sortir pleins de jeunesse et de beauté.

La place d'honneur était pour ceux qui avaient succombé
dans les combats. Cependant, avant d'entrer dans le ciel,
leur âme errait, durant quatre jours, autour du lieu de leur
mort. Les parents devaient aller à sa recherche ; sur l'endroit
même où le défunt avait reçu le coup mortel, ils étendaient
une natte, et, se retirant un peu, considéraient attentivement le passage du premier insecte ou reptile qui venait s'y
fixer, ou l'ombre d'un oiseau qui volait au-dessus. Aussitôt,
pliant la natte avec soin, ils l'enterraient près du cadavre,
parce que l'âme du guerrier avait à coup sûr passé dans le
corps de cet animal.

Les défunts qui n'étaient pas dignes du ciel, allaient, sans
distinction d'âge, de sexe et de condition, dans leur *maison
des morts (falématé)*. Chaque famille ou parenté avait la
sienne ; c'était le creux d'un arbre, un rocher, etc. Là résidait
un *dieu* appelé *Atoua mataloua*, c'est-à-dire un dieu ayant
deux yeux ; après un certain temps, ils mouraient une seconde
fois et se rendaient auprès d'un autre *dieu*, nommé *Atoua
matalasi*, dieu qui n'a qu'un œil ; mourant une troisième fois,

ils se trouvaient sous l'empire du *dieu Atoua mangoungou*, dieu sourd, muet, aveugle, sans bouche et sans nez. En habitant avec ces *dieux*, ils leur devenaient semblables, conservant les deux yeux avec le premier, un seul avec le second, et perdant avec le troisième les yeux, les oreilles, la bouche et le nez ; ils demeuraient ainsi vivants, sans espoir de voir la fin d'un état si déplorable. Chez ces différents *dieux* ils n'avaient pour nourriture que des reptiles et des insectes, comme lézards, fourmis, mille-pieds, vers de terre, etc.

|Les célibataires, hommes et femmes, avaient à subir un châtiment particulier, avant de se rendre dans leur *maison des morts*.

« Le peuple de Foutouna, nous dit le P. Chanel, est très hospitalier. Il n'est pas enclin au vol, comme le sont la plupart des autres naturels de l'Océanie (1). » Aussi les mœurs sont assez douces. L'anthropophagie, si commune dans d'autres îles, avait été introduite par *Vélitéki*, l'un des derniers rois de *Poï*, à la suite d'une épouvantable tempête qui avait amené la famine ; elle devint à son tour, grâce aux instincts pervers, un redoutable fléau, qui menaça de dépeupler l'île.

« La fureur de manger de la chair humaine, écrit le P. Chevron, en vint au point que, les guerres ne suffisant plus pour fournir aux hideux festins, on se mit à faire la chasse dans sa propre tribu : hommes, femmes, enfants, vieillards, qu'ils fussent amis ou ennemis, étaient tués sans distinction. On en vit même égorger les membres de leur propre famille ; des mères ont fait rôtir, pour s'en repaître, le fruit de leurs entrailles... Que de fois j'ai touché la main à un malheureux qui a fait cuire ses vieux parents pour les dévorer avec ses amis ! Quand l'un d'eux me présente quelque chose, il me semble voir ses doigts encore teints de sang, du sang de sa mère... On m'a montré, un jour, un vieillard qui, seul, a échappé au four dans un village de trois cents âmes (2). »

____

(1) Lettre citée, de mai 1840.
(2) Lettre citée, du 21 octobre 1841.

Aussi la population avait-elle diminué d'un manière effrayante. Elle ne comptait pas mille âmes lorsque le P. Chanel aborda dans l'île. Niouliki avait déjà défendu, sous les peines les plus sévères, de se nourrir de chair humaine. Mais, s'il avait fait disparaître l'anthropophagie avec toutes ses horreurs, il n'avait pu mettre fin à une coutume atroce, celle de tuer les enfants. Cet horrible usage, toléré par les mœurs païennes, tenait en quelque sorte à la nature du mariage, qui, à Foutouna comme dans les îles de la Polynésie, n'avait souvent aucun caractère religieux. C'était une simple formalité, qui n'entraînait pas d'engagement irrévocable ; les époux se séparaient pour le plus léger motif ; la séparation engendrait le dégoût, la haine et la vengeance. Combien d'enfants ont dû la mort à ces unions rompues avec tant de facilité ! Le P. Chanel en mentionne avec douleur un certain nombre.

La grande île était divisée en deux royaumes presque continuellement en guerre. La victoire passait tantôt d'un côté, tantôt de l'autre. La petite île d'*Alofi* était toujours obligée de subir le joug du vainqueur ; autrefois très peuplée, les guerres l'avaient réduite à un seul village.

III

Dès le premier jour, le P. Chanel et son compagnon durent s'accoutumer aux usages des Foutouniens : demeurer assis à terre, les jambes croisées à la manière des tailleurs ; se coucher sur une simple natte étendue dans un coin de la case royale ; boire le kava et manger la même nourriture.

« Les naturels, nous dit le F. Marie Nizier, nous firent, les premiers jours, une petite cuisine, le matin ; mais ils se lassèrent bien vite, et nous forcèrent de suivre leur régime, de ne manger que vers les trois ou quatre heures du soir. Nous trouvions bien ce temps un peu long, car nous n'avions pas,

comme eux, la chance de nous procurer des fruits, du pois-
son, des coquillages, etc. Pour tromper la faim et affaiblir
un peu ses attaques, nous allions rendre visite, non loin de
notre maison, à un ou deux *papayers*, qui portaient des fruits ;
quoique peu nourrissants, ces fruits nous aidaient à attendre
avec plus de courage le repas du soir. »

Et cet unique repas, de quoi se composait-il pour l'ordinaire? de taros, d'ignames, de bananes, du fruit de l'arbre
à pain. Loin d'entretenir une santé faible, ils l'attaquent et
la ruinent promptement. Combien il en dut coûter au P. Chanel, dont la santé était délicate, de plier son tempérament à
ce régime alimentaire ! Il ne s'en plaignit jamais et se regarda
comme l'enfant *gâté* de la Providence.

Au témoignage du F. Marie Nizier, les naturels ne se donnent pas toujours la peine de faire cuire les poissons qu'ils
prennent. Souvent ils les avalent crus, et en offrent à ceux qui
n'ont point participé à la pêche. « Quelquefois on nous en
présentait ; mais habituellement nous les faisions cuire. Or,
un jour (janvier1838), ils nous en offrirent de crus, comme ils
avaient déjà fait. C'étaient de tout petits poissons. Après un
moment d'hésitation, et malgré sa répugnance naturelle,
le P. Chanel dit : *A la guerre comme à la guerre*, et il mangea
un certain nombre de ces poissons. » Le bon Frère ajoute
qu'après ce coup d'essai, *il devint maître*, et, à l'exemple des
insulaires, il les mangea vivants.

Il existe dans l'île d'énormes vers de bois, qui se forment
ordinairement dans les troncs d'arbres pourris. « Les naturels,
nous dit le Frère, les mangent, *en général*, avec délices, surtout quand ils sont vivants. Ils nous en présentèrent quelquefois ; le bon Père, triomphant de sa répugnance, en *goûta*,
puis il les mangeait avec plaisir, disait-il, et les trouvait
délicieux. Pour moi, je n'ai jamais pu me résoudre à les avaler. »
Telle était la mortification du Bienheureux.

La demeure royale ne lui offrait pas toutes les facilités
désirables pour prier et étudier ; et lorsque Niouliki lui proposa de faire élever, dans le voisinage, une case environnée

d'un petit jardin, il en fut très heureux. « Les habitants, écrit-il (1), nous aidèrent à construire une petite cabane. Elle fut très simple : des bâtons arrangés en forme de claie et recouverts de feuilles de cocotier en firent les murs. Le toit fut fabriqué, pareillement, avec des feuilles entrelacées. » Elle était si simple, en effet, que, deux mois après, le mission‑naire et son catéchiste ne savaient plus où s'abriter contre la pluie.

Située dans la belle vallée d'*Alo*, à deux ou trois cents pas de la mer, cette habitation répondait mieux à leur but et à leurs désirs.

Il y avait bientôt un mois que l'apôtre de Foutouna était dans son île, et il avait dû se priver du bonheur inapprécia‑ble d'offrir le saint sacrifice. Une fête chère à son cœur de mariste approchait. Il résolut de ne pas laisser passer la solen‑nité de l'Immaculée Conception sans offrir la Victime du salut. Il se rappelait avec bonheur que Mgr Pompallier avait consacré à Marie Immaculée tout le vicariat apostolique de l'Océanie occidentale, et il espérait qu'en ce jour, si glorieux pour elle, la Vierge sans tache répandrait sur Foutouna ses premières bénédictions. Afin de n'être point surpris par les naturels il attendit qu'ils fussent partis pour le travail. Qui nous dira les sentiments qui se pressèrent en foule dans son cœur? La joie et le bonheur se peignaient sur tous ses traits.

Cette consolation, il se la donna encore six fois avant la fête de Noël. L'usage, à Foutouna, permet aux indigènes d'aller s'installer, le jour ou la nuit, dans la case des autres. Par suite de cette coutume, le P. Chanel prévoyait qu'il ne pourrait pas continuer à célébrer la messe en secret, ou qu'il devrait trop souvent renoncer au bonheur de monter au saint autel. Il résolut de ne pas cacher plus longtemps nos augustes mystères. La bienveillance dont il était entouré lui montrait qu'il n'y avait aucun inconvénient à redouter, et que, peut‑être, ce serait le commencement du salut de son peuple. Il

---

(1) Lettre au P. Convers, mai 1840.

choisit, pour cet acte si important, la belle solennité de la nuit de Noël. Il invita Niouliki et les plus proches voisins à la messe de minuit, en leur annonçant, comme il put, qu'il s'agissait d'une grande fête.

Le F. Marie Nizier la décrit en ces termes : « La veille, nous fîmes tous nos petits préparatifs. Notre pauvreté ne nous permettait pas d'étaler des choses bien précieuses. De chaque côté de l'autel, nous avions enfoncé un pieu au bout duquel était une petite planchette pour y adapter des cierges. La tapisserie consistait en un peu de damas et de papier marbré, qui produisait un assez bel effet. Nous avions aussi improvisé des lampes, au moyen de cocos, coupés par le milieu et suspendus par des fils de fer au toit de notre maison, qui ressemblait assez, par sa pauvreté, à l'étable de Bethléem. Notre autel avait été orné le mieux possible.

« Dans la première partie de la nuit, le roi Niouliki demandait presque continuellement : *Ne va-t-on pas bientôt faire ce que vous avez dit? — Bientôt*, lui répondait-on.

« Enfin l'heureux moment est arrivé. Quatre cierges brûlent à l'autel ; les autres, fixés au-dessus des pieux, sont allumés. Les lampes brillent à leur tour, et voilà notre illumination à son dernier période. Le prêtre, revêtu de sa belle aube, entonne le *Te Deum*, que nous chantons en entier. La messe commence. Nous chantons le *Kyrie*, le *Gloria in excelsis* et tout ce qui peut être chanté en dehors des cérémonies.

« Une quinzaine de naturels assistaient ainsi, pour la première fois, au saint sacrifice de la messe. La nouveauté du spectacle ne les porta point à faire de démonstrations qui pussent troubler les cérémonies. Nous n'entendions que quelques chuchotements, bien excusables et inévitables dans la circonstance.

« Selon toutes les apparences, ils furent satisfaits de ce qu'ils avaient vu. Dès le matin, la nouvelle s'en répandit, et on vint, de divers côtés, demander à voir la maison *ornée*, et prier le Père de recommencer ce qu'il avait fait pendant la nuit. Mais après la deuxième et la troisième messe célébrées, le matin, sans aucun étranger, tout avait été défait et remis à sa place. »

C'est sans doute à cette impression favorable qu'il faut attribuer ce que nous lisons dans le *Journal* du P. Chanel. Presque à toutes les messes qui suivent Noël, nous voyons assister quelques personnes, de différentes parties de l'île, et même du côté des *vaincus* (1).

Dans ce précieux journal, dont le second volume est encore rougi du sang qu'il versa pour la foi, l'apôtre de Foutouna, par un secret dessein de la Providence, nous a laissé un tableau exact de sa vie. Nous le voyons, toujours fidèle à sa règle, accomplir tous ses exercices de piété, célébrer la sainte messe toutes les fois qu'il le peut, et en noter exactement le nombre (2), étudier la langue du pays avec un soin assidu, exercer les actes de la charité la plus tendre envers le prochain. Nous le suivons dans ses courses à travers l'île principale et la petite île d'*Alofi*. Il se transporte, ici, dans la cabane du pauvre ; là, dans la demeure du roi ; ailleurs, auprès d'un mourant ou au milieu de quelques insulaires. Il profite de toutes les occasions d'annoncer la parole de son divin Maître. Souvent, son corps est en fièvre, ses pieds déchirés ; ses jambes enflées peuvent à peine le soutenir ; mais son zèle l'emporte, et, comme il l'écrit, *Dieu connaît ceux qui sont à lui, et les fait surabonder de joie au milieu de leurs tribula-*

---

(1) Nous venons de mentionner le *Journal*. Le T. R. P. Colin avait recommandé à chaque missionnaire de faire un petit journal de sa mission, soit pour l'édification de ses confrères d'Europe, soit pour éclairer la marche de ceux que la divine Providence destinait à la propagation de la foi dans les îles de l'Océanie occidentale. Le Bienheureux, pour obéir à son supérieur, avait, sans doute, commencé le sien, au plus tard, à son arrivée à Foutouna ; mais le premier cahier est perdu. Tel que nous l'avons, le *Journal* débute au milieu des notes du 26 décembre 1837. Le premier volume va jusqu'au 31 décembre 1839 ; le second s'arrête au 22 avril 1841.

(2) L'année 1840 débute ainsi dans son journal : 1er *Janvier. Mercredi.* 531e *messe, sainte messe que j'offre pour les infidèles.*

tions (1). Avec quel bonheur il inscrit dans son journal tous les nouveaux anges qu'il envoie au ciel par le baptême ! Et quand, malgré son zèle, il arrive trop tard auprès d'un berceau, quels sentiments de regrets et de tristesse !

Au sujet de ce *journal*, le théologien chargé d'examiner les écrits du Bienheureux, s'exprime en ces termes : « Ces éphémérides, qu'il écrivit non par un sentiment de vaine gloire, mais pour s'exciter de plus en plus, par le souvenir des travaux passés, à achever l'œuvre commencée, montrent en détail les peines et les difficultés qu'il a rencontrées dans l'œuvre de la conversion de l'île ; la foi et la charité avec lesquelles il l'a poursuivie ; les travaux qu'il a supportés pour gagner les âmes à Jésus-Christ. Quoique, par suite de la perversité des habitants, et surtout des chefs, pendant les trois ans et quelques mois qu'il a évangélisé cette île, il n'ait obtenu que peu de succès, puisqu'il a baptisé à peine quarante-cinq personnes, presque toutes des enfants en danger de mort, et n'a réuni que quelques catéchumènes, cependant on remarque qu'il a pris tous les moyens, qu'il ne s'est épargné aucun travail pour répandre la bonne semence ; mais malheureusement, une partie est tombée le long du chemin et a été foulée aux pieds ; une autre partie est tombée sur la pierre, et, après avoir levé, s'est desséchée. On éprouve, certes, un vrai plaisir en lisant de quelle manière il a supporté les contradictions et les embarras sans nombre qu'il a dû subir ; avec quel courage invincible il a souffert, même au péril de sa vie, les mépris, les embûches et la faim, surtout dans les derniers mois, lorsqu'il eut perdu la faveur du roi, et que la persécution commençait à sévir. »

Le même théologien termine ses observations par ces mots : « Homme vraiment apostolique, qui, disant adieu à tout ce que le monde offre de plus agréable, n'a pu être retenu par les avantages que lui offraient sa mère, ses proches, sa patrie, et s'est dévoué, en vue du salut éternel, à tout ce que

____

(1) Lettre de mai 1840.

la religion présente de plus sublime et de plus difficile. Il ne s'est laissé abattre par aucun travail, effrayer par aucune adversité. Toujours semblable à lui-même, les périls, les angoisses, les contradictions, les peines ne l'ont pas découragé un seul moment. Il a déployé tout ce qu'il avait de force pour gagner à Jésus-Christ, par la lumière évangélique, les âmes assises dans les ténèbres et à l'ombre de la mort. Il a travaillé comme un bon soldat, et la récompense ne lui a pas manqué de la part du suprême rémunérateur ; il a, en effet, mérité cette grâce de confirmer par son sang la foi qu'il avait annoncée (1). »

En instituant les diacres, les apôtres s'étaient réservé *la prière et le ministère de la parole* (Act., VI, 4). Le P. Chanel avait su employer l'un et l'autre avec le plus grand succès, comme nous l'avons vu dans le livre premier. Ne pouvant encore se livrer à la prédication évangélique, parce qu'il ignorait la langue, il s'appliquait à la prière avec un soin particulier.

« Souffrant d'être presque seul à invoquer le vrai Dieu dans cette terre livrée au culte du démon, il ouvrait souvent son bréviaire, et, à la vue de ces belles campagnes qui l'environnaient, et de cet immense océan, qui allait plus loin que son regard, il se plaisait surtout à réciter, ou à chanter, le cantique des trois jeunes Hébreux dans la fournaise : *Œuvres du Seigneur, bénissez le Seigneur ; louez-le et exaltez-*

---

(1) Quant aux autres écrits du Bienheureux, voici comment ils sont jugés dans le même rapport : « Non seulement tous s'accordent parfaitement avec la doctrine chrétienne, mais ils montrent encore dans le serviteur de Dieu, à un degré très élevé, la piété, la foi, l'espérance, la charité envers Dieu et envers le prochain, et surtout un zèle ardent pour la propagation de la religion de Jésus-Christ. On est dans l'admiration, en voyant avec quel élan de cœur cet homme, vraiment apostolique, manifeste ces sentiments dans les lettres qu'il écrivit à son supérieur ou à ses confrères, soit pendant la traversée, soit de ces régions barbares de la Polynésie*. »

* Suffragium theologicum super scripta V. S. D. Petri Aloysii Mariæ Chanel, p. 8, 83, 84, 85.

le dans tous les siècles. Le prêtre sentait un attrait puissant pour ce sublime cantique, qui anime toute la nature, et qui convie les astres du ciel et les merveilles de la terre à louer Dieu. Il lui semblait qu'ainsi il enlevait au démon cette splendeur du ciel et cette beauté de la terre profanées, et il se consolait en attendant qu'il pût lui enlever la splendeur et la beauté des âmes (1). »

Un autre exercice, qu'il avait toujours affectionné entre tous, lui tenait trop à cœur pour qu'il le négligeât dans sa nouvelle patrie : c'était la récitation du Rosaire. Pour y être plus fidèle, il avait presque continuellement son chapelet à la main, et il s'en allait à travers les vallées et les collines de Foutouna, récitant à chaque pas la salutation angélique. « Les vieux Foutouniens qui ont vu le P. Chanel, le représentent toujours le chapelet à la main, parcourant les villages, et ensemençant, pour ainsi dire, le sol de ses *Ave Maria* (2). » Si les fatigues, ou les travaux, de la journée ne lui avaient pas permis de satisfaire sa dévotion, il ne voulait point prendre son repos sans avoir récité, au moins, un chapelet.

Un jour, il revient de *Singavé*, mais la marée le devance : « J'essaie de venir par la montagne. Je suis bientôt égaré. Point de chemin. Toujours grimper et descendre par les endroits les plus difficiles, et avec danger de la vie, une fois surtout. J'ai témoigné à la Sainte Vierge toute ma reconnaissance, pour m'avoir empêché de descendre par un endroit où j'allais infailliblement me tuer. Je mets trois heures et demie, pour un chemin que l'on fait en une heure et demie (3). »

Le F. Marie Nizier ajoute : « Il arriva sur les huit heures du soir, si brisé, si harassé de fatigue, qu'il me dit, mais toujours avec sa gaîté ordinaire : « *Je n'ai jamais eu de journée semblable. Vous réciterez le chapelet; je ne m'en sens pas*

---

(1) *Mgr Bataillon,* par le P. MANGERET, tome I, p. 261.
(2) Mgr Lamaze, vicaire apostolique de l'Océanie centrale, à la *Couronne de Marie.*
(3) *Journal,* 9 mars 1838.

la force; je vous répondrai. » J'étais obligé de le réveiller à chaque *Ave Maria.* »

Sa piété le portait à embrasser de grand cœur les différentes pratiques que l'Église recommande. Il faisait succéder les neuvaines aux neuvaines, comme nous l'apprenons de son compagnon, et il leur assignait pour but la conversion de Foutouna, si vivement désirée, et retardée par tant d'obstacles. Pour mieux la préparer, il s'efforçait de devenir, entre les mains du Seigneur, un instrument docile, par une entière fidélité à ses devoirs de prêtre et de religieux.

Afin de pouvoir annoncer le plus tôt possible la bonne nouvelle, il ne s'épargnait aucune fatigue pour s'instruire dans la langue du pays. Déjà, dans la case royale d'*Alo*, il s'en était occupé. Mais, n'ayant ni grammaire, ni dictionnaire, il était obligé d'y suppléer par un pénible travail d'observation. *Nous lui donnions la signification des mots,* nous dit Méitala, fils du roi, *et il la consignait par écrit.* Thomas Boog, il est vrai, parlait anglais et foutounien ; mais, étranger à toute autre langue, il lui était fort difficile d'enseigner l'idiome indigène au moyen de l'anglais, que le Père ne connaissait qu'imparfaitement.

Il poursuivit cette *étude de la langue,* avec une ardeur incroyable, et il la mentionne fréquemment dans son *Journal.* Nous savons, par les témoins entendus dans le procès apostolique, qu'il n'en eut la pleine connaissance que la dernière année de son ministère.

IV

Dès qu'il fut un peu initié à la langue du pays, il parcourut la vallée qu'il habitait. Les premières familles qu'il visita admirèrent sa grande douceur, et furent enchantées des petits

----

(1) Lettre au P. Convers, mai 1840.

présents qu'il leur distribua. Avec le temps, il étendit ses visites aux habitants des autres parties de l'île. « Mon premier soin, écrit-il lui-même, devait être de visiter les différentes familles, d'étudier la langue et les mœurs du pays, afin d'être bientôt à même de l'évangéliser (1). »

Un incident lui montra la nécessité de connaître les usages locaux. Il récitait, un jour, son office sur la place qui est devant la case royale ; une pierre carrée y était plantée ; ne sachant pas que c'était la *pierre divine*, il ne craignit pas de s'y asseoir. Le roi lui cria de sa case que c'était défendu. Ne comprenant pas Sa Majesté, il continua son office, jusqu'à ce qu'un des fils du roi lui eût fait signe qu'il n'était pas permis de s'asseoir sur cette *pierre*. Le Père se leva aussitôt.

Préoccupé de ce qui venait d'arriver, il s'empressa de demander à Thomas la raison de la conduite du roi. « Pour la comprendre, lui fut-il répondu, il faut vous rappeler qu'à Foutouna, comme dans les îles voisines, on admet des dieux de premier et de second ordre.

« Le plus grand de ces dieux porte un nom qui n'est pas flatteur, *Fakavélikélé, faisant la terre mauvaise*. Au-dessous de lui s'agite un essaim de dieux subalternes, nommés *Atoua-mouli*. Tout le mal qui se fait est nécessairement leur ouvrage. Ils ne peuvent laisser les hommes goûter le bonheur ; les persécuter par les fléaux, par les maladies, et surtout par la mort : telles sont leurs occupations favorites.

« Devant chaque case royale, s'élève une pierre comme celle sur laquelle vous vous êtes assis, et que l'on nomme la *pierre divine*. Les insulaires se garderaient bien d'y toucher ; en le faisant, ils encourraient la vengeance du puissant dieu *Fakavélikélé*. Ces croyances religieuses sont la source d'un grand nombre de superstitions. » Et Thomas lui en cita quelques-unes.

Le P. Chanel ne tarda pas à voir par lui-même qu'on venait de lui dire la vérité. Il écrit au P. Convers : « Nos insulaires

(1) Lettre au P. Convers, mai 1840.

sont extrêmement superstitieux. Accoutumés par une longue ignorance à regarder la divinité comme la cause unique de tous leurs maux, ils l'honorent, non par affection, mais par crainte. Ils ne voient dans les maladies et les infirmités qu'un effet du courroux céleste. Dès que quelqu'un est tombé malade, ils courent à la maison du dieu *qui veut le manger ;* mais il faut, d'abord, qu'ils aient bien reconnu le membre qui souffre ; car chaque dieu a des maisons différentes pour la guérison des différentes parties du corps. On porte dans ces maisons des fruits, des étoffes, quelquefois les objets les plus précieux, afin d'apaiser le mauvais génie par ces offrandes ; elles deviennent ensuite la proie de quelques individus, qui exploitent ainsi, au profit de leur cupidité, la superstitieuse crédulité du peuple. Qu'il me tarde de voir tous ces pauvres Océaniens ne plus reconnaître d'autre Dieu que Celui qui est vérité et charité (1) ! »

Les *tapous* (interdictions, défenses) étaient nombreux à Foutouna. On allait jusqu'à *tapouer* le jour, c'est-à-dire défendre le travail *pour tuer le mauvais vent* (2). Le roi avait le droit de les établir sur différents objets, selon les circonstances, et personne n'aurait osé les violer. Le plus souvent, il le faisait de concert avec les chefs des vallées. Si, par exemple, on voulait préparer une grande fête, on *tapouait* les porcs, les cocos, etc., pour que personne ne pût les manger jusqu'à la solennité.

La tortue de mer, seule, était toujours *tapou*. Il n'y avait que le roi jouissant du titre de *vainqueur,* qui eût le droit de la tuer. Près de chaque case royale se trouvait un lieu désigné à cet effet.

La première fois que l'apôtre visita le village de Poï, *bien des personnes lui montrèrent leurs infirmités ; mais il n'avait rien pour les soulager* (3). Dans la suite, il porta tou-

---

(1) Lettre au P. Convers, mai 1840.
(2) *Journal,* 17 janvier 1838.
(3) *Journal,* 30 décembre 1837.

jours avec lui quelques remèdes. Plus d'une fois il réussit au delà de ses espérances. Aussi sa réputation grandissait, et il pouvait écrire dans son *Journal* (22 janvier 1839) : *Je suis en bonne voie de réputation comme guérisseur de plaies.*

Un jour, la famille d'un malade, à qui le Père avait donné quelques secours, vint lui offrir des nattes fines et d'autres présents ; elle suivait ainsi l'usage, qui consiste à faire des cadeaux à ceux qui ont des *divinités*, et chez qui on porte les malades. Le Bienheureux, tout en témoignant sa vive reconnaissance, refusa ce qui lui était présenté, et déclara qu'*il n'était pas venu dans leur île pour prendre leur bien.*

Il était tranquille dans sa case d'*Alo*, lorsque, le 23 janvier, vers les dix heures du matin, les cris de guerre retentissent autour de lui. Les femmes appellent les hommes, qui travaillent dans les champs. « A mesure qu'ils arrivent, vite de courir à leurs lances ; puis, un petit conseil, dans lequel tout le monde parle très fort, offrande d'un morceau de racine de kava aux dieux de Foutouna, et d'une lance de bambou. Ceux qui déposent ces objets *vers le but de pierre*, poussent trois grands cris de guerre. Cette cérémonie faite, les guerriers se rendent, en toute hâte, sur le lieu où a été donné le signal du combat (1). »

Le P. Chanel les suit ; arrivé dans la vallée de Fikavi, il apprend que deux jeunes gens du parti des *vaincus* se sont approchés en traîtres, et ont tué un chef de la vallée, qui travaillait dans son champ. Il trouve chez tous les hommes une grande animation et un vif désir de vengeance ; la nuit est loin de diminuer ces sentiments ; les discours qui se prononcent, les exercices militaires auxquels on se livre, montrent, chez les *vainqueurs*, l'intention bien arrêtée de faire la guerre. L'apôtre de Foutouna allègue tous les motifs possibles pour conserver la paix. On lui donne de bonnes paroles ; *mais, qu'en sera-t-il ? Il*

---

(1) *Journal*, 23 janvier 1838.

sue sang et eau pour traverser la montagne et retourner à *Alo*.

Dès le matin du 25, il court, avec Thomas, à *Singavé*, pour exercer auprès des *vaincus* le même ministère de charité. Sam, en présence de Jones, lui expose très longuement le plan qu'il veut suivre dans la guerre, et lui déclare que, s'il est vainqueur, il y aura dans l'île un grand changement. C'est en vain que le Bienheureux expose toutes les raisons de ne pas rompre la paix. Sam ne goûte aucun de ces motifs, et répond que tel est l'usage de Foutouna : *Une fois la guerre déclarée, il faut qu'elle se fasse.*

Le Père revient tout désolé dans sa case d'*Alo*. Cependant, plusieurs jours se passent et il n'y a pas d'engagement. Les sentinelles, placées sur les montagnes et à l'entrée des vallées, ne signalent aucun mouvement de l'ennemi. Des deux côtés, le désir de la paix finit par prévaloir. Le 7 février, les deux rois se réunissent, et, au moment du repas, placent au milieu d'eux le P. Chanel, qui plaide pour la paix. On doit, le lendemain, poser les dernières conditions. Malheureusement, les hommes de *Singavé* ne se présentent pas.

Le roi Niouliki aurait voulu que le Bienheureux se transportât à *Poï*, plus éloigné du territoire des *vaincus ;* mais, sur les raisons qui lui sont données, il consent à le laisser à *Alo*. Cependant, l'incommodité de la première case se faisait de plus en plus sentir. Le Père résolut d'en faire construire une plus grande. Il en parla au roi, qui donna son plein consentement. Sa Majesté se rappelait que, couchant un jour dans cette case, elle avait été réveillée par l'eau qui passait à travers les nombreuses gouttières du toit. On se mit donc à l'œuvre dès le 16 février ; mais, par suite des circonstances. la nouvelle case ne fut point achevée.

Pendant qu'on la construisait, le roi de *Singavé* vint à *Alo*. « Un grand nombre de personnes de l'autre côté de l'île n'avaient pas encore vu offrir le Saint Sacrifice. Je me trouve tout satisfait d'avoir répondu au désir du roi et de ses sujets... La vue de mon crucifix d'ivoire fait sur eux la plus vive impression. Ils ont aussi un grand plaisir à voir l'image de la Sainte Vierge (1). »

Un incident semble devoir tout compromettre. Le 26 février, Niouliki, accompagné de ses hommes armés, arrive à *Alo*. Pendant qu'ils cherchent des ignames pour préparer le repas, quatre d'entre eux parviennent à se saisir du Fidjien Rokota, qui avait fait feu sur le chef de *Fikavi*, et l'amènent prisonnier, *en poussant des cris de joie terribles*. Niouliki et les siens déclarent qu'ils veulent imiter les blancs, et qu'ils le laisseront vivre. Ils s'empressent de le faire savoir aux hommes de *Singavé*. Ceux-ci répondent que, si Rokota n'est pas de retour à *Singavé* le jour même, ils partiront immédiatement pour faire la guerre. Niouliki, pour toute réponse, leur envoie dire : « *Si vous voulez avoir le prisonnier, venez le délivrer.* » Les femmes se placent de distance en distance, afin de pousser le cri d'alarme, dès qu'elles les apercevront ; mais, c'est en vain qu'on les attend tout le jour. *(27 février.)*

Le lendemain, vers midi, au moment où personne n'y pense plus, « tous les hommes de *Singavé* arrivent, et déposent neuf porcs rôtis dans la cour de Niouliki ; ils font à la hâte un petit brancard, sur lequel ils placent un morceau de tape ; après quelques toasts de guerre, le brancard est enlevé par plusieurs hommes, dont les cris retentissent dans toute la vallée ; ils se vantent d'emporter le *dieu* de Niouliki. A peine ont-ils disparu, que tous les hommes et les femmes de ce côté de l'île arrivent, ne songeant qu'à se battre. Le roi et les *Atoua* haranguent cette foule, et on offre le kava au dieu qui a été enlevé (2). »

Les *vainqueurs*, qui ne voulaient rien devoir aux *vaincus*, envoyèrent Fikirangi, une des filles du roi, et la femme de Maïlé, pour payer les porcs rôtis, en offrant quelques pièces d'étoffes européennes. Quel n'est pas l'étonnement des

---

(1) *Journal*, 17 février 1838.
(2) *Journal*, 28 février 1838.

vainqueurs, lorsque la femme de Maïlé revient seule, et annonce
que Fikirangi est retenue en otage ! « Voilà la guerre déclarée
dans toutes les règles. Impossible qu'elle n'ait pas lieu, si
le bon Dieu ne l'empêche pas par un miracle. Mon Dieu, ayez
pitié de cette île (1). » Heureusement, le lendemain, la fille
du roi revint de *Singavé*.

Après cinq jours, le P. Chanel, voyant que la situation
ne changeait pas, et que l'on ne pouvait prévoir si elle se
terminerait par la paix ou par la guerre, résolut de profiter
du prochain départ de la goélette de Jones, pour visiter à
Wallis le P. Bataillon, dont il n'avait eu aucune nouvelle
depuis leur séparation. Le roi refusa d'abord, puis accorda
la permission de faire ce voyage.

La traversée fut mauvaise. « Le 27, nous apercevons Wallis
vers midi ; les naturels arrivent en foule ; ils me paraissent
bien meilleurs qu'ils ne l'étaient il y a cinq mois. Nous nous
informons des deux Français qui habitent l'île, et j'apprends
enfin qu'ils y sont toujours, aimés de tout le monde et regar-
dés comme les enfants du roi. Pas une épingle ne leur a été
volée (2). »

« Il est midi passé lorsqu'on mouille l'ancre. Je voudrais
bien aller embrasser le P. Bataillon et le F. Joseph ; mais on
me dit que, *suivant les usages de Wallis*, il sera mieux de les
attendre. Le soleil se couche : point de confrères ! Lorsque je
ne les attends plus, des voix de Français retentissent sur le
rivage. Notre canot va prendre ces compatriotes. Un instant
après, je leur tends la main pour les aider à monter à bord.
C'est le P. Bataillon et le Français Paul ! Quel délicieux
moment et quelle heureuse soirée (3) ! »

____

(1) *Journal*, 1ᵉʳ mars 1838.
(2) *Journal*, 28 mars 1838.
(3) Lettre du P. Chanel au F. Marie-Nizier, 9 avril 1838.

V

« Nous quittons la goélette de bon matin, pour nous rendre dans la petite solitude du P. Bataillon. De là, nous descendons chez le roi, que nous trouvons sur notre chemin, et qui m'embrasse en qualité de parent du P. Bataillon. Nous l'arrêtons un moment pour lui offrir un flacon d'eau-de-vie (1). » L'apôtre de Wallis ajoute que ce présent dilata le cœur de Sa Majesté d'une manière extraordinaire, et que, pendant tout le séjour du P. Chanel, ils furent, de sa part, l'objet des attentions les plus délicates.

« L'amitié que ce prince nous témoignait, continue Mgr Bataillon (2), le porta à nous offrir de l'accompagner dans une visite qu'il désirait faire de l'autre côté de l'île. Nous acceptâmes avec une grande reconnaissance. Pour convertir ces peuples, ne fallait-il pas les connaître? Ne fallait-il pas nourrir l'amitié d'un prince, maître absolu de l'île? La conversation du roi fut agréable et instructive ; elle nous dévoila le caractère, les mœurs et l'industrie de ses sujets. Après une navigation de trois ou quatre heures, nous descendîmes à terre, et nous entrâmes dans le village que Sa Majesté voulait visiter. Il va sans dire que nous fûmes admirablement reçus.

« L'amitié du roi nous attira celle de ses chefs. C'est ce que nous éprouvâmes dans plus d'une circonstance. Le *Kivalou* (premier ministre), nous envoya lui-même, plus d'une fois, des vivres en abondance. Partout où nous allions, on nous rendait de grands honneurs, et, dans la distribution du kava et des vivres, nous étions loin d'avoir la dernière part.

« *Voilà un peuple*, me dit le P. Chanel, *qui ne tardera pas à être chrétien*. Sa prophétie s'est très heureusement vérifiée.

---

(1) *Journal*, 29 mars 1838.

(2) Mémoires sur les missions de l'Océanie centrale, rédigés, sous les yeux de Sa Grandeur, par l'auteur de cette biographie.

« Les premiers temps du séjour du P. Chanel, nous nous occupâmes d'achever la maison que nous avions commencée. Ce travail terminé, notre principal soin fut de nous concerter sur les moyens à prendre, pour arriver plus vite à la conversion de Wallis et de Foutouna.

« La langue des deux îles est à peu près la même ; nous nous livrâmes donc à une étude comparée et approfondie, et nous travaillâmes à la traduction des principales prières, le *Pater*, l'*Ave Maria*, le *Credo*, etc. Mais, comme elle ne nous fournissait pas les mots nécessaires pour rendre la plupart de nos idées religieuses, nous fûmes obligés d'en créer, en conservant le génie de l'idiome. *Toungahala* nous fut d'un grand secours dans ce travail important. Enfin, grâce à Dieu, nous finîmes par obtenir un heureux résultat.

« Un premier pas vers la conversion de nos îles était fait. Il ne nous restait plus qu'à jeter la divine semence, pour qu'elle germât et produisît du fruit. Dieu se chargea de nous en fournir lui-même l'occasion.

« Le Jeudi Saint, 12 avril 1838, jour anniversaire de ma première communion, nous nous levâmes de grand matin, et, après avoir béni notre nouvelle maison, je célébrai le saint sacrifice de la messe. Un des frères du roi, nommé *Vaimotoukou*, qui, en vertu de la coutume du pays, était venu coucher dans notre maison, demanda avec instance à assister à nos cérémonies religieuses. Nous crûmes que le moment était venu de montrer notre sainte religion, et nous le lui permîmes. Vous peindre son étonnement et son admiration, serait chose impossible. « *Oh ! que votre manière de parler à votre Dieu est douce et belle !... Moi, je veux être de votre religion.* » Et plus tard, il tint parole.

« Le soir de ce même jour, nous portâmes dans la petite île, de la part du roi, quelques présents à *Toungahala*. Ce jeune chef, qui nous avait déjà rendu de si grands services, ne cessa de nous questionner sur la France, sur la religion de notre patrie et, enfin, sur les projets qui nous avaient amenés, l'un à *Ouvéa*, et l'autre à *Foutouna*. Nous répondîmes sans hésiter aux deux premières questions. Nous ne pouvions que gagner dans son estime en montrant l'étendue, la gloire, la puissance et les richesses immenses de notre patrie, et en lui faisant un tableau pompeux de la beauté et de la grandeur de nos églises, de la majesté et de l'éclat de nos chants et de nos cérémonies. Nous lui apprîmes le Dieu que les chrétiens adorent, et lui fîmes connaître les principaux faits de l'histoire du peuple de Dieu et de celle de l'Église. Rappeler ces faits, c'était déjà donner implicitement la réponse à la troisième question. Cependant, après avoir invoqué intérieurement Jésus et Marie, nous crûmes que le moment de parler ouvertement était venu.

« Dans la France, lui dîmes-nous, nous avions un père et une mère, des frères et des sœurs, des amis et des connaissances, qui nous aimaient et qui se sont opposés de toutes manières à notre départ. Dieu seul sait combien ce sacrifice leur a coûté. Mais nous nous étions dit : Tous les hommes ont été rachetés par le sang de Jésus-Christ, et il y en a un grand nombre qui ne le connaissent pas encore. Il faut que nous allions porter son nom à des contrées qui l'ignorent. C'est donc, uniquement, pour convertir l'île d'*Ouvéa* et celle de *Foutouna* à la foi en un seul Dieu, et leur faire embrasser la religion catholique, que nous avons dit un éternel adieu à tout ce que nous avions de plus cher.

« Ces dernières paroles touchèrent fortement le cœur du jeune chef. « Oui, reprit-il, votre projet est aussi beau que « le soleil, aussi grand que les arbres gigantesques qui nous « entourent. Je l'approuve parfaitement, et dès ce moment je « me déclarerais membre de votre religion ; mais mon in- « fluence est si petite, que je ne vous serais d'aucun secours ; « il vous faut monter plus haut. Allez au roi, et s'il se con- « vertit, toute l'île est à vous. » Il nous indiqua la manière de nous y prendre pour en parler au roi, et il ajouta : *Quant à moi, je ferai tout ce qui sera en mon pouvoir, et vous pouvez toujours compter sur le secours de mon bras.*

« Il était déjà près de minuit, et le besoin de sommeil

commençait à se faire sentir. En allant nous étendre sur notre natte, nous bénîmes Dieu de nous avoir donné l'occasion d'annoncer sa parole, et d'avoir touché le cœur d'un jeune chef qui, par ses talents et son influence, pouvait nous rendre les plus éminents services.

« Dès le matin, *Toungahala* remit la conversation sur le sujet de la veille, et protesta qu'il était toujours dans les mêmes dispositions. Nous revînmes vers le roi et lui adressâmes quelques paroles flatteuses de la part du jeune chef de Noukouatéa ; mais nous laissâmes de côté la question de religion. Une ouverture en règle sur ce point nous parut trop précipitée. Nous priâmes, et nous attendîmes que la Providence, elle-même, en fît naître l'occasion. Elle se présenta cinq jours plus tard, le mercredi de Pâques.

« Je venais de célébrer la sainte messe. Le P. Chanel se préparait à dire la sienne, lorsque le roi demanda à nous voir. *Que Votre Majesté veuille nous excuser ; dans ce moment nous sommes occupés à quelques cérémonies de notre religion. — Me serait-il permis de les voir?* reprit-il, sur un ton qui indiquait tout le plaisir qu'il se promettait de cette faveur. — *Oui*, répondis-je, *Votre Majesté peut assister à nos cérémonies.* Et je l'introduisis dans la modeste chapelle. Un homme de Tonga-Tabou était avec lui. Le P. Chanel commença la messe, et la continua avec cette piété qui l'accompagnait toujours dans l'offrande du saint sacrifice. Oh ! comme il pria Notre-Seigneur d'exaucer nos vœux ! Le roi suivit des yeux, avec une attention scrupuleuse, les moindres mouvement du prêtre. Il paraissait dans un étonnement impossible à décrire. Que cette religion est belle, semblait-il se dire à lui-même ! Comme elle l'emporte sur la nôtre !

« Après la messe, Sa Majesté s'empressa de nous témoigner sa reconnaissance. Toute la journée, il ne cessa de raconter, à ceux qu'il rencontrait, ce qu'il avait vu, le matin, dans notre cabane ; la langue du pays ne lui fournissait pas assez d'expressions pour rendre son enthousiasme ; il tâchait, par les comparaisons les plus pittoresques et les gestes les plus expressifs, de faire entendre que ce qu'il pouvait dire était une faible image de la réalité. Plusieurs indigènes, frappés de ce récit, sollicitèrent la même faveur ; le roi lui-même venait très souvent entendre nos messes ; depuis ce jour où il lui fut donné de voir, sans les comprendre, une partie de nos augustes cérémonies, il sembla nous témoigner plus d'estime et d'affection. »

Nos deux apôtres firent plusieurs courses dans l'île, pour s'informer s'il y avait des malades. Mgr Bataillon aimait à rappeler avec quelle facilité le P. Chanel savait élever son cœur à Dieu à la vue des beautés de la nature, et comment il bénissait la Providence, qui a donné si largement aux insulaires les arbres et les plantes dont ils ont besoin.

Cependant, il fallait songer à une douloureuse séparation. La goélette qui avait amené le P. Chanel devait le reconduire dans son île. Le capitaine Jones avait fixé son départ au 10 avril ; mais il ne put mettre à la voile que le 26.

« Grâce à cette circonstance, reprend Mgr Bataillon, nous pûmes rester plusieurs jours dans la petite île de *Noukouatéa*, conférer le baptême à une petite fille qui se mourait, et à un adulte, nommé *Fékaï*, très dangereusement malade. Cette même circonstance nous permit de ramener la question de la religion, et, cette fois, ce ne fut pas seulement devant *Toungahala*, mais encore devant les habitants de *Noukouatéa*, et plusieurs indigènes de Vavao. Comme ces derniers avaient entendu les ministres de l'hérésie, nous nous appliquâmes, en particulier, à montrer la différence qu'il y a entre le catholicisme et le protestantisme, et combien le premier l'emporte sur le second. Dieu daigna bénir nos paroles. *Toungahala* et toute l'assemblée ne savaient comment exprimer leur indignation contre la doctrine et la conduite des protestants, et ils nous exprimaient, dans les termes les plus énergiques, leur désir d'appartenir à la religion catholique.

« Le lendemain, le jeune chef, toujours de plus en plus avide d'entendre la parole de Dieu, nous fit expliquer certains points, que nous n'avions fait qu'esquisser. Comme

nous avions dit que le chant faisait ordinairement partie de
nos cérémonies, il manifesta un vif désir d'entendre quelques-
uns de nos cantiques. Nous n'eûmes pas de peine à ravir
d'admiration *Toungahala* et les gens de sa maison, qui
n'avaient jamais entendu que les chants mélodieux, mais
monotones, des *Ouvéens*. Ces bons insulaires se félicitaient
de ce que les seuls véritables missionnaires eussent choisi
leur île, de préférence à tant d'autres, plus grandes et plus
belles.

CHAPITRE III

I. Retour du Bienheureux à Foutouna. — II. Premiers baptêmes. —
III. Arrivée du P. Bataillon et de nouveaux missionnaires. — IV. Guerre
et paix. — V. Bonnes dispositions des indigènes.

I

E 27 avril, à midi, le P. Chanel apercevait de nouveau sa chère Foutouna. L'ancre ne put être jetée qu'à neuf heures du soir. Mais les naturels n'avaient pas attendu ce moment pour aborder la goélette. « *Eh bien!* leur avait-il demandé, *avez-vous fait la paix?* » — « Oui, lui dirent-ils, la paix est conclue depuis quelques jours. Une seule rencontre a eu lieu, le 5 avril ; les partisans de Niouliki ont tué par trahison un habitant de *Singavé ;* comme un homme de chaque parti avait été tué, on a cru que l'on pouvait faire la paix. » Cette nouvelle, qu'il attendait avec tant d'impatience, lui fit concevoir de grandes espérances d'arriver plus tôt au but de sa mission.

Le F. Marie Nizier était avec Thomas dans la petite île d'*Alofi*. Dès qu'il apprit le retour de la goélette, il courut à *Singavé* au-devant du P. Chanel. « Quel heureux moment, nous dit-il, que celui où je pus le serrer de nouveau dans mes bras, après plus d'un mois de séparation, dans des circonstances si critiques ! » Le bon Frère répondit à toutes ses questions, et lui donna les nouvelles qui pouvaient l'intéresser. Il se hâta d'ajouter : « Nous ne retournons plus dans notre case d'*Alo*. Peu de jours avant la conclusion de la paix, le roi Niouliki est venu dans notre vallée, et, malgré mes observations et celles de Thomas, il a fait enlever tous nos effets pour les porter à *Poï*, dans sa propre maison. Il s'est contenté de dire : *Si le P. Chanel, à son retour, veut demeurer dans son ancienne vallée, on y transportera de nouveau ce qui lui appartient.* » L'apôtre de Foutouna ne désapprouva point cette conduite : habitant auprès du roi, il aurait plus d'occasions de l'instruire de notre sainte religion.

On était au 30 avril ; il n'eut garde d'oublier le mois si cher à son cœur. Il en fit l'ouverture par la récitation du *Veni Creator*, des litanies de Lorette, de trois *Ave Maria* et du *Memorare*. « Nous ne sommes que deux ici pour faire le mois de Marie ; nous n'avons point de chapelle sous les yeux ; nous ne pouvons regarder encore que nos médailles. »

« Le roi me fait le meilleur accueil possible, et tout le monde m'envoie des sourires et des signes de tête, pour me saluer. La fête ne discontinue pas, depuis que nous sommes à *Époé*... Priez le bon Dieu, pour que je profite dans l'étude de la langue, et pour que je puisse bientôt dire à mes insulaires pourquoi je suis venu au milieu d'eux (1). »

Les effets du missionnaire et de son catéchiste étaient déposés dans la maison du roi, à côté de sa place *sacrée*, c'est-à-dire entre les deux colonnes principales. Cette place était si respectée par les Foutouniens, qu'ils ne l'auraient pas traversée pour toutes les richesses de la terre. En le faisant, ils auraient craint d'encourir la colère du grand dieu *Fakavélikélé*. La plus grosse des deux colonnes, la *colonne divine*, était tellement en vénération, que personne ne se serait avisé de la toucher avec la main : c'eût été s'exposer, croyaient-ils, à perdre la vie. Le P. Chanel, qui n'était pas encore au courant de tous les usages de l'île, ignorait ces prohibitions ridicules. Comme il désirait dire la messe aussi

---

(1) Lettre au P. Bataillon, 2 mai 1838.

souvent que possible, il fit dresser l'autel contre *cette colonne*.
« D'énormes pointes, nous dit le Frère, y furent enfoncées,
à grands coups de marteau, pour y suspendre le bénitier,
le crucifix, etc., et il n'était pas permis d'y toucher du
bout du doigt ! Je crois me rappeler que, pendant l'opération, le roi se consumait en exclamations de surprise,
et peut-être d'indignation. Cependant, il n'osa point s'y
opposer. Craignait-il nos moqueries ? Respectait-il alors le
P. Chanel ? »

Tout était préparé, dès le 5 mai au soir, pour célébrer la
sainte messe le lendemain, fête du Patronage de saint Joseph.
« J'ai la consolation d'offrir le saint sacrifice de la messe,
pour la première fois, dans cette partie de l'île. La maison
du roi me sert d'église. Non seulement le roi l'a trouvé bon,
mais il a fait avertir toute la vallée de s'y rendre. Je ne suis
pas mécontent du silence qui règne pendant tout le temps
de la sainte messe, à part les cris d'enfants, qui me servent
de chantres (1). »

Le 22 mai, il eut une occasion d'écrire au P. Bataillon.
Après avoir déploré les marchés qui se faisaient entre les
capitaines des vaisseaux et les naturels, il lui apprend qu'à
l'arrivée du baleinier anglais *Mathilde*, « ces pauvres gens
donnaient leurs affaires, plutôt qu'ils ne les vendaient. Force
cocos, pour une pipe. Trois porcs assez gros et cent ignames,
pour un fusil. Ils n'en achetèrent que trois, par bonheur...
Je serais bien fâché de voir la poudre et les fusils arriver de
ce côté de l'île, parce que la paix, qui vient d'être faite, ne
ne serait pas de longue durée.

« Nous sommes toujours dans la maison du roi. De nombreuses fêtes de noces ont empêché Sa Majesté de s'occuper
de notre maison. Je ne sais jusqu'à quand durera ce provi-
soire. La foule abonde toujours autour de nous, et nous ne
pouvons que bien peu travailler... Je n'ai pas le bonheur de
pouvoir offrir le saint sacrifice aussi souvent que je le dési-

---

(1) *Journal*, 6 mai 1838.

rerais. Que votre maison me fait envie pour cela ! Dieu soit
béni !...

« Je n'ai toujours pas la consolation de faire des chrétiens.
Le chef Touloméa disait, dans une harangue, après une danse
chez Niouliki, que les îles Vavaou, Haapaï, Tonga, et beaucoup
d'autres qu'il nomma, étaient religieuses ; mais que Wallis
et Foutouna conservaient seules leur ancienne religion. Le
roi Lavouéla l'avait chargé de dire à Niouliki qu'il était bon
que ces deux îles ne fissent pas comme les autres. Je crois
que l'on répondit *Malié* (c'est bien) à cela comme à tout le
reste. Quoi qu'il en soit, je ne demande qu'à savoir la langue.
Le bon Dieu fera le reste (1). »

Deux jours plus tard, fête de l'Ascension, il commence la
messe, et il n'y a presque personne ; mais le nombre des assistants augmente jusqu'à la fin. « Nous chantons, après la sainte
messe, le *Laudate Dominum* et le *Regina cœli :* ce qui devient
le sujet de la conversation pour le reste de la journée (2). »

Enhardi par ce petit succès, la veille de la Pentecôte, il
fait annoncer dans les vallées voisines que, le lendemain,
il y aurait grande fête. Il se lève de bon matin, et, avec son
catéchiste, dispose tout pour le saint sacrifice. « A mesure
que nous mettons chaque objet à sa place, les cris d'admiration partent de tous côtés. Le roi, qui était sorti, ne tarde pas
à revenir. Les pères, les mères, les enfants font foule autour de
nous. Tout est fort tranquille. Le chant du *Veni Creator* fait
régner le plus grand silence dans toute l'assemblée. Même
attention pendant la grand'messe, à l'issue de laquelle nous
avons chanté le *Laudate Dominum* et le *Regina cœli.* Nous
avons laissé un bon moment notre autel avec sa parure, afin
de satisfaire les regards de ces pauvres naturels, qui n'avaient
encore rien vu de semblable. Le *Crucifix* est toujours l'objet
qui les frappe plus que tout le reste (3). »

----

(1) Lettre au P. Bataillon, 22 mai 1838.
(2) *Journal,* 24 mai 1838.
(3) *Journal,* 3 juin 1838.

Pendant le chant du *Veni Creator, survint une rafale qui semblait devoir tout emporter.* « Je croyais, dit le P. Chanel après la messe et en souriant, que c'était le vent impétueux de la Pentecôte. »

« La curiosité de voir une lampe allumée nous amène un bon nombre d'enfants et d'autres personnes. Plusieurs, qui nous voient faire le signe de la croix, essaient de nous imiter. — La deuxième femme du roi vient me demander à porter le nom de *Beata Maria,* que nous avons donné à la très Sainte Vierge. Je lui dis que le mot *Beata* n'est que pour cette Marie, dont elle a vu l'image, mais qu'elle peut porter celui de Maria. Elle s'en contente (1). »

Le roi avait été enchanté de tout ce que le P. Chanel avait fait à l'occasion de la fête de la Pentecôte. Du reste, il était plein d'égards et d'attentions pour lui, depuis son retour de Wallis. Il aurait bien voulu accéder à sa demande d'avoir une case à part ; mais les indigènes étaient alors trop occupés pour songer à en construire une neuve. Il lui offrit, le 11 juin, une partie de sa maison pour y faire une chambre, et désigna l'espace qu'elle devait occuper. Le missionnaire accepta avec reconnaissance, et se mit à la préparer le plus vite possible. Là, il fut plus tranquille pour ses prières et ses études, et il eut le bonheur d'offrir presque tous les jours le saint sacrifice de la messe.

Dans sa nouvelle chambre, il avait placé plusieurs grandes images. Les naturels, qui venaient en foule le voir, étaient émerveillés de *la science des blancs,* et le concours allait toujours croissant. L'image de l'*Ecce homo* était celle qui attirait le plus les regards.

Deux jeunes personnes, parentes de la première femme de Thomas, eurent l'heureuse idée d'apporter une couronne de fleurs pour l'image de la Sainte Vierge. Le P. Chanel note avec bonheur ce premier présent offert à Marie. (18 juillet 1838.)

------

(1) *Journal,* 4 juin 1838.

Ce qui le désolait, c'est qu'on ne l'avertissait pas lorsqu'il y avait des malades. « Tandis que nous sommes sur le point de dîner, j'ai encore la douleur d'apprendre la mort d'un jeune homme de *Laloua*, qui avait au bras gauche un mal considérable. Que le saint nom de Dieu soit béni ! Mais mon cœur saigne en présence de choses semblables : avoir dans mes mains ce qui peut sauver ces pauvres âmes, et l'enfer les ravit (1) !... »

« Vers les trois heures du matin, j'entends dire qu'une personne est malade, que le *dieu la mange*. Je pars de suite pour aller la voir. Je ne suis pas au bout de la vallée, que des cris et des pleurs me font tressaillir. Je me dirige vers la maison, où je trouve un pauvre jeune homme mort de consomption. Il était malade depuis deux mois, et je n'en savais rien (2) ! »

Il eut encore bien des fois occasion d'écrire dans son *Journal* des notes de ce genre.

II

Enfin, il put administrer le saint baptême. Il relate avec bonheur les circonstances qui l'accompagnèrent. « Le roi m'apprend qu'il y a un enfant malade à *Laloua*. Je m'y rends en toute hâte. Je trouve cet enfant endormi sur les bras d'une vieille femme aveugle. Je m'approche et lui fais quelques petites caresses dont il ne s'aperçoit pas. Je distribue quelques gouttes d'huile parfumée ; après quoi je demande de l'eau, et appelant cet enfant du nom de Marie-Marcellin, je lui confère le saint baptême. Je lui fais ensuite donner à boire quelques gouttes de l'Eau des Carmes. Je demande son nom. On me répond : *Véhé*. Afin d'éviter tout soupçon

---

(1) *Journal*, 30 mai 1838.
(2) *Journal*, 5 juillet 1838.

sur ce que je viens de faire, je prends les noms de toutes les personnes qui sont dans la maison. Je reviens ensuite à *Époé*, en récitant le *Te Deum* en actions de grâces (1). »

En faisant part au P. Bataillon de son bonheur, il nous révèle la pratique qu'il suivra désormais : il donnera au nouveau baptisé le nom de la Reine du ciel et celui du saint du jour.

Il a la même joie le 31 juillet, et il nomme l'enfant qu'il baptise Marie-Ignace. En apprenant sa mort, il écrit dans son *journal:* « La consolation que j'éprouve d'avoir ouvert le ciel à cette âme, me porte à rendre à Dieu de nombreuses actions de grâces. Par prudence, nous n'avons pas fait les cérémonies de la sépulture ; car aucun naturel ne sait qu'il a reçu la grâce du saint baptême, et les *dieux* pourraient fort bien m'attribuer la cause de sa mort (2). »

Le 23 août, il vient de quitter les ornements sacerdotaux, lorsqu'il entend *pleurer à quelque distance de la maison du roi.* « Je me transporte bien vite vers l'endroit d'où partent ces cris. Je vois une maison pleine d'hommes et de femmes, qui se couvrent de sang à force de se frapper. Le mari de la vieille femme malade est tout inondé des gouttes qui tombent sur la malade et la rendent affreuse à voir. Je suis longtemps à parler sans pouvoir me faire entendre ; ma voix est couverte par les cris. A la fin, je demande à parler à la malade, pour lui proposer de se faire chrétienne avant de mourir. Outre le malheur de ne pas assez bien parler la langue, j'ai celui de voir cette pauvre vieille me répondre *non* aux propositions de salut que je viens de lui faire. Je me retire en la saluant. La foule s'est écoulée. Quelques femmes et quelques enfants sont encore à la maison. Les hommes sont sortis.

« Je retourne la visiter un peu après midi. Je témoigne ma surprise de voir qu'on ne lui donne ni à boire, ni quoi que ce soit. L'intérêt que je lui porte paraît la toucher ; elle

---

(1) *Journal,* 18 juin 1838.
(2) *Journal,* 22 août 1838.

me regarde d'un air moins sévère ; j'en profite pour réitérer mes propositions de salut ; elle y adhère cette fois. Je m'y prends de toutes les manières pour lui enseigner les vérités les plus indispensables. Je lui suggère quelques aspirations vers Dieu, en lui disant que je vais revenir tout à l'heure.

« De retour, je continue encore mes exhortations, à la suite desquelles je lui administre le saint baptême. Ses yeux sont beaucoup meilleurs ; elle me regarde avec confiance, me tend la main ; elle me dit qu'elle a bu et mangé pendant ma dernière absence. Son nom est Marie-Anne (1). »

Le Père la voit le lendemain, et note *qu'elle paraît toujours contente de ce qu'elle est devenue chrétienne.*

Marie-Anne mourut le 27, et ses funérailles eurent lieu le lendemain. « Les cris et les pleurs des naturels m'ont empêché de demander à faire la sépulture ecclésiastique. Je me suis contenté d'offrir le saint sacrifice de la messe pour le repos de son âme (2). »

Nous avons tenu à reproduire en entier ces notes du *Journal*, relatives aux premiers baptêmes, parce qu'elles nous révèlent le zèle et la charité du Bienheureux.

Quand l'occasion était favorable, il ne manquait jamais de dire un mot de notre sainte religion. Ces paroles de salut, qu'il sème partout, ne restent pas stériles. « Plusieurs personnes nous demandent des livres pour être *lotou* (chrétiennes). Je ne me fie guère encore à toutes ces démarches ; néanmoins, j'aperçois de jour en jour un changement notable dans les dispositions des insulaires (3). » Aussi quand un jeune homme lui annonce *que le roi et le plus grand chef de l'île ne veulent ni se faire chrétiens, ni permettre que les autres le deviennent*, il écrit sur son journal : « *Dieu est le souverain des cœurs, il en a converti de plus obstinés* (4). »

---

(1) *Journal*, 23 août 1838.
(2) *Journal*, 23 août 1838.
(3) *Journal*, 28 août 1838
(4) *Journal*, 21 août 1838.

Son zèle pour le salut des âmes ne pouvait lui faire oublier les *vaincus*. « Fouri-Vao, le père de Sam, est introduit par Thomas dans notre petite maison, pendant la sainte messe ; il s'y tient, tout le temps, parfaitement tranquille. Après une courte action de grâces, je vais lui demander si ce qu'il vient de voir est bien. Il me répond que *oui*. Je lui exprime le désir d'aller faire la même chose à *Singavé*, si j'y trouve une maison. Je lui demande si cela est possible. La réponse est encore affirmative. Je lui donne la commission d'en parler aux autres chefs qui sont de son côté, et lorsque Thomas aura fini notre maison, il ira en construire une semblable dans sa vallée. Il dit que c'est bien, et retourne quelques instants dans la maison du roi (1). »

Le P. Chanel, en effet, avait obtenu la permission de construire, *à Poï*, une case séparée, et de suite Thomas s'était mis à l'œuvre. Cette case, de vingt-quatre pieds de long sur treize de large, *toute simple qu'elle était, devint la merveille de l'île* (2). Le Bienheureux la bénit le 5 septembre, et l'habita définitivement depuis ce jour. Il put ainsi vaquer plus tranquillement aux exercices de la retraite qu'il voulait faire avant l'Assomption, selon les constitutions de la Société de Marie, et que la construction de la nouvelle maison l'avait forcé de renvoyer à la Nativité de la Sainte Vierge.

L'installation du P. Chanel dans sa nouvelle case fut suivie d'une grande fête en l'honneur des *dieux*.

Le conseil l'avait fixée au 13 septembre. « Le tambour l'annonce ; des toasts sont adressés aux *dieux* sur la *place* du *palais ;* le kava est offert par le roi à un chef de *Singavé*, qui invitera tout l'autre côté de l'île (3). » La danse entrant dans le programme de toute fête, les naturels s'y préparent avec soin avant la solennité.

Le jour même de la fête, une grande foule se trouve réunie.

---

(1) *Journal*, 13 août 1838.
(2) Lettre au P. Convers, mai 1840.
(3) *Journal*, 3 septembre 1838.

Les vivres, apportés par différentes vallées, sont d'abord placés devant le roi, qui préside. Le premier ministre récite une prière. Puis, par ordre du roi, les vivres sont distribués aux chefs de chaque village, et, par ceux-ci, à chaque famille. Après le repas, la danse commence.

Pendant ce divertissement, quelques filles de quinze à vingt ans, de la famille royale ou de celle des chefs, se tiennent debout, près du roi, comme à une place d'honneur. Elles sont *superbement barbouillées de noir et de rouge* (1), et ne prennent point part à la danse ; elles se remplacent successivement, selon l'ordre des vallées, car chaque vallée principale vient à son tour.

D'autres fêtes se célébraient en l'honneur des *dieux*, lorsqu'on voulait obtenir quelque grâce ou la cessation d'un fléau. Ainsi, nous trouvons cette note au 13 octobre : « Prières publiques, pour apaiser le vent qui brise les arbres à pain et les bananiers... Les prières commencent ce soir au *dieu* du grand ministre du roi, Marigni (Maligi), et ne dureront qu'un jour (2). » Mais, pour le dieu du roi, elles dureront sept jours, et se termineront par une grande fête religieuse.

Malgré ces solennités païennes, les bonnes dispositions, que le P. Chanel avait déjà constatées, allaient toujours *s'améliorant*. Quelques naturels vont jusqu'à lui manifester le *désir d'être chrétiens*. « Plaise à Dieu que la sincérité soit dans leur cœur et dans leur bouche (3) ! »

Aussi les baptêmes deviennent-ils plus fréquents. Un enfant qu'il a baptisé, meurt à *Alofi ;* tout heureux, il écrit sur son journal : « Mes deux *petites îles* comptent des âmes dans le ciel. Mon Dieu, augmentez-en le nombre (4). »

Il partage la joie du F. Marie Nizier, qui a pu faire un baptême, et il a soin de noter cette grâce. (12 janvier 1839.)

----

(1) P. Servant, *Histoire du christianisme dans les îles Foutouna.*
(2) *Journal,* 13 octobre 1838.
(3) *Ibid.*
(4) *Journal,* 14 octobre 1838.

Il se réjouit aussi lorsque, le 2 octobre, il reçoit de bonnes nouvelles du P. Bataillon, qui lui envoie un abrégé de *grammaire*, et un autre de la *doctrine chrétienne*. Son bonheur augmente lorsque, le 24 janvier suivant, *des naturels, venant de Wallis, ne tarissent pas d'éloges à l'adresse de son confrère.*

Nous avons vu que notre apôtre tenait à avoir à *Singavé* une maison, afin de pouvoir y célébrer la messe. Son vœu fut exaucé, et la case achevée au commencement de janvier 1839.

Celle qu'il occupait à *Poï* fut renversée dans la nuit du 2 au 3 février. « Une tempête, annoncée depuis quelques jours par un ciel brumeux et par un grand vent d'est, éclata tout à coup avec fureur. Les éclairs, les tonnerres, des torrents de pluie, un bruit effroyable de la mer, les cris des insulaires, qui invoquaient leurs divinités, telle fut la scène que nous offrit d'abord toute cette nuit. Un peu avant le jour, le vent changea de direction et redoubla de violence. A moitié vêtus, nous luttions tous trois contre l'orage, pour essayer de soutenir notre petit *palais*. Malgré nos efforts, nous eûmes la douleur de voir sa toiture voler en lambeaux, et le corps même de l'édifice, agité, secoué dans tous les sens, tomber enfin tout fracassé, et nous laisser sans abri. La plupart des maisons eurent le même sort. Les cocotiers, les bananiers, les arbres à pain, toutes les productions de l'île furent si maltraitées, qu'après ce grand désastre, on était encore menacé de la famine. Pour l'éviter, les insulaires ont travaillé longtemps, avec un courage remarquable, et sont parvenus, à peu près, à réparer leurs pertes (1). »

Le P. Chanel transporta ses effets dans la maison du roi, qui avait moins souffert de la tempête ; et, quelques jours après, il fit élever une petite case de 12 pieds de long sur 6 ou 7 de large, en attendant qu'il fût possible d'en construire une plus vaste sur les ruines de la première. « Le vol, qui est

____

(1) Lettre au P. Convers, mai 1840.

permis ici en pareille circonstance, écrit-il au T. R. P. Colin, nous fit perdre quelques effets (1). » Mais le roi ordonna de tout rendre, et lui-même *se mit en mouvement pour tout retrouver.*

Aux ravages de la tempête faillit se joindre le fléau de la guerre. La veille du désastre du 2 février, « les *vaincus* avaient fait présent de dix porcs rôtis à deux imposteurs du parti opposé, qu'on regardait généralement comme les oracles des *dieux.* Leur intention était d'attirer ces hommes dans leur vallée, d'accroître leurs forces par un plus grand nombre de divinités tutélaires, et de ramener enfin la victoire de leur côté. Mais les *vainqueurs* le comprirent, et crièrent aussitôt vengeance. On se mit à la poursuite de ceux qui avaient apporté le présent ; on les joignit, et ces malheureux ne durent la vie qu'à la clémence du roi, qui se contenta de les avoir réduits à demander grâce (2). »

Cette heureuse solution permit au P. Chanel de recommencer ses courses à travers l'île, et de multiplier ses visites.

Le 20 février, il est à *Assoa-Vélé*, auprès d'un malade qui a une plaie au gosier. Cette plaie lui paraît incurable. *Puissé-je l'instruire à temps, et le disposer à la grâce du baptême !*

Il se transporte à *Singavé* le 25, en visitant différentes vallées. Arrivé au terme de son voyage, il s'empresse de parler de notre sainte religion à ceux qui veulent l'écouter, et en particulier à Sam. Le vieux roi Vanaé, lui-même, pose des questions sur ce sujet, et les réponses *lui font plaisir.*

En revenant à *Poï*, par le côté nord-ouest de l'île, il remarque une amélioration considérable dans le caractère des naturels qu'il trouve sur son passage.

Le malade qu'il a vu une première fois à *Assoa-Vélé*, Toui-Karépa, va plus mal. Aussi, s'empresse-t-il d'aller le visiter, profitant de la circonstance pour donner à quelques

----

(1) Lettre au T. R. P. Colin, 16 mai 1839.
(2) Lettre au P. Convers, mai 1840.

naturels une conférence sur la religion, conférence qui *paraît exciter leur intérêt.* (11 mars.)

Toui-Karépa est entre les mains de différents *dieux,* qui ne savent plus à quel remède recourir. *Pour dernière expérience, ils font tourner un coco.* Comme l'état du malade devient plus inquiétant, les parents se décident à le porter chez un *Mtoua mouli.* Mais ce représentant d'un *dieu* ne réussit pas mieux que ses confrères.

Pendant que Toui-Karépa est ainsi entouré, il est impossible au P. Chanel de l'instruire ; mais le péril n'est pas imminent. Il part pour *Singavé,* et sa première visite est pour un jeune homme malade. « Le danger dans lequel je le trouve me porte à lui proposer de se faire chrétien. Il me répond quelques mots, et finit par me dire qu'il est fatigué de parler... Par l'entremise de Thomas, avec qui je parle un mauvais anglais, et qui me sert d'interprète, le jeune homme va connaître nos principaux mystères, nécessaires au salut. Je retourne une autre fois auprès du malade, qui désire être chrétien. Toute sa famille partage ses sentiments. Je le baptise en lui donnant le nom de Pierre. Je le laisse, en lui conseillant de répéter souvent cette invocation : *Ayez pitié de moi, Dieu Jéhova, car je désire aller au ciel* (1). »

Le lendemain, il va revoir son néophyte. Son état n'a pas changé. « Je trouve la famille contente et résignée. Je parle peu au malade, de crainte de le fatiguer, mais fort longtemps avec son père et quelques naturels, que je trouve sur mon chemin (2). »

Il rencontre, dans la maison de Vanaé, une jeune paralytique, qui ne lui paraît pas dans un danger prochain ; aussi, ne lui propose-t-il pas de se faire chrétienne. Quelle n'est pas sa douleur lorsque, le jour suivant (15 mars), il apprend par Thomas qu'elle est morte et enterrée ! Il sait par lui qu'au moment de mourir, elle avait demandé avec instance qu'on

---

(1) *Journal,* 13 mars 1839.
(2) *Journal,* 14 mars 1839.

allât chercher le missionnaire, parce qu'*elle voulait être chrétienne pour aller au ciel*. Ce furent ses dernières paroles. « Ma
douleur a été bien grande à cette nouvelle. Puisse le baptême
de désir avoir rendu son âme agréable à Dieu, et lui avoir
ouvert le ciel (1) ! »

Il quitte la vallée (16 mars) après avoir visité une seconde
fois son néophyte, dont l'état semble amélioré. Il laisse les
naturel dans d'*heureuses dispositions à l'égard de notre sainte
religion. Tout le monde veut aller au ciel.*

Quand il arrive à *Poï*, il entend avec bonheur le F. Marie
Nizier parler des *bonnes dispositions* de Maligi et de quelques
autres naturels. « En pleine assemblée, le premier ministre n'a
pas craint de dire que le *lotou* (prière) que nous avions apporté
était bon, qu'il faisait vivre dans le ciel et préservait du feu
de l'enfer. Que le bon Dieu bénisse ces premiers changements
dans les esprits (2) ! »

Toui-Karépa voit tous les jours sa maladie faire de nouveaux progrès, et les différents *dieux*, qu'il a invoqués, ne
lui ont procuré aucun soulagement. Le P. Chanel se rend
auprès de lui, malgré une pluie battante, et profite du moment
où les vieillards se retirent, pour lui *parler du saint baptême*.
« Il écoute mes paroles avec plaisir. Son père, qui est à ses
côtés, m'invite à lui faire l'histoire de la mort et des souffrances
d'un homme qu'il a vu sur une de mes images. Je tâche de lui
faire connaître les trois personnes de la sainte Trinité, l'In-
carnation du Verbe et le mystère de la Rédemption. Puis,
lui suggérant un acte d'amour de Dieu, je l'engage à le répéter pendant que je le baptiserai, ce que le pauvre garçon me
parut faire de toutes ses forces. Il me témoigna sa joie et son
contentement, en apprenant que son âme était devenue
agréable à Dieu, qu'il n'avait plus rien à craindre de l'enfer,
et que le ciel lui était assuré. Je le quitte en lui conseillant de
répéter souvent une petite invocation à la Sainte Vierge.

---

(1) *Journal*, 14 mars 1839.
(2) *Journal*, 16 mars 1839.

Il me remercie, et me demande quand je retournerai le voir.
— Après-demain, lui dis-je (1). »

Il mourut dans la nuit du 22 au 23, avant que l'apôtre eût le temps de tenir sa parole. Ses funérailles se font avec tout le cérémonial usité en ces circonstances. Quand le père du défunt revoit le Bienheureux, il lui demande *une croix pour la mettre sur la tombe de son fils.*

Le P. Chanel eut encore la consolation de conférer le baptême, le 25 mars, à deux enfants, et il exprime sa joie en écrivant dans son *Journal : Dieu soit béni de ce que j'ai pu ouvrir le ciel à deux de ses créatures !*

Nous ne mentionnerons pas les autres baptêmes qu'il administre, et les nombreuses visites qu'il fait aux malades. Les extraits que nous avons cités de son *Journal* éclairent suffisamment l'histoire de la mission, et nous révèlent le cœur de l'apôtre.

III

Le 8 mai 1839, le Bienheureux vaquait à ses travaux ordinaires, lorsque les naturels accoururent lui *annoncer l'arrivée de ses parents.* Il va bien vite les embrasser. Ce sont les PP. Baty, Epalle et Petit, les FF. Augustin, Élie et Florentin. Le P. Bataillon est avec eux. Quelle surprise ! quelle joie ! Pendant quelques instants, la parole lui manque. Les premières émotions passées, il écoute avec bonheur le récit de leur voyage de France en Océanie.

« Ma surprise, lui dit le P. Bataillon, n'a pas été moindre à l'arrivée de ces chers confrères. Comme vous, je suis demeuré un moment sans pouvoir dire un mot. Après avoir entendu de leur bouche les nouvelles qui me tenaient le plus à cœur, je m'empressai de conduire mes confrères auprès du roi. Ce prince qui, depuis quelque temps, s'était un peu refroidi à

---

(1) *Journal,* 21 mars 1839.

mon égard, parut d'abord embarrassé ; mais il finit par faire bonne contenance. Sachant que la goélette la *Reine-de-Paix* allait repartir immédiatement, il me pria de me transporter jusqu'à Foutouna, pour aller chercher quelques-uns de ses sujets, qui s'étaient enfuis sur une pirogue. Je ne pouvais, dans l'intérêt de ma mission, lui refuser un service qui ne retardait que de huit à dix jours l'arrivée de mes confrères à la Nouvelle-Zélande. Du reste, c'était pour eux et pour moi, une bien douce consolation de vous revoir, cher Père Chanel et cher Frère Marie Nizier. »

Pendant cette conversation, « toute l'île se presse autour des nouveaux venus. Les naturels paraissent partager notre joie. Un petit dîner de fête est bien vite ordonné (1)».

« Je me souviendrai toujours, écrit le P. Epalle, sacré plus tard évêque de Sion (2), de notre entrevue avec le premier apôtre de Foutouna. Il y avait, je crois, près de deux ans qu'il travaillait seul, avec un jeune catéchiste, à la conversion de cette île, païenne et anthropophage. Je vis cet ange de paix et de charité, que je croyais avoir embrassé pour la dernière fois à son départ de France. Quelle agréable surprise pour son cœur, et quelles délices pour le mien ! Que je fus édifié de son aimable simplicité ! Son sourire, sa modestie et sa douce gaieté, tout peignait à mes yeux la paix et la joie de son âme.

« Lorsque nous approchions de son humble habitation, averti par les gens du village, qui nous avaient aperçus les premiers, il accourut aussitôt à notre rencontre. Nous entrâmes dans son asile : ce n'était point la maison de Nazareth ; bien que pauvre, cette maison sainte offrait encore quelques meubles modestes, quelques ustensiles de ménage ; ce n'était pas la chambre du prophète Élisée, car on voyait dans la chambre du prophète un petit lit, une chaise, une table, un chandelier : dans celle de l'apôtre de Foutouna, rien qu'un

---

(1) *Journal*, 8 mai 1839.
(2) Lettre au P. Bourdin, du 30 janvier 1845.

petit autel en bois brut ; des cailloux, recueillis sur le rivage de la mer, formaient le parquet. Un tronc d'arbre, jeté en travers, servant d'oreiller pendant la nuit, et un *tape*, c'est-à-dire une espèce de *papyrus*, dont on se couvrait pendant le sommeil, pour se défendre d'une myriade de moustiques ; ses vêtements tombant en lambeaux ; ses ornements sacerdotaux et les autres choses strictement requises pour la célébration des divins mystères ; ses instruments d'agriculture ; la hache qui fut l'instrument de son martyre : voilà tout le contenu de son domicile.

« Quant à la matière et à la forme de ce pauvre réduit, ce sont des bambous plantés à la suite les uns des autres, formant un carré, et recouverts du chaume des marais. Ces bambous, à cause de la multiplicité de leurs nœuds, ne pouvant se joindre parfaitement, rendaient toute fenêtre inutile ; aussi cette humble chaumière n'en avait pas. Que vous dirai-je de sa dimension? Tout ce que je sais, c'est que, la nuit arrivant, les neuf missionnaires qui se trouvaient réunis, s'accroupissaient, et, après avoir prolongé dans la nuit leur entretien fraternel, laissaient tomber l'un après l'autre leur tête sur le tronc d'arbre qui servait d'oreiller et s'endormaient tête contre tête. L'intérieur alors ne présentait plus aucun vide.

« L'habitation de notre saint confrère était située au milieu d'une vallée, à quelques pas de la mer, et dans un petit jardin planté de quelques orangers et de quelques pieds de vigne, trop jeunes encore pour donner des fruits ; j'admirai, néanmoins, dans ce jardin, des bananiers qui étaient en plein rapport.

« Sans cuisine et sans provisions de bouche, on pouvait ignorer l'heure du repas ; je ne manquais cependant pas d'appétit, et je ne pus m'empêcher de manifester ce besoin, qui devenait impérieux. Notre hôte bien-aimé répondit en souriant que le festin, vu le nombre et le choix des convives, serait vraiment royal, mais que l'heure dépendait de l'appétit même de Sa Majesté. Ces paroles renfermaient pour nous un petit mystère, lorsque, tout à coup, un cri se fit entendre ; c'était, en effet, l'appel que nous adressait le monarque de l'île. Nous nous rendîmes donc au palais royal, c'est-à-dire dans la hutte enfumée du souverain qui, plus tard, fulmina l'arrêt de mort de notre saint confrère. La table fut servie de racines de *taros* et d'*ignames*. La fadeur et le peu de substance nutritive de ces aliments, ne firent que calmer ma faim sans la satisfaire : c'était cependant la nourriture ordinaire du R. P. Chanel. »

Le 9 mai, fête de l'Ascension, quatre messes sont dites dans la pauvre cabane du missionnaire ; la cinquième est chantée par le P. Bataillon dans la maison du roi, en présence d'un peuple nombreux, qui ne sait comment témoigner sa surprise et son admiration. L'occasion est trop favorable, pour que le zélé missionnaire n'en profite pas pour annoncer la parole de Dieu.

Le samedi, les PP. Baty et Petit, les trois Frères nouvellement arrivés, accompagnent le P. Chanel jusqu'à *Singavé*, afin de s'occuper des préparatifs du départ de la goélette.

Les trois prêtres célébrèrent la messe, le dimanche 12 mai, dans la maison construite pour l'apôtre de Foutouna, et ce sont les premières messes qui se disent dans cette partie de l'île. Les naturels y assistent en grand nombre.

Ce concours pour entendre la messe ne cesse point les jours suivants. *La chapelle ne désemplit que pour se remplir de nouveau.*

La veille de la Pentecôte, les missionnaires décident que la *Reine-de-Paix* ne retournera pas à Wallis, mais qu'elle appareillera pour la Nouvelle-Zélande. Ils sont aussi d'avis de donner à la fête de la Pentecôte toute la solennité possible, afin de frapper fortement les esprits. Ils décorent donc la chapelle avec tout le soin possible. « Le plus bel ornement, dit le P. Chanel, celui qui fait accourir les naturels pour l'admirer, est une robe qui a servi à orner la statue de Notre-Dame de Fourvière. Je prie instamment la Sainte Vierge de de point oublier cette circonstance (1). »

---

(1) *Journal*, 18 mai 1839.

A la première messe de la Pentecôte, le petit orgue, que l'on avait apporté de la goélette, enthousiasmait les naturels, qui n'avaient jamais rien entendu d'aussi beau. « Mes insulaires, écrit le P. Chanel, furent singulièrement touchés de la majesté de nos cérémonies, de la grandeur et de la beauté de notre sainte religion, du zèle et de la charité de ses ministres. Les petits présents qu'on leur faisait, excitaient vivement leur reconnaissance, et l'on voyait souvent couler leurs larmes, surtout lorsqu'ils entendaient parler de l'intérêt qu'on leur porte en France et dans toute l'Europe (1). »

Sur le soir du même jour, la goélette lève l'ancre pour se diriger vers la Nouvelle-Zélande. « Nous nous donnons le baiser fraternel, en attendant ceux qui reviendront partager nos travaux (2). »

« Tout le temps que nous passâmes en la compagnie de notre vénéré confrère, dit le P. Epalle (3), nous fûmes comme à une école de piété, de douceur, de résignation et de bon conseil. Ni la longueur des courses, ni les difficultés des chemins, ni les habitudes sauvages des insulaires, ni les guerres fréquentes, qui divisaient la population, ne pouvaient ralentir l'ardeur de son zèle.

« Au moment de notre séparation, nous pensâmes qu'en sa qualité de Provicaire Apostolique, il retiendrait pour auxiliaire quelqu'un d'entre nous, et s'aiderait, du moins un peu, des ressources pécuniaires qui ne nous chargeaient pas trop, il est vrai, mais que nous aurions volontiers partagées avec lui. Nous nous mîmes à sa disposition. « Le bon Dieu, nous répondit-il, m'est venu en aide jusqu'à ce jour, j'espère que son secours ne me fera point défaut. Il saura bien, quand il lui plaira, me donner un compagnon dévoué. Allez remplir, mes amis, la mission qu'il vous a donnée, et ne m'oubliez pas dans vos prières. »

---

(1) Lettre au P. Convers, mai 1840.
(2) *Journal*, 19 mai 1839.
(3) Lettre déjà citée du 30 janvier 1845.

« Nous l'engageâmes à accepter, au moins, quelque secours d'argent. « Mes bons amis, reprit-il, je vous remercie de vos offres obligeantes. La divine Providence est une trésorière en qui j'ai mis ma confiance, et dont les bontés envers moi n'ont jamais été plus sensibles qu'à Foutouna. » Le saint missionnaire renvoya au Vicaire Apostolique, qu'il envisageait, à son égard, comme l'interprète de la volonté divine, le soin de lui procurer un prêtre et les autres secours que le prélat jugerait convenables. »

Le P. Chanel avait reçu par ses confrères de nombreuses lettres d'Europe. Il ne put faire que quelques réponses. La plus importante est celle qu'il adresse, le 16 mai 1839, au T. R. P. Colin, supérieur général de la Société de Marie, pour lui rendre compte de sa mission. Elle commence ainsi : « C'est avec un plaisir vraiment indicible qu'après un séjour de dix-huit mois à Foutouna, avec le F. Marie Nizier, je reçois enfin la visite du premier renfort d'ouvriers apostoliques que vous avez eu la bonté d'envoyer à notre secours. »

Après avoir exposé, en quelques mots, les principaux événements qui se sont passés, il continue : « L'île n'est pas encore chrétienne. Outre mon peu de zèle, il y a mille craintes et préventions à dissiper. Les naturels savent tous la manière dont on traite les nouveaux convertis de Tonga, Haapaï, Vavao, Fidji, Samoa, Sandwich, Taïti, etc. Nous avons beau leur dire que la religion catholique ne fait rien de semblable : des naturels, échappés des archipels voisins, nourrissent ces appréhensions.

« Vingt baptêmes, dont trois d'adultes, tout le reste d'enfants, et tous en danger de mort, sont toute la moisson recueillie pendant dix-huit mois. Nous avons pourtant la consolation de voir les dispositions des naturels s'améliorer de jour en jour. Monseigneur n'étant point venu, au bout de six mois, selon qu'il l'avait dit, nous avons passé, le F. Marie-Nizier et moi, pour des menteurs, ou comme deux hommes abandonnés. L'arrivée de nos confrères produit le meilleur effet possible dans l'esprit de tout le monde. On nous écoute avec plaisir.

Tous veulent voir les nouveaux venus, et ne cessent de demander leurs noms. On voit des larmes rouler dans les yeux de quelques-uns, lorsqu'on leur parle de l'intérêt et de l'amitié que l'on a pour eux en France. Alors, ce sont des *Malié Farani (les Français sont bons)* qui n'en finissent plus. »

A une pieuse et charitable dame de Lyon, il écrit : « En déployant une pièce d'étoffe, que vous m'avez procurée pour vêtir mes chers sauvages, j'ai trouvé une lettre qui renferme une promesse et une demande : vous me promettez le secours de vos prières et l'envoi de quelques nouveaux dons ; je ne saurais trop vous en témoigner ma reconnaissance. Vous me demandez quelques images signées de ma main ; pour ne pas m'exposer à des sentiments de vanité, je vous envoie des images mais sans signature. Écrivez, à la place de mon nom, et ne vous lassez pas de répéter ces mots : *Mon Dieu ayez pitié d'un grand pécheur que vous avez envoyé à d'autres pécheurs...* »

« Après le départ de nos confrères pour la Nouvelle-Zélande, dit Mgr Bataillon, un de nos premiers soins fut de construire une case un peu plus commode. Le roi donna volontiers son consentement, et les naturels nous aidèrent à l'élever. Nous l'environnâmes d'un treillis de bambous ; elle avait ses portes et ses fenêtres ; l'intérieur fut divisé en plusieurs pièces : la principale pouvait avoir huit pieds de long sur six de large et servait de chapelle.

« Nous nous occupâmes aussi de la langue foutounienne, et nous traduisîmes tout ce que j'avais rédigé pour Wallis, en fait de doctrine, de prières et de chants religieux. Il me pria même, avec beaucoup d'instances, de composer un cantique en l'honneur de Marie, bien qu'à Wallis je n'eusse encore rien fait de ce genre. C'est une paraphrase libre de l'*Ave Maria* avec quelques pensées du *Salve Regina*. » Le P. Bataillon adressa ce cantique au T. R. P. supérieur général de la Société de Marie, *comme le premier tribut de louanges payé à notre bonne Mère dans cette partie de l'Océanie.*

Par la *Reine-de-Paix,* le P. Chanel avait reçu plusieurs caisses remplies de différents objets. Les deux apôtres profitent des circonstances pour distribuer des présents, qui font l'admiration des insulaires, et provoquent leurs nombreux remerciements. Le 30 mai, ils habillent complètement le roi, qui *est tout content d'être comme un Européen.*

Le *petit orgue* attire toujours de nombreux visiteurs.

Les deux missionnaires firent plusieurs courses dans l'île, pour s'informer s'il y avait des malades, visiter les habitants, et les instruire, en particulier ou en public. Toutes les fois que l'occasion se présentait, le P. Bataillon ne manquait pas d'annoncer la parole de Dieu.

« Un jour (1er juin 1839), le P. Bataillon proposa au roi de brûler une multitude de divinités du second ordre, très redoutées à Foutouna et dans les îles voisines. Le roi et tous les chefs y consentirent, persuadés que nous ne serions jamais assez téméraires pour en venir à l'exécution. Mais, le lendemain, ces ridicules dieux, ou plutôt les objets consacrés à leur culte, furent publiquement livrés aux flammes. Les naturels, effrayés pour nous et pour eux-mêmes, se tenaient loin de l'incendie, et lorsque, aussitôt après, ils nous revirent au milieu d'eux, pleins de vie et de santé, ils ne savaient comment nous témoigner leur admiration et leur joie. *Ce prodige* fit tomber sensiblement le crédit des fausses divinités. Deux villages entiers demandèrent à être préparés au baptême ; le roi lui-même assura qu'il n'attendait, pour se convertir, que le moment où toute l'île se déclarerait en faveur de la religion catholique ; tous paraissaient heureux et dans les meilleures dispositions (1). »

Pensant, avec raison, que la conversion du roi entraînerait celle de l'île tout entière, les deux apôtres se concertèrent sur les moyens de l'obtenir à tout prix. Ils eurent avec le roi plusieurs entretiens ; celui du 11 juin fut plus long et plus sérieux ; mais le prince, quoique ébranlé, ne voulut point encore se prononcer.

-----

(1) Lettre au P. Convers, mai 1840.

Alofi ne fut point oubliée par les deux apôtres. Nous trouvons, à la date du 14 juin, qu'ils eurent le bonheur de baptiser, dans cette île, un enfant en danger de mort.

En visitant *Alofi*, le P. Bataillon ne se lassait pas d'admirer les sites pittoresques qu'elle offre aux regards. Tout en contemplant les beautés de la nature, nos deux missionnaires ne pouvaient se défendre d'une grande tristesse, car ils rencontraient partout des traces d'habitation et voyaient l'île, autrefois si peuplée, devenue presque un désert.

Le P. Bataillon, après deux mois de séjour à Foutouna, repartit pour Wallis, le 4 juillet 1839. Il lui tardait de rejoindre ses chers catéchumènes, encore peu instruits, et qu'une plus longue absence pouvait décourager. Il partit, tout heureux d'avoir vu les beaux commencements de la mission de Foutouna. Il emportait pour l'humble compagnon de ses travaux, le F. Joseph-Xavier, une lettre admirable du P. Chanel. En voici quelques extraits :

« Mon bien cher Frère,

«... J'ai la douce confiance que vous ne négligerez rien pour persévérer dans vos bonnes dispositions. Nous ne voulons tous qu'une même fin, qui est le ciel. Ne perdons pas notre temps à regarder de côté ; nous nous exposerions à manquer notre but. L'éternité sera passablement longue, pour nous délasser et nous remettre entièrement des peines de cette courte vie.

« Nous avons parfois, ici, des furoncles, comme vous en avez à revendre ; ce sont des gouttières qui se font à notre prison. Quand les murailles en seront renversées, nous entonnerons l'hymne de notre délivrance.

« Ma sœur Saint-Dominique a voulu prendre les devants pour aller au ciel avant moi ; elle y est montée aux environs de Pâques 1838. Je ne sais si elle ne me reprochera point un jour de ne l'avoir pas pleurée. Je lui dirai que je n'ai pu, malgré la tendre affection que j'avais pour elle.

« Ma mission ne rencontre pas les mêmes obstacles que celle du P. Bataillon, mais elle n'en est pas plus avancée pour cela...

« Ces épreuves me font bien augurer de la mission de Wallis. Ne vous lassez pas de prier et de seconder de tout votre pouvoir le zèle et les efforts du P. Bataillon. Vous voyez qu'il ne s'épargne pas (1). »

IV

Les riches espérances des deux apôtres de Wallis et de Foutouna, devaient bientôt faire place à de mortelles inquiétudes. « Le démon, furieux de voir ces commencements du règne de Jésus-Christ, vint rallumer le feu de la guerre (2). »

Sémouou et Ouroui, ces *deux hommes divins*, à qui les *vaincus* avaient apporté des présents le 1er février, profitèrent d'une fête pour demeurer à *Singavé* et préparer la chute de Niouliki.

Pendant la nuit du 10 juillet, une troupe de jeunes gens de *Singavé* va par la montagne jusqu'à *Touatafa*, afin de se venger de deux hommes de Taïti, qui les ont trompés dans un marché. N'ayant pu réussir dans leur dessein, ils font feu, au hasard, sur ceux de *Fikavi* qui se trouvent là, et prennent la fuite.

Le cri de guerre retentit partout, et tout le monde est à l'instant sur pied. Les vieillards s'efforcent d'arrêter les jeunes gens qui veulent se porter au secours, ou à la rencontre des téméraires.

Vanaé, chef des *vaincus*, se croit redevenu jeune, et agit comme s'il avait retrouvé *Fakarélikélé*. Sémouou et Ouroui

---

(1) Extrait d'une lettre du P. Chanel au F. Joseph, en date du 27 juin 1839. (Voir P. Servant, *Histoire du christianisme à Foutouna*, p. 95.)

(2) Lettre au P. Convers, mai 1840.

font parler leur *dieu* en sa faveur. *La terre*, disent-ils, *vient de s'ébranler; elle est dans l'attente des événements qui vont suivre*. Ils recommandent, néanmoins, la prudence dans les démarches, afin de ne compromettre la vie de personne, et assurent que *les trois divinités couvriront de leurs ailes les défenseurs de la patrie*.

Le même jour, arrive de *Fikavi*, où le cri de guerre a rassemblé les *vainqueurs*, la nouvelle que la déclaration de guerre est acceptée.

Le P. Chanel se rend en toute hâte à *Vaïsé*, et demande à Vanaé la signification de ce qui vient de se passer. *Il ne s'agit*, lui répond-il, *que de la querelle des jeunes gens de Rotouma et de Taïti*. Non complètement rassuré par cette réponse, il court à *Poï* et trouve les *vainqueurs* occupés à préparer le *Para*, grande couronne de plumes blanches, pour le roi Niouliki. La guerre est inévitable, et le missionnaire est seul à l'ignorer.

De plus en plus inquiet, il se rend au milieu des *vaincus* et leur fait comprendre les maux que la guerre amène avec elle, et le malheur de ceux qui meurent sans être chrétiens. (28 juillet.)

Vanaé le conduit dans sa maison. Quel n'est pas l'étonnement du Père, lorsqu'il aperçoit, à la place ordinaire du roi, *un morceau d'étoffe, et, par dessus, trois feuilles de cocotier!* Il apprend que *cette cérémonie religieuse a pour but d'inviter Fakavélikélé à venir se reposer dans cette agréable verdure*. (29 juillet.)

Le couronnement du roi des *vaincus* a lieu le 30 juillet. Dès le matin, les chefs et les vieillards se sont réunis dans sa maison.

Vanaé, couronné roi, fait distribuer un petit morceau de tape blanche à chacun des chefs, afin de les réintégrer dans leur ancienne dignité. Le kava est ensuite servi, selon le cérémonial réservé aux *vainqueurs*. On remercie *Fakavilikélé* d'avoir bien voulu quitter l'autre partie de l'île, pour se fixer dans celle-ci, en lui offrant un beau porc rôti, entouré de quelques corbeilles de taros. Après une abondante distributions de vivres, on chante et on danse jusqu'au soir.

Le lendemain matin, le cri de guerre rassemble tous les combattants.

Le P. Chanel, à qui personne n'a voulu donner l'explication des cérémonies du couronnement, parce que le roi l'a défendu, fait entendre les paroles ardentes que son cœur d'apôtre lui suggère. « Mais j'avais beau les supplier, les conjurer, les menacer de la colère divine, m'épuiser d'efforts pour leur faire comprendre les malheurs de la guerre ; on me répondait toujours : « Nous ne voulons pas être appelés vaincus, quand le grand missionnaire (Mgr l'évêque) viendra nous visiter. Aussitôt que nous serons vainqueurs, nous nous ferons tous chrétiens. » Pauvres aveugles ! Tandis qu'ils parlent ainsi, je les voyais d'autant plus animés au combat, qu'ils se croyaient sûrs de la victoire, à cause des nouvelles divinités passées dans leur camp avec les deux imposteurs (1). »

Le 2 août, revenu à *Poï*, il trouve les *vainqueurs* occupés à célébrer de leur côté des fêtes guerrières ; tout semble donc annoncer une guerre prochaine. Quelle inquiétude pour son cœur d'apôtre !

Toutefois les cinq jours suivants se passent sans incidents, et partout sont repris les travaux ordinaires.

Le Bienheureux en profite pour se reposer dans le travail et la prière. Il commence une neuvaine et une retraite, qui doivent se terminer le jour de l'Assomption.

Pendant cette trop courte trêve, les *vaincus* ont acheté des fusils, et, comptant sur la victoire, que *leurs dieux* promettent, ils marchent, le 10 août au matin, contre les *vainqueurs* réunis à *Fikavi*.

Bientôt les deux armées sont en présence, à *Vaï*, et ne sont plus séparées que par un petit torrent. Un moment elles hésitent à en venir aux mains. « Quelques coups de fusil de la part des *vaincus* engagèrent le combat et blessèrent plu-

---

(1) Lettre au P. Convers, mai 1840.

sieurs hommes de Niouliki. *Oublions nos blessés*, dit aussitôt le roi, *volons à la défaite de nos ennemis*. Il s'élance, suivi de sa troupe; mais les agresseurs soutiennent le choc avec tant de fermeté et de courage, que la victoire semble se déclarer pour eux. Niouliki et ses gens, sans se déconcerter, reviennent à la charge. Repoussés de nouveau, ils s'avisent d'attaquer l'ennemi de trois côtés à la fois. Cette manœuvre leur réussit. Lorsque les fusils ne peuvent plus servir, commence une lutte effroyable et une mêlée affreuse. La jeunesse de *Singavé* se débande la première, et les vieillards tombent pour la plupart, victimes de cette désertion.

« On dit que Sam est resté le dernier sur le champ de bataille, sans s'apercevoir que ses amis avaient pris la fuite. Ne pouvant plus rien faire de son fusil, il s'en servit quelque temps pour parer les coups de lance des ennemis. De quatre lances dirigées contre lui, il en écarta trois ; la quatrième lui blessa la jambe gauche. Il jeta son fusil, arracha la lance de sa blessure, et la renvoya avec plus de force qu'elle ne lui était arrivée. Il en arrêta quelques-unes au vol, qui retournèrent bien vite d'où elles étaient parties. Il se retira, lorsqu'on lui cria que *Singavé* était vaincu (1). »

« Dans la mêlée périrent le vieux roi Vanaé, qui s'était fait couronner avant le combat, l'un des deux imposteurs qui avaient été l'occasion de cette guerre, un Anglais récemment arrivé ici et partisan déclaré des *vaincus*, enfin la plupart des chefs subalternes de ce parti, qui s'étaient toujours montrés les principaux auteurs de la discorde. Il y eut vingt-quatre morts du côté des *vaincus*, et treize dans le parti des vainqueurs, nombres bien considérables pour la faible population de Foutouna (2). »

Nous étions, tous les trois, très tranquilles à *Poï*, et ne soupçonnions rien de ce qui se passait, lorsqu'un exprès nous arriva, tout essoufflé, de la part du roi, pour nous prier d'aller

----

(1) Lettre au P. Bataillon, 7 septembre 1839.
(2) Lettre au P. Convers, mai 1840.

donner quelques soins aux victimes du combat. Nous y courons au plus vite, nous ne trouvons que morts et blessés, et des femmes, qui se couvrent en pleurant du sang de leurs maris, qui viennent d'expirer.

« Pendant que nous pansons les premiers blessés, survient le roi soutenu par l'une de ses femmes et l'une de ses filles. Un coup de lance lui a labouré le corps d'une épaule à l'autre. Cette grande, mais non dangereuse blessure le laisse triste et résigné en même temps. Pour le réconforter, nous lui présentons des eaux de senteur et quelques gouttes de l'élixir de la Grande-Chartreuse (1). »

« Je me hasarde à donner le baptême à deux hommes, qui expirent après qu'on leur a arraché le bout de lance qu'ils ont dans le corps. Les *vainqueurs*, qui sont à *Singavé*, enlèvent tout ce qui leur tombe sous la main (2). »

« Parmi les blessés se trouvait le frère du roi vaincu. Il était déchirant de voir son épouse recueillir dans ses mains le sang qu'il perdait par une large blessure, et se le jeter sur la tête en poussant des cris affreux. Tous les parents des blessés recueillaient ainsi jusqu'à la dernière goutte de leur sang, en léchant les feuilles des arbustes, et jusqu'aux herbes qui en étaient teintes.

« La nuit approchait ; nous avions rempli, le Frère et moi, notre ministère de charité. Accablés de douleur et de fatigue, nous allâmes nous asseoir sur le sable, au pied d'un cocotier. De là, j'entendais encore les lamentations des parents de ceux qui avaient péri. Je ne faisais moi-même que gémir, élevant vers le ciel mes mains suppliantes pour ce peuple, devenu mon peuple, et dont le salut m'est confié. Qu'elles sont longues les nuits des tropiques, dans ces moments de douleur ! Après avoir un peu sommeillé de lassitude, nous fûmes éveillés par le bruit de nos insulaires, qui transportaient les cadavres dans la vallée voisine. Tous les morts y furent

------

(1) Lettre au P. Bataillon, 7 septembre 1839.
(2) *Journal*, 10 août 1839.

enterrés, à l'exception du roi, que son épouse fit inhumer ailleurs, et de l'homme *qui avait un dieu;* les vainqueurs l'emportèrent dans une de leurs vallées. Nous donnâmes nous-mêmes la sépulture à l'Anglais, dans le lieu où il avait succombé. Puisse-t-il avoir trouvé grâce devant le Seigneur (1). »

Le zélé missionnaire multiplia ses visites aux blessés pendant les jours qui suivirent le combat.

Sur son conseil, Sam, sa femme et le jeune chef de Rotouma s'embarquent pour mettre leur vie en sûreté. Sam, arrivé à Wallis, eut le bonheur de recevoir l'instruction chrétienne. Il n'oublia jamais le P. Chanel, et, quand il apprit sa mort, il la pleura pendant trois jours.

Pour la pacification de l'île, il restait à faire descendre les *vaincus* de leur forteresse. La chose n'était pas facile. Les *vainqueurs*, en grand nombre, ne cachaient pas leur intention de massacrer la plupart des *vaincus*. Le P. Chanel, en l'apprenant, conjura le roi de ne pas le permettre. Niouliki ne put résister à ses instances ; il assura qu'il ne leur serait fait aucun mal, et tint parole.

Dès que sa blessure lui permit d'aller à *Singavé*, il s'y transporta avec les principaux chefs. Le Bienheureux les accompagna, et, dès son arrivée, exhorta les *vaincus* à faire leur soumission, pour éviter de plus grands maux.

Cette soumission s'opéra peu à peu, et la réconciliation fut complètement achevée avant la fin du mois. Un repas, suivi de danse, réunit les vainqueurs et les vaincus.

Le P. Chanel en éprouva une immense joie. Il espérait que désormais, grâce à la paix, l'œuvre de Dieu ne rencontrerait pas d'obstacle, et il se promit de redoubler de zèle et d'ardeur.

Le premier soin du Bienheureux fut d'écrire au P. Bataillon, à Wallis, pour lui raconter la malheureuse guerre qui venait de désoler *son pauvre petit Foutouna.*

Le diable, lui dit-il, qui travaille votre île pour y retarder,

---

(1) Lettre au P. Convers, mai 1840.

autant que faire se pourra, le triomphe de la foi, n'a rien
épargné pour porter le dernier coup au pauvre petit Foutouna.

« Il est bien possible que les persécutions de votre roi
aient un effet tout différent de celui qu'il se propose. Tant
qu'il agira de la sorte, on parlera de la religion dans l'île ;
en en parlant, on l'examinera ; l'examen aura d'heureux
résultats, soyez-en sûr.

« Je vous félicite de compter déjà, parmi vos catéchumènes,
des confesseurs de la foi. Vous n'avez pas manqué de leur
dire qu'ils ne sont pas les premiers à souffrir pour le nom de
Jésus-Christ. Vous pouvez dire à Vaïmotoukou que je voudrais bien couvrir de mes baisers les endroits de son corps où
le roi Lavéloua l'a frappé. Puisse ce jeune naturel mériter,
par sa persévérance, que ces coups soient un jour dans le ciel
autant de perles qui brillent sur son corps ! Je sais que le
Seigneur est riche en miséricorde et qu'il peut bien, malgré
les obstacles actuellement existants, se servir de votre jeune
chef pour le bien de la religion.

« ... Vous faites prudemment de ménager votre roi, afin
qu'il ne voie en vous qu'affection et égards. Lorsque Monseigneur aura passé, vous pourrez essayer de le serrer de plus
près, pour savoir si enfin il consentira à se rendre à la grâce,
qui doit pourtant le poursuivre. »

Une pirogue tongienne, poussée par des vents contraires,
avait abordé à Wallis. Les naturels venus sur cette pirogue,
s'étaient montrés dociles aux enseignements du P. Bataillon.
L'apôtre de Foutouna les avait vus pendant son séjour auprès
de son confrère ; aussi l'annonce de la conversion de leur chef
le transporte-t-elle de joie.

« La nouvelle de la conversion de Toupounéiafou m'a
attendri jusqu'aux larmes. Que le bon Dieu daigne le fortifier dans sa foi ! Que de biens vont résulter de son exemple !
Je regarde les soins que vous donnez à ce bon chef et à toute
sa famille, comme donnés à une mission tout entière.

« Vous rappelez-vous que nous disions, lorsque j'étais
auprès de vous, qu'il ne manquait à cet homme que d'être

chrétien? Si son âge, ou plutôt ses infirmités, et plus exactement la volonté du bon Dieu, ne lui permettait pas d'ouvrir
la porte aux missionnaires catholiques dans Tonga et tout
l'archipel, j'ai la douce confiance qu'il aura dans ses enfants
des héritiers de ses heureuses qualités, et que, tôt ou tard,
quelques-uns d'entre nous iront arracher à l'hérésie une terre
qu'elle ne saurait rendre parfaitement heureuse (1). »

La pensée du Bienheureux s'est réalisée. Le P. Chevron,
désigné pour fonder la mission de Tonga, rapatria la petite
colonie tongienne, et il trouva en elle l'appui et la consolation dont il avait besoin, en face de difficultés sans nombre.

Nous venons d'entendre le missionnaire écrivant à un
confrère. Voici le père : à une lettre qu'il a reçue des élèves
du petit Séminaire de Belley, il répond :

« Foutouna, septembre 1839.

« Mes très chers amis,

« Je bénis la Providence de vous avoir choisis, préférable-
ment à tant d'autres, pour vous placer dans une maison que
la Sainte Vierge s'est choisie, et qui est pour moi une autre
maison paternelle.

« Oh ! que nos petits sauvages vous porteraient envie,
chers amis, s'ils pouvaient connaître et apprécier les tendres
soins qui vous entourent ! Vingt-un mois viennent de s'écou-
ler depuis que je suis parmi eux. Les difficultés de leur langue
ont retardé leur bonheur et le mien. Ce n'est jamais sans une
vive émotion que je vois accourir une multitude de petits
sauvages, à l'entrée des villages que je vais visiter, et qui
crient en battant des mains : *C'est Pierre qui arrive : Pitero
ka haou.* Tous aiment la France, et désirent y aller. Tous
veulent avoir des noms français. Un jour viendra que je

____

(1) Lettre au P. Bataillon, 7 septembre 1839.

leur donnerai les vôtres, qui se trouvent au bas de votre jolie lettre.

« Gardez-vous bien, mes chers amis, de regretter les missionnaires que vous voyez partir pour l'Océanie. L'unique regret qui vous soit permis, est celui de ne pas les voir partir en plus grand nombre. Combien d'âmes pour le salut desquelles nous sommes arrivés trop tard ! Combien d'adultes n'ai-je pas eu la douleur de voir mourir sans pouvoir leur enseigner les vérités nécessaires pour aller au ciel ! J'ai été plus heureux auprès des enfants en danger de mort : le saint baptême leur suffisait ; j'ai eu la consolation d'ouvrir le ciel à plusieurs. Un certain nombre d'adultes sont également morts avec la grâce du saint baptême ; mais ce n'a été que lorsque j'ai pu les instruire des principaux mystères de notre sainte religion. Le nombre total jusqu'à ce jour n'est que de trente ; il serait plus grand, si plusieurs n'étaient pas morts sans que je fusse instruit de leur maladie.

« Je vous félicite, mes chers amis, d'avoir choisi la très Sainte Vierge Marie pour votre mère, et d'être plus fiers de ce titre de noblesse que de tous les autres. Gardez-vous donc bien de mettre cette bonne Mère, la plus tendre, sans contredit, de toutes les mères, dans la cruelle nécessité de vous désavouer pour ses enfants. Vos bons maîtres vous avertissent, tous les jours, de ce qui pourrait vous attirer ce grand malheur.

« Pour preuve de ma bonne volonté et de mes ardents désirs pour votre bonheur, j'ai laissé, pendant tout le mois d'août, votre lettre signée de tous vos noms, placée sur le pauvre autel où j'ai le bonheur d'offrir le saint sacrifice de la messe, et tout près d'une image de la très Sainte Vierge.

« Nous aurons des nouvelles consolantes à vous envoyer, si vous avez la bonté de nous continuer le secours de vos bonnes prières.

« Je prie le Dieu de toute bonté de répandre sur vous tous, mes bien chers amis, et sur tous ceux qui, par la suite, iront grossir votre nombre, ses plus riches bénédictions.

« Efforcez-vous de dédommager, par votre bon esprit et votre constante docilité, vos excellents maîtres de leur tendre sollicitude et des soins empressés qu'ils vous prodiguent.

« Je vous embrasse tous bien tendrement dans les cœurs de Jésus et de Marie.

« L'un de vos frères aînés,

« CHANEL, *Provicaire apostolique.* »

Le zélé missionnaire ne cessa jamais de demander des prières. C'est sur elles qu'il a toujours compté pour le succès de son apostolat. Il écrit au P. Séon : « Il n'y a que les bonnes prières qui puissent donner de la vie à notre ministère auprès de nos pauvres sauvages. Sans ce secours, tous nos efforts seront vains et stériles. Que les âmes ferventes qui s'intéressent aux succès de nos faibles travaux redoublent donc leurs vives instances auprès du souverain Maître des cœurs. » Et c'est là comme un refrain qui revient dans chacune de ses lettres.

Tant de travaux et de prières commençaient à toucher les cœurs des Foutouniens. Les lettres de l'apôtre à cette époque en font foi.

Il écrit à un ami : « L'île n'est pas encore chrétienne ; mais, outre le petit nombre de catéchumènes prononcés, j'ai eu la consolation d'ouvrir le ciel à quelques âmes, et ce qui me porte à bien espérer pour la suite, c'est que les naturels ont presque tous peur de mourir sans être baptisés. Ils me questionnent souvent sur le sort des âmes de ceux qui viennent de mourir dans la dernière guerre. Ils paraissent tout consternés, lorsque je leur dis que ceux-là seulement qui sont baptisés ou désirent sincèrement l'être, pourront aller au ciel, et que parmi tous ceux qui sont morts, je n'en ai pu baptiser que trois (1). »

____

(1) Lettre à M. Vuillod, 27 novembre 1839.

Au P. Bataillon, à Wallis : « Les naturels me paraissent bien disposés pour la plupart. Longoasi, en particulier, y met du zèle. Les filles savent bien les cantiques et l'abrégé du catéchisme (1). »

Il le note avec bonheur sur son *Journal :* « Plusieurs jeunes gens m'entourent, à la tombée de la nuit, pour parler religion » (10 septembre). « Quelques vieillards, à la vue de mon crucifix, m'adressent plusieurs questions, qui me font entreprendre un petit abrégé de l'histoire sainte et de la rédemption des hommes. Le soir, je suis arrêté par quelques jeunes gens, qui me demandent une petite répétition du cantique que l'on chantait dans la maison de Sam. Les désirs que l'on me manifeste, me paraissent d'heureux indices (2). »

L'affection qu'il inspirait à tous rendait les baptêmes plus faciles. Les chefs eux-mêmes faisaient baptiser leurs enfants, lorsqu'ils étaient en danger de mort. Au 18 septembre, nous trouvons cette note importante : « Je vais visiter les enfants malades ; j'en baptise un, fils de Mousoumousou, à qui je donne le nom de Joseph de Cupertin (3). » Nous verrons le roi lui-même consentir au baptême de l'un de ses fils.

Tous, par malheur, ne se prêtaient pas au ministère de charité du zélé pasteur. Mousoulamou atteste dans le procès apostolique « que le Bienheureux est allé auprès de lui pour lui enseigner la religion catholique, et lui apprendre l'existence d'un seul Dieu et l'inutilité de tout ce qu'ils faisaient. *Il m'a aussi supplié de lui laisser baptiser mon fils. Je le lui ai refusé, car j'étais insensé, et je ne connaissais pas encore la signification de ce rite.* »

Ce ne fut pas le seul cas, comme nous le savons par le *Journal* et par le F. Marie-Nizier. Mais qui n'admirerait, avec le bon Frère, le zèle et la charité de l'apôtre de Jésus-

---

(1) Lettre au P. Bataillon, 7 septembre 1839.
(2) *Journal*, 11 septembre 1839.
(3) *Journal*, 18 septembre 1839.

Christ? « Lorsque des malades l'insultaient et refusaient d'entendre ses instructions, presque toujours il m'envoyait leur faire visite, en me disant : *Ils auront peut-être moins d'aversion pour vous.* »

Cette pieuse substitution réussit en plusieurs circonstances. Les parents d'une jeune fille, malade depuis quelque temps, n'avaient pas permis au P. Chanel de la baptiser. Comme elle n'était pas en danger, il n'avait pas trop insisté. Pendant son absence, on vint prévenir le Frère que la maladie faisait des progrès. « Je commençai, dit-il, par me munir d'une fiole d'eau bénite. En arrivant à la maison, je fus assez stupéfait de la trouver remplie de monde, et surtout de femmes, car je regardais ces dernières comme capables de mettre les plus grands obstacles à la bonne œuvre que j'avais dessein d'exécuter. Néanmoins, pour éloigner des spectateurs tout soupçon de l'action que je voulais faire, je ne parlai aucunement de religion. Sans cette précaution, mes moindres mouvements eussent été scrupuleusement et continuellement épiés. Encore un trait de la Providence : les parents de cette enfant ne voulaient point la laisser baptiser, et sa mère elle-même m'invita à aller m'asseoir à côté de la malade. Quelle joie commença à s'emparer de mon cœur ! » Le Frère profita d'un moment favorable pour lui donner le baptême.

« Il faut que je vous fasse participer à ma joie, lisons-nous dans une lettre du même Frère, en vous apprenant que j'ai eu le bonheur de faire six baptêmes, deux d'adultes et quatre d'enfants, pendant le temps que je suis demeuré avec le P. Chanel. Tous sont morts. Voilà, il faut l'espérer, six intercesseurs de plus pour moi dans le ciel (1). »

---

(1) Lettre à un bienfaiteur.

CHAPITRE IV

LA PERSÉCUTION

I

N grave incident préoccupa à juste titre le P. Chanel et ses deux compagnons, au mois d'octobre 1836. Depuis la fin de la guerre, Niouliki avait quitté *Poï* pour se fixer à *Tamana*. Cette conduite, blâmée par plusieurs chefs, donnait lieu à divers commentaires ; les uns prétendaient qu'il voulait se concilier l'esprit des *vaincus*, en demeurant plus près d'eux et de leurs parents ; d'autres pensaient que, ne pouvant plus supporter les paroles du zélé missionnaire, il avait voulu s'éloigner de lui. Depuis la victoire de *Vaï*, qu'il attribuait à son dieu *Fakavélikélé*, il saisissait toutes les occasions de signaler son attachement aux pratiques superstitieuses de l'île. Mais, jusqu'à ce jour, il n'avait rien changé dans sa manière d'agir envers le Bienheureux, et on aurait dit que leur ancienne amitié n'avait subi aucune altération.

Le 16 octobre, Niouliki passe deux fois par *Poï*, et, contre son habitude, il n'entre point dans la case du P. Chanel. Quel peut être le motif de cette conduite, qui est remarquée et

dont les conséquences peuvent être graves? Notre apôtre
désire le connaître, si c'est possible ; il envoie donc, le lendemain, le Frère Marie-Nizier et Thomas à *Fikavi*, sous le pré-
texte d'acheter de l'huile, mais en réalité pour sonder les
dispositions du roi. « Sa Majesté leur fait bon accueil, malgré
la crainte que nous avions qu'elle ne fût fâchée contre nous,
à cause de la guerre que nous faisons aux divinités de l'île (1). »

Trois jours après, le roi n'oublie point de visiter le P. Chanel ; mais c'est pour lui annoncer un acte de superstition.
« Le roi vient nous voir, et emporte avec lui un de ses vêtements pour l'offrir à un *Atoua-mouri*, afin qu'il rende la santé
à l'un de ses petits enfants. Mes observations paraissent lui
faire quelque impression, mais il croit encore devoir céder
à la coutume (2). »

Sa pensée restant ignorée du peuple, les manifestations
favorables à la religion chrétienne devenaient plus nombreuses. Malingi lui-même, son premier ministre, ne craignait
pas d'exprimer publiquement ses sentiments. Ainsi, le même
jour (20 octobre), dans une fête, il *parla très bien en faveur
de la religion, et dit que toute l'île n'attendait plus que le roi.*
Plus tard, étant tombé malade, il se trouva bien des soins
que le P. Chanel lui donna. Vaincu par sa bonté et sa charité,
il finit par déclarer que, *si le roi le permettait, toute l'île serait
de suite catholique* (3 décembre 1839).

Amener Niouliki à se prononcer ouvertement en faveur
de la religion, tel était le but essentiel. L'apôtre de Foutouna
l'avait compris depuis longtemps ; mais, hélas ! le succès
devenait de plus en plus difficile. La dernière victoire avait
enflé d'orgueil le cœur du roi ; il venait d'apprendre qu'à
Wallis le roi Lavéloua ne voulait point se convertir, et il
croyait bien faire en l'imitant.

« Un vieux chef, qui hésitait entre les deux partis, écrit
l'apôtre, a fait le voyage de Wallis. Il en est revenu plein

------

(1) *Journal*, 17 octobre 1839.
(2) *Journal*, 20 octobre 1839.

d'histoires sur la religion ; il est forcé d'avouer, il est vrai, que bientôt l'île de Wallis sera chrétienne ; mais il prend un satanique plaisir à raconter la manière dont les naturels massacrèrent les catéchistes de *Nioua*, qui étaient allés préparer les voies aux missionnaires méthodistes, et la conduite actuelle du roi *Lavéloua* à l'égard des catéchumènes du P. Bataillon. Il a promis de faire tous ses efforts pour empêcher que l'île de Foutouna ne suive l'exemple de celle d'Ouvéa (Wallis). Je m'aperçois, en effet, qu'il cherche à tenir parole. Mais, si le moment des divines miséricordes est arrivé pour cette petite mission, que pourra-t-il faire (1)? »

Ce vieux chef exerçait une grande influence sur l'esprit de Niouliki. Ce fut, sans doute, d'après ses conseils, que le roi cessa d'envoyer régulièrement des vivres. « Pour garder les apparences, nous dit le F. Marie-Nizier, il chargeait de temps en temps un membre de sa famille de nous porter quelques taros. Aussi la faim se fit plus d'une fois sentir. Apprenant que des jeunes gens, par commisération, nous apportaient quelque chose à manger, il défendit à qui que ce fût de prendre soin de nous. Il alléguait pour raison que nous étions ses *blancs*, et que c'était à lui de nous nourrir.

« Le P. Chanel, qui, dès le principe, vit où aboutirait cette nouvelle conduite du roi à notre égard, prit le parti le plus sage : nous travaillerions de nos propres mains, pour pourvoir à notre subsistance. »

Ce travail, il le commence le 21 novembre. « Quelques-naturels viennent nous aider à faire une clôture et à défricher un champ de bananiers. J'essaie de les encourager en leur donnant un petit coup de main (2). » Il continue ce travail les jours suivants, et le poursuit jusqu'à sa mort.

« Mais, dit le F. Marie-Nizier, pour atteindre le jour où nous devions nous nourrir des fruits cultivés à la sueur de notre

---

(1) Lettre à Mgr Devie, 31 octobre 1839.
(2) *Journal*, 21 novembre 1839.

front, que d'obstacles ! Nous n'avions pas la force qu'exigent des travaux de ce genre. Notre faiblesse, le manque de nourriture, l'aggravait encore. Que l'on ajoute à cela la chaleur brûlante du soleil des tropiques, telle qu'elle sévit à Foutouna, et l'on aura une idée de notre nouvelle position. Le P. Chanel, quoique faible, put supporter plus courageusement que moi ces différentes fatigues ; il travaillait souvent tout seul à cultiver le terrain qui nous avait été cédé, pendant que j'étais occupé à des travaux moins pénibles à la maison.

« Une chose qui a toujours été pour moi un sujet d'étonnement et d'édification dans ce bon Père, c'était de le voir, harassé de fatigue, brûlé par les ardeurs du soleil, n'ayant souvent presque rien à manger, revenir de ses travaux aussi gai, *aussi joyeux que s'il eût eu tout à souhait*, et cela non point une fois, mais tous les jours.

« Ni ces obstacles, ni ceux qui ont suivi, n'ont jamais ébranlé, même pour un instant, le courage du P. Chanel. Sa confiance en Dieu était sans bornes. Dans ces moments d'épreuve, je lui ai entendu dire : *Le moment des miséricordes n'est pas encore arrivé*. Pour le hâter, il ordonnait de fréquentes neuvaines. Son humilité le faisait se regarder lui-même comme un obstacle à ce moment désiré, car un jour il m'indiqua le commencement d'une neuvaine : *Faisons-la*, dit-il, *pour que le bon Dieu veuille ôter ceux qui sont un obstacle à la conversion de l'île. Si c'est moi, eh bien !...* Il n'acheva pas, mais j'avais compris. »

Le P. Chanel avait été frappé d'une parole du fondateur de la Société de Marie. Quand de grandes difficultés surgissaient contre la congrégation naissante, le T. R. P. Colin disait avec assurance : *La Société va faire un pas*. L'apôtre de Foutouna, au milieu des épreuves de tout genre et des oppositions toujours croissantes, répétait souvent au F. Marie-Nizier la parole du saint fondateur : *La religion va faire un pas en avant*. Et son courage semblait grandir avec sa confiance en Dieu. Les témoins entendus lors du procès apostolique, attestent d'une voix unanime que rien ne put jamais l'ébranler.

Le Bienheureux a obtenu qu'on l'avertisse plus souvent lorsqu'il y a des malades ; aussi, n'écoutant que son zèle pour le salut des âmes, il multiplie ses visites auprès d'eux, se concilie la bienveillance de ceux qui l'entourent, leur annonce quelques vérités de l'Évangile, et voit avec bonheur ses efforts couronnés de succès.

L'un des fils du roi, malade depuis quelques jours, avait été porté auprès de différents *dieux*, et en particulier auprès de Faréma, le chef des *vaincus*, récemment revenu de Wallis ; mais le mal empirait, et le dénouement fatal approchait. Le P. Chanel n'épargnait pas ses visites, et obtint enfin la permission de le baptiser. Il résolut d'administrer le sacrement d'une manière solennelle, afin de frapper l'esprit de Niouliki et d'avoir l'occasion de lui expliquer nos saints mystères. « Je pars, aux environs de midi, pour *Tamana*, avec tous les objets nécessaires au baptême du fils du roi. Ayant obtenu l'agrément de la mère, je demande celui du roi. Tous les deux y consentent volontiers. Je me revêts de mon surplis, d'une étole, et, après une petite prière faite à genoux, la cérémonie commence. Tous les objets nécessaires paraissent exciter leur curiosité. J'ai donné le nom de Marie Théodore à ce petit bienheureux. Le peu de mots que je dis au roi et à toutes les personnes assemblées, ont paru leur faire plaisir (1). »

Cependant Niouliki n'abandonnait point ses superstitions. Le lendemain, il va porter à quelque divinité *un doigt de son beau-père*, pour demander la guérison de son fils ; et quand l'enfant meurt, le 14 novembre, il se frappe, se couvre de sang, et renouvelle les jours suivants cette scène barbare.

Le jour même de la mort du fils du roi, le P. Chanel *trouve de l'empressement à s'instruire de la religion ; plusieurs parais-*

---

(1) *Journal*, 9 novembre 1839.

sent décidés à manger les poissons et les oiseaux tapous, c'est-à-dire à renoncer à leurs traditions superstitieuses. Non seulement il baptise une petite-fille du roi, mais il demande à faire les funérailles de cette enfant, selon les rites prescrits par l'Église. « Je demande l'agrément du roi, qui paraît heureux de me l'accorder. La cérémonie fait cesser tous les cris et tarit toutes les larmes. Plusieurs nous disent ensuite que c'est bien beau et qu'ils désirent être enterrés de la même manière (1). »

Néanmoins la foi n'atteint encore ni les chefs ni la masse du peuple, qui restent attachés à toutes leurs superstitions. Une sécheresse persistante menaçant les productions de l'île, le roi et quelques chefs tiennent conseil à *Tamana et décident de bâtir une maison à Fakavélikélé, afin que la pluie arrive et que la récolte du fruit à pain soit belle*. En vertu de cette décision, « les ouvriers les plus habiles de chaque village se réunissent à *Poï*. Ils sont tout étonnés que je ne vienne point au milieu d'eux, soit pour examiner leur travail, soit pour leur prêter mes outils. Je leur fais dire qu'ils ne travaillent pas pour le vrai Dieu et que mes outils ne doivent pas travailler pour le diable (2). »

La pluie demandée à *Fakavélikélé* ne vient pas. Le 19 décembre, le P. Chanel passe par *Tamana* et commence à dire quelques mots d'édification. Le roi quitte la maison le premier. « Ceux qui restaient m'ont prié de demander la pluie à Jéhovah, ajoutant que leurs *dieux* sont trompeurs ; que, s'il pleut, ils sont prêts à me porter en triomphe sur leurs bras. Je leur recommande de ne pas plaisanter sur le vrai Dieu, mais de se convertir sincèrement à lui (3). »

----

(1) *Journal*, 9 décembre 1839.
(2) *Journal*, 2 décembre 1839.
(3) *Journal*, 19 décembre 1839.

II

Au commencement de l'année 1840, l'apôtre de Foutouna avait acquis une connaissance complète de la langue de ses chers insulaires ; dès lors, il joignit à la prière le ministère de la parole. Les témoins entendus dans le procès apostolique affirment tous qu'*il se livra avec une grande ardeur à l'œuvre de la prédication de l'Évangile, et qu'il parcourut souvent les divers villages de Foutouna, annonçant partout la vraie religion*. Mais le démon ne manqua pas d'opposer une vive résistance à l'homme de Dieu et suscita contre lui une véritable persécution, qui alla croissant de jour en jour et ne se termina qu'avec la mort de l'apôtre.

Cette persécution commence au mois de février 1840. Un enfant vient se réfugier dans la case du missionnaire pour se soustraire à la colère de ses parents. Ceux-ci veulent l'emmener et s'efforcent de l'indisposer contre la religion. Le P. Chanel leur signifie que leur fils est parfaitement libre, mais qu'il ne permettra jamais qu'on en vienne à des actes de violence dans sa propre maison.

Quelques Foutouniens profitent de la froideur du roi à son égard pour se donner le plaisir de le molester et de l'importuner jusque dans sa propre case. Le roi consulté donne au P. Chanel *toute autorité pour chasser de sa maison ceux qui viennent l'inquiéter et l'importuner*.

Mais les courses nombreuses, le travail continuel et une nourriture insuffisante, épuisent la faible santé de l'apôtre. Au commencement de mars, il est obligé de se priver, plusieurs jours, du bonheur de dire la sainte messe. Néanmoins, il ne s'arrête que lorsque ses forces le trahissent ; et, dès qu'elles sont un peu revenues, il recommence ses courses, annonçant partout la parole de Dieu, en public ou en particulier.

Combien vif est son désir de convertir le roi ! Il profite de toutes les occasions pour l'instruire. Le 17 mars, ce prince apporte *une charge de taros* et s'arrête pour faire aiguiser son herminette. Saisissant le moment où ils sont seuls, le Père lui parle de la religion. Niouliki ne lui ouvre pas entièrement son cœur ; il se contente de répondre que *c'est une bonne chose de faire chrétiens ceux qui désirent l'être* (1).

Mais plusieurs faits ne tardent pas à prouver au Père que la parole du roi n'exprimait pas ses vrais sentiments. Le lundi de Pâques, 20 avril, il va donc le trouver à *Tamana* et traite avec lui la question de la religion ; *le roi paraît l'écouter avec plaisir*. Mais de ce sentiment à la conversion il y avait loin ; par prudence cependant le Père ne fit pas de plus vives instances.

Malgré les mauvais procédés dont on usait à son égard, plusieurs jeunes gens s'attachaient à lui de plus en plus. Il écrit au P. Convers : « J'ai un certain nombre de catéchumènes ; plusieurs ne peuvent encore se prononcer ouvertement, mais ils tiennent ferme contre les obstacles qu'ils rencontrent dans leurs familles (2). » L'un d'entre eux, nommé Maïtaou, dont le nom reparaîtra dans cette histoire, vint même demeurer avec lui, le jour de l'Invention de la sainte Croix.

Ce courage des catéchumènes, qui bravaient *la raillerie et la colère de leurs parents* (3), était pour lui un grand sujet de consolation.

Telle était la situation, quand la Providence lui ménagea une joie d'autant plus vive qu'il ne l'attendait pas. Le 16 mai, un navire lui amenait le P. Chevron et le Frère Attale. Avec empressement il courut à *Vélé* pour les embrasser et avoir des nouvelles de Wallis, de la Nouvelle-Zélande et de la France !

Le P. Chevron était envoyé par Mgr Pompallier, pour demeurer alternativement avec les deux missionnaires de

---

(1) Analyse du *Journal* par le P. Roulleaux.
(2) Lettre au P. Convers, mai 1840.
(3) Lettre au T. R. P. Colin, 16 mai 1840.

Wallis et de Foutouna. Il venait de Wallis, après avoir traversé les archipels de Viti et de Tonga, non sans avoir couru de grands dangers. Il avait laissé le P. Bataillon au milieu de huit cents catéchumènes, aux prises avec la plus forte tempête que l'enfer eût encore déchaînée contre lui, et qu'il regardait comme la dernière. Avec quel intérêt le Bienheureux recevait ces nouvelles ! Comme il bénissait le Seigneur du bien qui se faisait à Wallis !

Le nouveau missionnaire apportait une lettre de Mgr Pompallier adressée aux PP. Chanel et Bataillon et aux FF. Marie-Nizier et Joseph-Xavier, pour leur exprimer sa douleur de n'avoir pas encore pu les visiter.

Le Vicaire Apostolique n'avait point oublié le roi des *vainqueurs*. « J'ai fait appeler ce soir, écrit le Père, le roi Niouliki pour lui donner lecture des lettres que Mgr Pompallier lui a adressées. Il m'a dit que son île allait se faire chrétienne, que maintenant on écouterait mes instructions. Oh ! combien je souhaite qu'il en soit ainsi pour le bonheur de ces pauvres insulaires (1). »

La goélette qui avait amené le P. Chevron et le F. Attale, devait repartir le lendemain. Le P. Chanel passa la nuit à préparer ses lettres.

Il écrit au T. R. P. Colin : « La goélette qui vient d'arriver de la Nouvelle-Zélande, ne me procurera pas encore cette fois l'ineffable consolation de voir Monseigneur, notre digne Vicaire Apostolique. Cependant, je suis dans l'impossibilité de vous exprimer la joie que j'éprouve de recevoir enfin un confrère pour m'encourager par son zèle et par sa présence. C'est le R. P. Chevron qui m'est échu en partage. Le F. Attale est avec lui (2). »

Au P. Convers : « Je vous suis très reconnaissant de l'intérêt que vous voulez bien prendre à mes peines. Il est vrai qu'en quittant la France, pour venir presque à ses antipodes,

____

(1) Lettre à Mgr Devie, 16 mai 1840.
(2) Lettre au T. R. P. Colin, 16 mai 1840.

je n'ai pas quitté la vallée des larmes ; mais ici, comme en France, Dieu connaît ceux qui sont à lui, et les fait *surabonder de joie au milieu de leurs tribulations*. Son œuvre n'est pas encore très avancée dans notre petite île ; cependant, grâce aux prières des pieux associés de la *Propagation de la foi*, il me semble que nos efforts ne tarderont pas à être couronnés d'un plein succès (1). »

Parmi les causes qui ont paralysé ses efforts, l'apôtre signale *surtout ses péchés* et *son peu de zèle*. Il mentionne ensuite le *retard* de Monseigneur à les visiter ; le *contre-coup* à Foutouna des luttes du P. Bataillon à Wallis ; la *crainte* des indigènes de se prononcer avant leur roi ; enfin la conduite de Niouliki, qui *paraît singulièrement redouter le qu'en dirat-on de ses insulaires, s'il rejette un dieu qui réside en sa personne et qu'il leur a dit si souvent être puissant et terrible*. Il en coûte beaucoup au roi d'avouer aujourd'hui à son peuple que tout cela n'était que duperie : c'est un obstacle très sérieux à sa conversion, car l'amour-propre et le respect humain exercent leur tyrannie jusque sur les sauvages. »

Il ajoute avec une charité qu'il est impossible de ne pas admirer : « Je n'ai qu'à me louer du bon caractère des insulaires au milieu desquels je me trouve (2). » « Le peuple de Foutouna est très hospitalier. Il n'est pas enclin au vol, comme le sont la plupart des naturels de l'Océanie... Quelques Européens, que j'ai vus ici, m'ont assuré que mes insulaires deviendraient les meilleurs chrétiens de l'Océanie, dès qu'ils seraient convertis à la foi. Puissent-ils avoir prophétisé vrai !...

« Priez donc toujours, mon révérend Père, afin que la parole de Dieu ne soit pas stérile dans nos bouches. Priez pour tous les peuples de l'Océanie. La moisson est abondante, mais le nombre des ouvriers est bien petit. Des contretemps ayant forcé le P. Chevron, qui est venu me voir, à débarquer

---

(1) Lettre au P. Convers, mai 1840.
(2) Lettre au P. Colin, 16 mai 1840.

aux îles Fidji et Tonga, il a montré aux sauvages la charité et le dévouement du prêtre catholique. Tout son extérieur et, en particulier, la vue de son crucifix ont paru les frapper. Plusieurs se sont écriés : *Celui-là doit être un bon missionnaire.* Que le temps me semble favorable pour pénétrer dans ces archipels, dont nous sommes si voisins ! Les méthodistes les parcourent et nous ont devancés partout. Ah ! Dieu connaît mes désirs ! Que je braverais volontiers les hasards de la mer et les dangers des persécutions ! Mais nous sommes en trop petit nombre.

« Mon révérend Père, frappez à la porte du cœur de Marie, et vous en ferez sortir des essaims de missionnaires. Quand mes sauvages me demandent s'ils auront encore, après nous, de ces bons *Farani* (Français) pour demeurer avec eux, je leur réponds : Pour nous, nous sommes mortels, nous irons au ciel recevoir notre récompense ; mais notre mission ne périra pas ; d'autres viendront nous remplacer et prier sur notre tombe (1). »

III

Dès leur arrivée, le P. Chevron et le F. Attale durent aider leurs confrères dans les travaux manuels. *La disette,* dit le F. Marie-Nizier, *nous poursuivait souvent.* Les efforts des missionnaires furent couronnés de succès, et des fruits abondants assuraient leur subsistance. Mais ils avaient compté sans une persécution d'un nouveau genre : les insulaires se mirent à voler leurs fruits.

« Avec un vaste terrain, dont le roi nous avait gratifiés, écrit le P. Chevron, et sur lequel croissaient en abondance les cocotiers et les arbres à pain, avec un autre champ de

---

(1) Lettre au P. Convers, mai 1840. Les mêmes pensées se trouvent dans la lettre au T. R. P. Colin.

bananiers, mis en excellent rapport par le travail et les soins du P. Chanel, nous en sommes réduits à la détresse la plus absolue. Mais la Providence sait où nous sommes. Plus d'une fois nous avons été réduits à une ration que peu de gens trouveraient suffisante, et il ne nous est cependant jamais arrivé de faire le déjeuner de Wallis, qui consiste à prendre du kava et à aller se coucher pour sentir moins la faim (1). »

Ces vols étaient évidemment le résultat d'une entente entre les indigènes. Plusieurs ont avoué que, non seulement le roi les connaissait, mais encore qu'il les avait commandés, ou, du moins, encouragés ; il voulait lasser la patience des missionnaires et les obliger à quitter l'île ; il ne connaissait pas encore la force d'âme d'un apôtre qui a tout quitté pour suivre Jésus-Christ, et qui est prêt à tous les sacrifices.

Malgré ces douloureux déboires, le P. Chanel, toujours bon, doux et gai, accueillait tout le monde avec une exquise charité, et rendait tous les services qui étaient en son pouvoir. Les témoins entendus au procès apostolique ont été unanimes à déclarer « qu'il ne donna aucune marque d'indignation contre les voleurs, et que, plein de douceur, de patience, d'humilité et de charité, il aima jusqu'à la mort ceux qui le persécutaient, et s'efforça de les amener à la vraie foi ».

Il envoya néanmoins le P. Chevron à *Tamana*, pour avertir le roi de la conduite des gens de *Poï*, qui semblaient s'être concertés pour rendre insupportable son séjour au milieu d'eux. Il priait en même temps Sa Majesté de permettre aux nouveaux venus d'aller habiter l'autre partie de l'île, afin de pouvoir vivre plus facilement, et d'y bâtir une maison. Niouliki ne répondit rien. *(9 septembre.)*

La situation à *Poï* était telle que la séparation s'imposait. Le Bienheureux fit donc de nouvelles instances auprès du roi et, sur son ordre, le F. Marie-Nizier en parla par trois

---

(1) Lettre du 21 octobre 1841. *Annales de la Propagation de la foi*, tome XV.

fois à Sa Majesté, qui, pour se débarrasser de ces importunités, donna enfin son consentement.

Parmi ces difficultés de tous genres, les deux missionnaires ne perdaient pas de vue le but principal de leur présence à Foutouna ; et nous savons que l'arrivée d'un confrère, et la persécution croissante, avaient donné au zèle du P. Chanel une nouvelle vigueur.

Le 31 mai, le P. Chevron, qui était parti de France sans s'être lié à la Société de Marie par les vœux religieux, fit profession entre les mains du P. Chanel, délégué à cet effet par le T. R. P. Colin. Ce fut pour l'un et l'autre un beau jour de fête.

Pour mieux satisfaire leur piété, ils décidèrent que le dimanche de la Pentecôte, 7 juin, ils garderaient la *sainte Réserve* dans leur modeste chapelle. Le soir, après le chant des Vêpres, le P. Chanel eut la consolation de donner, pour la première fois, la bénédiction du Saint-Sacrement dans l'île de Foutouna. Il fit ensuite une petite instruction aux personnes qui assistaient à la cérémonie. Son cœur surabondait de joie.

Le P. Chevron partageait ses sentiments : « Une immense consolation rachète à nos yeux la nudité de notre habitation : c'est que le Saint-Sacrement repose sous le même toit que nous, avec quatre pauvres religieux volontairement exilés pour son amour. Certes, du moment qu'un Dieu l'habite, une chaumière ne doit-elle pas, aux regards de la foi, se transformer en palais (1)? » Ils célébrèrent de même la fête du Saint-Sacrement.

Les catéchumènes qui venaient assister à la messe, le dimanche, et à qui le P. Chanel faisait la prière en foutounien, ne tardèrent pas à être inquiétés. Un des jours de l'octave du Saint-Sacrement, trois jeunes gens d'*Assoa*, pour fuir la persécution, s'étaient réfugiés chez le Bienheureux. Ils y étaient depuis deux jours, lorsqu'on vint lui dire de les

-----

(1) Lettre citée, du 23 octobre 1841.

congédier au plus tôt, parce que les *vainqueurs* étaient irrités. On ajoutait que les habitants de *Fikavi* étaient disposés à brûler les maisons d'*Assoa*, si ces jeunes gens ne rentraient pas dans leur famille. A cette annonce deux d'entre eux s'en vont en pleurant, le troisième demeure. (22 *juin.*)

Le P. Chanel ne pouvait laisser passer cet incident, sans demander des explications. Il se rend donc à *Tamana*, auprès de Niouliki, qu'il ne rencontre pas. Il raconte alors aux vieillards, qu'il trouve réunis, ce qui vient de se passer, et profite de l'occasion pour leur rappeler toutes les bontés dont il les a comblés, tous les présents qu'il leur a faits, etc. Les vieillards avouent qu'ils lui ont de grandes obligations, mais ils nient la vérité des rapports qui lui ont été adressés. Le roi arrive à ce moment. « Votre Majesté aurait-elle des sujets de plainte contre nous? — Non, répond-elle. » (23 *juin.*)

Cette réponse n'était pas sincère. En effet, le lendemain, Niouliki assiste à *Fikavi* à un repas de funérailles. Le défunt avait plusieurs fois refusé le baptême et avait empêché le F. Marie-Nizier de baptiser un enfant de cette vallée. Le roi profite de cette circonstance pour adresser la parole à son peuple et lui faire connaître ses intentions : « Sachez bien, leur dit-il, que *Poï* m'appartient. Je ne veux pas qu'on aille y prier. Ceux qui voudront suivre la nouvelle religion, qu'ils se bâtissent chez eux des maisons pour faire leurs réunions. » (24 juin.)

Instruits par ce qui vient de se passer, les catéchumènes viendront désormais en se cachant, le samedi dans la nuit, et, après avoir entendu la messe le dimanche matin, retourneront chez eux. Les deux missionnaires passaient une partie de la nuit à les instruire. Lorsque, plus tard, plusieurs crurent pouvoir demeurer pendant le jour, ils assistaient à la messe chantée, au catéchisme qu'on leur faisait, et le soir, après les vêpres, à la bénédiction du Saint-Sacrement.

La persécution, cependant, ne cesse point. Le 2 juillet, deux catéchumènes viennent trouver les missionnaires pendant la nuit, et leur racontent comment on agit à leur égard.

« Personne ne veut nous parler. Dès que nous nous retirons d'une compagnie, tout le monde pousse des éclats de rire et se moque de nous. » Les deux Pères les félicitent d'avoir quelque chose à souffrir pour Jésus-Christ, et les encouragent à persévérer dans leurs sentiments malgré toutes les railleries.

Le P. Chanel tente auprès du roi de nouveaux efforts ; mais il n'en obtient que cette réponse : *J'en parlerai à mon peuple*.

En attendant l'effet de cette promesse, le Bienheureux évangélise les insulaires qu'il rencontre, et se plaît à répondre à leurs questions :

« Nous avons appris, disent-ils, qu'il y a parmi les blancs de fort mauvais sujets, des voleurs, des assassins, etc. — C'est vrai, répond le P. Chanel ; mais sachez que les gens honnêtes les ont en horreur ; ceux qui gouvernent sévissent contre eux. On aurait dû vous parler, aussi, des vertus de ceux qui suivent la voix de leur conscience, et qui pratiquent la religion que je viens vous annoncer. » Faréma, si connu par sa facilité d'élocution et son antipathie contre la religion, veut discuter à son tour ; mais le Père, qui juge ces discussions stériles, prend congé du roi et retourne à *Poï*.

Le 5 août, Faréma lui-même vient le voir et se montre plus modéré qu'à l'ordinaire dans ses paroles. Il se souvient, sans doute, des observations que le P. Chanel lui fit un jour au sujet de ses blasphèmes : « N'as-tu pas peur que la malédiction du Seigneur ne tombe sur toi ou sur quelqu'un des tiens? » L'événement n'avait pas tardé à vérifier cette parole : le fils de Faréma était atteint de consomption.

Il était facile de voir que le roi, poussé, disait-on, par Faréma, endurcissait son cœur et qu'il faudrait renoncer à l'espoir de le convertir.

La conduite de Niouliki entraînait celle des chefs, qui ne voulaient pas lui déplaire. De plus, en se faisant chrétiens, ils craignaient de voir *disparaître leur autorité*. D'après la croyance générale, en eux descendaient des dieux, qui assuraient leur pouvoir. « Ces *dieux*, dit le P. Chanel, font peur aux indigènes qui n'épargnent pas les présents pour se les rendre favorables (1). » L'intérêt personnel s'ajoutait donc, chez eux, aux autres motifs pour les éloigner de la foi.

Le peuple lui-même, *extrêmement superstitieux*, n'osait pas renoncer à ses traditions. *Si nous nous faisions chrétiens, disaient-ils, nos méchants dieux nous mangeraient de colère* (2), » A la crainte des *dieux* se joignit bientôt celle du roi. Ils pensaient aussi que *les festins publics, les danses, les fêtes à l'occasion des mariages et du culte des dieux allaient cesser avec la nouvelle religion* (3).

Faut-il s'étonner si le nombre de ceux qui crurent à la parole de l'apôtre de Foutouna fut d'abord peu considérable? « Il y avait, dit le P. Servant, tant d'obstacles à la prédication de l'Évangile, que la semence du christianisme n'était jetée qu'insensiblement et sans bruit. C'était la génération naissante, mieux disposée parce qu'elle était plus pure, qui la recevait avec le plus de courage (4).

Le P. Chevron, témoin oculaire, confirme cette appréciation. « La plupart des insulaires restent sourds aux sollicitations de la grâce, bien qu'en secret ils nous témoignent le désir d'embrasser notre foi. Il est à croire qu'en exprimant ce vœu, la jeunesse est sincère : il y a, en effet, de grandes espérances à fonder sur elle. Mais les vieillards sont entachés d'un crime qui semble peser sur eux comme une réprobation : c'est l'anthropophagie, poussée par eux, sous le précédent règne, aux dernières horreurs (5). » Le même missionnaire ajoute un autre motif, c'est *qu'en se faisant chrétiens, il faudrait devenir sages.*

Ces obstacles n'arrêtaient pas le zèle de notre apôtre,

----

(1) Lettre au T. R. P. Colin, 16 mai 1839.
(2) Lettre au P. Convers, mai 1840.
(3) Déposition des témoins du procès apostolique.
(4) *Histoire du christianisme à Foutouna.*
(5) Lettre citée du 21 octobre 1841.

qui prêchait partout les vérités du salut, laissant à Dieu le soin de faire fructifier la semence jetée sur cette terre infidèle.

Un heureux événement vint consoler son cœur. Il n'avait rien négligé pour convertir Thomas Boog, dont nous avons eu occasion de parler si souvent. Les exhortations des deux missionnaires finirent par l'ébranler, et il ne résista plus. La veille de la Toussaint 1840, *date bien heureuse pour lui*, dit le F. Marie-Nizier, il abjura le protestantisme, et reçut avec tous les rites de l'Église le baptême sous condition. Le jour de la fête, en présence de quelques indigènes, il entendit la sainte Messe et fit sa première communion avec de grands sentiments de piété. Cette auguste cérémonie produisit sur les assistants une impression profonde.

La joie de cette conversion durait encore lorsque le 6 novembre, la goélette de Jones arrive de Wallis. Paul s'empresse de débarquer et de porter au P. Chanel une lettre du P. Bataillon. Toute l'île de Wallis est convertie, à l'exception du roi Lavéloua et de quelques membres de sa famille. La bannière de la Sainte Vierge, portée par de fervents néophytes, a fait le tour de l'île. A ces nouvelles, le P. Chanel éprouve une joie si vive et si douce, qu'il ne peut retenir ses larmes. Il est témoin lui-même des heureuses dispositions des catéchumènes de Wallis arrivés avec Paul. Deux d'entre eux viennent à *Poï*, le lendemain dimanche, pour assister à la Messe. Ils récitent leurs prières, le chapelet, et chantent des cantiques jusqu'à une heure avancée de la nuit. Les gens de *Poï* ne se lassent pas de les entendre, et les habitants de *Singavé* ne montrent pas moins d'empressement. Ce sont d'*heureuses dispositions pour la religion*, dit le F. Marie-Nizier.

Le roi et les vieillards ne partagent pas ces sentiments. Le P. Chanel envoie les deux Frères assister à la distribution des vivres qui suivra une fête païenne. Quel n'est pas leur étonnement ! On ne fait aucune attention à eux. Le roi leur *tourne le dos pour ne pas les apercevoir ;* ils sont obligés de revenir avec *un chétif morceau de foie* que Méitala leur jette par compassion. « A quoi attribuer ce changement? dit le

P. Chanel dans son *Journal*. Avons-nous déplu en quelque chose à Sa Majesté, ou les progrès extraordinaires de la religion à Wallis en seraient-ils la cause? Dieu le sait. »

Dans sa lettre, le P. Bataillon avait demandé le P. Chevron pour l'aider à instruire les catéchumènes de Wallis et à les préparer au baptême. Le P. Chanel n'hésita pas à faire ce nouveau sacrifice : il s'agissait de la gloire de Dieu. Les obstacles qu'il rencontrait ne pouvaient que retarder le moment si désiré où sa chère île de Foutouna se convertirait et aurait besoin du concours d'un autre missionnaire.

Avant le départ de son confrère, le P. Chanel voulut avoir avec le roi deux nouveaux entretiens. Il espérait toujours donner au P. Bataillon la nouvelle de la conversion de Niouliki. Vain espoir, hélas ! Il dut se contenter de lui envoyer par le P. Chevron la lettre suivante, la dernière sans doute qu'il eut occasion d'écrire.

« Foutouna, 19 novembre 1840.

« Mon Révérend Père,

« Nous portons le plus vif intérêt à la position vraiment digne d'envie, dans laquelle vous vous trouvez : c'est pourquoi je consens à ce que le P. Chevron nous quitte, pour aller avec le F. Attale partager votre sollicitude et vos consolations.

« Le bruit de la conversion de votre île a paru remuer les esprits des insulaires de Foutouna. Quelques-uns ont semblé vouloir dire : *Pourquoi sommes-nous donc si difficiles à convertir?* Mais, hélas ! il semble que mon pauvre roi veuille se piquer d'honneur pour marcher sur les traces de votre Lavéloua. Et depuis qu'il est *Malo* (vainqueur) tout de bon, il a l'air de vouloir se cramponner à *Fakavélikélé*. Néanmoins, les nouvelles de Wallis l'ont agité. Je désire ardemment qu'il s'opère en lui une crise salutaire.

« Le petit nombre de jeunes gens qui commençaient à se joindre à un jeune catéchumène qui nous est venu d'Ouvéa, ont été menacés d'être rôtis, ce qui les a un peu intimidés. Plaise à Dieu que l'exemple de vos catéchumènes les ranime.

« Le P. Chevron vous dira le bon et le mauvais de cette île.

« J'ai la confiance que la ferveur de vos catéchumènes finira par nous obtenir la conversion des naturels de Foutouna. »

« C'est avec un bien vif regret, écrit le P. Chevron, que je quittais Foutouna, où je laissais le P. Chanel en pleine persécution. Une seule pensée me consolait, c'est que je sacrifiais la couronne du martyre à l'obéissance, sacrifice qui est bien plus grand pour un missionnaire. Quatre mois après mon départ, notre pieux confrère recevait dans le ciel la palme qui m'était refusée (1). »

IV

Après le départ de son confrère, le P. Chanel déploya un zèle vraiment extraordinaire. Il parcourait sans cesse les divers villages, annonçant partout la parole de Dieu (2). Dans l'exercice de ce ministère, il avait besoin de toute sa charité et de son inaltérable douceur pour accueillir ses chers sauvages, ne point s'impatienter de leurs questions, souvent incohérentes et puériles, et répondre à des objections sans cesse renaissantes.

Il enseignait, un jour, le dogme de la création et l'existence d'un seul Dieu en trois personnes. Un certain nombre de Foutouniens, assis autour de lui, l'écoutaient en silence, lorsque l'un d'eux se leva et dit : « Tu as vu récemment notre roi agité par des mouvements extraordinaires, n'avait-il

---

(1) Lettre au T. R. P. Colin, 28 mai 1841. *Annales de la Propagation de la foi.*

(2) Procès apostolique.

pas alors le vrai Dieu dans son sein? » A cette question, bien que le roi suivît la conférence, tout en se tenant à l'écart, le zélé missionnaire répondit hardiment : « Non, mes amis, Jéhovah, le seul vrai Dieu, ne réside pas dans le cœur de ceux qui refusent de le connaître et de l'adorer. — Montre-nous ton Dieu, dit un autre insulaire ; où est-il? — Partout, mes amis ; mais étant un esprit pur et parfait, vous ne pouvez le voir des yeux du corps ; vous le verrez après votre mort, si vous vous en rendez dignes par une vie chrétienne. » — Un troisième indigène, indiquant le crucifix qui brillait sur la poitrine du missionnaire : « N'est-ce pas ton Dieu? » Alors le Père, détachant son crucifix, le leur montra : « Voici l'image de mon Dieu, Notre-Seigneur Jésus-Christ, qui est mort pour nous tous sur la croix. » Puis il leur expliqua le mystère de la Rédemption. Plusieurs d'entre eux ne purent s'empêcher de répandre quelques larmes.

D'autres lui dirent : « Si nous quittons le culte de nos dieux, ils nous feront mourir. Tu dis que Jéhovah est le Tout-Puissant ; alors invoque-le et guéris nos malades. Depuis ton arrivée dans notre île, les maladies ont augmenté ; les ouragans et les tempêtes ne cessent de déraciner nos arbres, et nous sommes menacés de la famine. — Mes amis, reprit le bon Père, si vous vous faites chrétiens, vous ne mourrez pas ; mais, échangeant cette vie d'épreuves contre un bonheur sans fin, vous vivrez éternellement. Les fléaux n'ont désolé votre pays que parce que vous n'avez pas cessé d'offenser Jéhovah par vos désordres. Je suis venu des contrées lointaines pour vous apprendre à l'aimer, et vous n'écoutez pas ma voix. Soyez chrétiens, et vous désarmerez sa colère ; soyez sobres et prévoyants, amassez des provisions pour la mauvaise saison, et vous n'aurez point à redouter les horreurs de la famine. »

Quelques-uns disaient : «*Il a raison ;* d'autres : *Il est habile, il veut nous faire abandonner la religion de nos pères : retirons-nous.*» Chaque jour, il fallait reprendre ces dialogues, répondre à leurs questions et résoudre leurs difficultés.

Ayant recontré, dans l'une de ses courses, plusieurs indigènes qui causaient à l'ombre d'un cocotier, il s'approcha d'eux et leur demanda, en souriant, le sujet de leur entretien : « Nous parlions de toi et de Marie-Nizier ; nous disions : « Qu'elle est belle, votre religion ! — Oh ! oui, mes amis, notre religion est belle ; elle est seule digne d'être connue et pratiquée. N'adorez plus vos dieux. C'est Jéhovah qui a tout créé. Sans doute le ciel est haut, la terre grande, la mer immense, le soleil et les étoiles magnifiques ; mais Jéhovah, qui les a faits, est plus grand et plus beau ; lui seul mérite vos adorations. Ne craignez ni *tapous*, ni *Atoua-mouli*, ni *Fakavélikélé;* ne redoutez qu'une chose, le péché qui offense Jéhovah et conduit au feu de l'enfer. »

Cependant, l'apôtre voyait s'accroître peu à peu le nombre de ceux qui l'écoutaient volontiers. *Pendant les derniers mois qui précédèrent la mort du P. Chanel*, écrit le P. Roulleaux, *la grâce remuait fortement Foutouna ; une partie de la population était ébranlée, et un bon nombre aurait embrassé ouvertement la religion, si la crainte du roi et des vieillards, qui partageaient son obstination, ne les avait retenus.* A la même époque, un certain nombre de jeunes gens, méprisant les objets de leur culte superstitieux, s'étaient fait inscrire au rang des catéchumènes. Mais leur réunion du dimanche excitait la colère des ennemis de la religion, et surtout celle du roi et de sa parenté. Les choses en vinrent à ce point que les naturels de la partie orientale de Foutouna (celle qu'habitait le P. Chanel), allaient partout répétant ce cri de haine et de mort : *Ke tamate le lotou, Ke pouli! Qu'on détruise la religion, qu'elle disparaisse! Il faut qu'on les frappe.* Plusieurs voulaient même qu'on les fît mourir.

Méitala, fils du roi, atteste que l'apôtre de Foutouna avait connaissance de ces propos. Plusieurs fois même il fut question de mettre à mort le Bienheureux. *Pour lui, il gardait sa tranquillité d'esprit*, et continuait son ministère de zèle et de charité. Il s'efforçait d'amener à la vraie foi tous les indigènes, sans en excepter ses persécuteurs. Tous l'aimaient,

parce qu'il avait très bon cœur ; c'était la religion que les
païens détestaient.

La position sous le rapport matériel, au lieu de s'améliorer,
s'aggravait de jour en jour. Des vols répétés enlevaient aux
missionnaires leurs ressources, et les insulaires leur apportaient
rarement des provisions. Le peu de vivres qu'ils pouvaient
recueillir, ils avaient de la peine à le garder pour eux.

En voici un exemple :

Le 13 décembre 1840, un jeune homme était venu prêter
son concours pour la préparation du repas. Lorsqu'il voulut
s'assurer si les vivres étaient cuits à point, une foule nombreuse l'entoura dans l'intention de prendre part au dîner.
Le P. Chanel se vit obligé de les congédier, en leur disant
qu'il n'y avait pas assez de vivres pour tout le monde. Après
le départ de ceux-ci, d'autres plus nombreux les remplacè-
rent. *Mon Dieu, donnez-moi la patience*, dit-il alors, et cette
prière il l'inscrivit sur son *Journal*, en se rappelant la lutte
qu'il avait dû soutenir. Ces scènes se renouvelaient souvent.
Un jour, il fut réduit à tuer le chien de la maison pour s'en
nourrir. La faim lui fit vaincre sa répugnance ; son compagnon ne put la surmonter.

Ce n'étaient pas seulement les fruits que les naturels déro-
baient ; ils enlevaient aussi le linge et d'autres objets. Le
P. Chanel crut devoir se plaindre des vols continuels dont il
était victime ; mais ses plaintes restèrent inutiles.

Niouliki entrait encore quelquefois, quand il passait par
Poï ; il affectait de conserver les dehors de l'amitié, mais les
rapports devenaient de plus en plus froids.

Le 11 décembre, en entrant dans la maison du P. Chanel,
le roi dit : « Pourquoi n'avez-vous point fait de présents aux
jeunes mariés dont je viens de célébrer les noces? — C'est
que les indigènes, répond aussitôt le Frère, nous appauvris-
sent chaque jour par leurs vols, et Votre Majesté ne se met
pas en peine de nous faire rendre nos effets. » Le roi, qui,
sans doute, ne s'attendait pas à cette réponse, garda le silence.

Le 20 décembre, le P. Chanel apprend que Niouliki a

prédit *une tempête dans quatre jours et la chute du soleil dans quatre mois.*

Quelle est la signification de ce langage mystérieux très usité à Foutouna? On crut généralement qu'il était question de la nouvelle religion et de son apôtre.

Le quatrième jour, en effet, Niouliki n'entre pas chez le P. Chanel, et, rencontrant Thomas auprès de son premier ministre, ne lui adresse pas même la parole ; il annonce, ce même jour, son dessein de renvoyer le missionnaire par le premier navire de passage.

Ses parents voulaient, dès cette époque, que le P. Chanel fût mis à mort ; mais le roi s'y opposait formellement. Nous le verrons contraint, *quatre mois après*, d'ordonner lui-même cette mort et d'amener ainsi *la chute du soleil.*

Le jour de Noël, le Bienheureux eut connaissance du projet du roi. Il ne s'en troubla point et ne changea rien à sa ligne de conduite. Suivant la belle remarque du premier avocat de la cause de béatification, « il avait revêtu la cuirasse de la foi et de la charité ; il s'était pénétré de la douceur et de la mansuétude du divin Maître : aussi, rien ne put vaincre cet homme de Dieu, que les sauvages, frappés d'un spectacle si nouveau pour eux, avaient nommé *Tangata anga malie :* l'homme à l'excellent cœur ».

Sa charité envers les indigènes n'avait point de bornes. Les Foutouniens nous rapportent eux-mêmes qu'entrant dans sa maison, ils mettaient tout en désordre, et que le Père ne se fâchait pas. Ils le maltraitaient, et il leur parlait avec bonté ; ils le rebutaient, et il leur rendait les services qui dépendaient de lui. *Ils sont plus à plaindre qu'à gronder,* dit-il à son compagnon ; *ils ne savent ce qu'ils font.*

Sa charité de tous les instants, sa bonté inaltérable et sa patience à toute épreuve, avaient produit sur plusieurs insulaires une impression profonde. Malingi lui-même, premier ministre et chef de *Poi*, en subit l'heureuse influence et s'attacha à lui pour toujours. Il n'osa pas toutefois se prononcer en faveur du christianisme, du vivant du P. Chanel.

Depuis la parole mystérieuse du roi, la persécution avait redoublé. Plusieurs voulaient qu'on ne se contentât pas de frapper les catéchumènes, mais que, pour en finir avec la nouvelle religion, on les mît à mort. Ainsi, le 24 janvier 1841, les indigènes arrêtent, à *Laloua*, les catéchumènes, et les menacent de mort s'ils osent aller à la messe.

Le lendemain, on vient dire au P. Chanel que le roi et les vieillards réunis ont délibéré s'il ne fallait pas *faire mourir deux personnes religieuses*, et on ajoute qu'ils paraissent très irrités. Au dire de ceux qui apportent la nouvelle, il ne peut être question que du missionnaire et de son catéchiste. Sur le soir, on apprend qu'il s'agit de deux catéchumènes qui ont construit leurs maisons en bambous, contrairement aux usages de l'île. Ils ont été condamnés à faire les frais du festin qui aura lieu le jour où l'on se réunira pour brûler leurs cases. Mais, dès que la décision est connue, l'affaire se complique, car tous les jeunes gens prennent la défense des persécutés. Ceux-ci, sans attendre l'exécution de la sentence, mettent eux-mêmes le feu à leurs maisons, et, avec l'aide de leurs jeunes défenseurs, préparent le repas auquel ils ont été condamnés.

Dans le conseil du 25, les vieillards s'étaient occupés du P. Chanel et de son compagnon. Ils s'étaient montrés très irrités en apprenant que quelques jeunes gens, contre la volonté expresse du roi, allaient les aider à faire la cuisine, et même leur apportaient des vivres. Ils décident qu'on renouvellera la défense de rien leur donner, et qu'on devra laisser les deux missionnaires vivre comme ils pourront. *Serait-ce,* dit le P. Chanel, *une crise salutaire pour disposer les cœurs à embrasser enfin la religion?*

Les quelques jeunes gens qui, jusque-là, avaient bravé les railleries et les mauvais traitements de leurs compatriotes, ne tinrent aucun compte de la nouvelle défense et continuèrent, mais en cachette, à exercer leur office de charité. Voici leurs noms : Longoasi, Maïtaou, Malaéfatou, Toukoumouli, Pipisenga, Sangongo et Namousingano. « Toukoumouli et moi, dit Namousingono, nous faisions cuire des vivres dans notre case et nous les apportions aux serviteurs de Dieu ; mais nous cachions notre pensée, et nous disions que nous portions ces vivres à Thomas, qui avait épousé la cousine de Toukoumouli. Nous agissions ainsi, parce que nous craignions le roi. »

« La veille d'une fête païenne, écrit le F. Marie-Nizier, un certain nombre de vieillards se réunissent dans notre maison. Ils se mettent à parler entre eux des desseins du roi, mais à mots couverts. Je les comprends. Quelques-uns disent : *Il faut que ces deux-là disparaissent. — Pourquoi?* reprend un naturel qui n'est pas de Foutouna. — *C'est l'intention du roi*, répondent-ils. *Sont-ils donc venus d'un pays étranger pour gouverner l'île? Il faut les faire disparaître ; le roi le veut.*

« En entendant ces paroles prononcées avec chaleur, j'allai trouver le P. Chanel, qui était occupé à sarcler un champ de bananiers : « Pourquoi, mon Père, vous donner tant de peine à travailler, puisque nous allons mourir demain? Je viens d'entendre dire telles et telles choses. — Eh bien ! me dit-il en suspendant son travail pendant quelques secondes, et avec le calme le plus profond que j'aie remarqué en lui, *ce ne sera pas le plus mauvais de nos jours. Ne savez-vous pas la réponse de saint Louis de Gonzague, lorsqu'on lui demanda ce qu'il ferait s'il devait mourir à l'instant?...* » Sans rien ajouter, il continua son travail.

« Le massacre n'eut pas lieu ce jour-là (29 janvier 1841) : on ne voulait pas dissoudre l'assemblée, ou, plutôt, le moment marqué par la Providence n'était pas arrivé. »

Envoyé à *Singavé*, le 11 février, le F. Marie-Nizier apprend les sinstres projets des *vainqueurs*. Ils n'attendent que le retour de la goélette de Jones pour le massacrer avec son équipage, ainsi que les blancs et les catéchumènes, afin qu'il ne reste aucune trace de religion, et que personne ne puisse apprendre aux navires qui aborderont l'île ce qui s'est passé à Foutouna.

Ces bruits sinistres, que le Frère, à son retour, se hâte de transmettre au P. Chanel, ne le surprennent point. Il sait qu'il règne chez les *vainqueurs* une grande irritation contre la religion ; il en a la preuve tous les jours. Il comprend que l'enfer fait un dernier effort. Aussi, plein de confiance, se jette-t-il aux pieds de Jésus, de Marie et de saint Joseph, pour faire en leur honneur des neuvaines de prières.

Pour préparer le triomphe du christianisme et faciliter l'instruction des catéchumènes, il traduisait en foutounien un abrégé de la doctrine chrétienne, composait des cantiques dans la même langue, et les faisait chanter aux réunions du dimanche et des autres jours. « Malgré la défense qui leur avait été faite de se réunir auprès de nous, raconte le Frère, les catéchumènes, plus ou moins nombreux, et assez souvent accompagnés d'autres Foutouniens, venaient presque tous les soirs, un peu avant le coucher du soleil, se grouper autour de notre résidence, et, tout doucement, finissaient par nous rejoindre. » Le bon Père les recevait avec effusion de cœur, les instruisait et les renvoyait consolés et fortifiés. Aussi revenaient-ils, avec un nouveau plaisir, entendre la parole de Dieu, malgré les railleries, les mauvais traitements et les menaces de mort qui leur étaient prodigués.

La persécution atteignait même les *vaincus*. Le 28 février, le P. Chanel, ne pouvant y aller lui-même, envoie le Frère exhorter la jeune catéchumène Mataloupé, enfant de dix ans, à résister aux vexations de sa mère, qui s'acharnait contre elle. « On m'a rapporté, dit le P. Servant, que, pour se soustraire à la persécution de ses parents, elle se retirait quelquefois dans les bois, afin de prier Dieu, et qu'elle cachait avec grand soin la médaille que le P. Chanel lui avait donnée. Quand elle apprit sa mort, elle s'écria : « Et moi aussi, je veux mourir pour l'amour de Jéhovah ! je veux aller rejoindre le bon Père ! »

V

Quelques semaines avant la mort du Bienheureux, Niouliki, irrité de l'accroissement du nombre des catéchumènes, tint, au mois de mars, un conseil, qui décida qu'on transporterait tous les effets du Père à *Tamana*, résidence de Sa Majesté. En l'obligeant ainsi à demeurer près du roi, on pensait que les néophytes et les catéchumènes, redoutant la colère de Sa Majesté, n'oseraient pas continuer leurs relations avec le missionnaire.

« Ce projet, dit le P. Servant, ne fut pas mis à exécution ; mais il était bien convenu qu'on prendrait tous les moyens d'anéantir la religion, fallût-il incendier la maison des catéchumènes et les disperser de côté et d'autre. La haine du christianisme fut portée à ce point, qu'il y avait ordre de frapper quiconque ferait le signe de la croix, ou remuerait les lèvres avant le repas. Deux jeunes gens, du village qu'habitait le P. Chanel, furent condamnés à l'amende pour la seule raison qu'ils allaient trop souvent à la maison du missionnaire.

« Les gens du parti *vainqueur* avaient décidé qu'il fallait au plus tôt en finir avec la religion et ses adeptes, pendant que les catéchumènes étaient en petit nombre. Attendre plus longtemps leur semblait dangereux, parce que les catéchumènes, devenant plus nombreux, pourraient se défendre par les armes. L'affaire était sérieuse, suivant l'opinion des infidèles ; mais le peuple ne pouvait de lui-même mettre la main à l'œuvre d'extermination. Le P. Chanel était censé parent du roi ; seuls, Niouliki et ses proches avaient le droit de le mettre à mort, suivant les coutumes des Foutouniens (1). »

On pouvait dès lors prévoir que Niouliki serait sollicité de donner son consentement et qu'il en viendrait à cette extrémité.

---

(1) P. SERVANT, *Histoire du christianisme à Foutouna.*

Le P. Chanel, qui aimait tant les cérémonies de l'Église, voulut donner à la fête de Pâques, qui tombait cette année le 11 avril, la plus grande solennité possible. Il disposa tout en conséquence et fit un appel aux catéchumènes.

Ce même jour, dans le village de *Poï*, on devait célébrer par un repas solennel le mariage du fils de Misa, guerrier bien connu par sa bravoure. Quelques Foutouniens malintentionnés avaient aperçu les catéchumènes qui se rendaient auprès du Bienheureux. Ils s'étaient empressés de communiquer cette nouvelle, et d'aller soulever une partie de la population de la vallée de *Fakaki*. Vaïtoso parcourait les groupes en disant qu'*avant de prendre le repas, il fallait renverser la maison du missionnaire*. Katéa criait de son côté : *Que l'on frappe le prêtre, afin que la religion périsse ; que l'on emporte de là ses effets*. Déjà on prenait les armes, lorsque Misa sortit de sa maison et déclara que, si on en venait à l'exécution, il n'y aurait point de festin. Cette parole arrêta les indigènes.

L'un d'entre eux avait informé secrètement les catéchumènes du complot qui se tramait. Aussitôt, le plus grand nombre, saisi de crainte, se retira, avant même la fin de la messe. Le P. Chanel était tout étonné de cette prompte disparition ; il ne tarda pas à en apprendre la cause. Sangongo, du village de *Poï*, avait entendu les menaces de mort que se répétaient les divers groupes, et il s'était hâté de le prévenir du *mal que ses ennemis voulaient lui faire*. Il lui répondit : *C'est bon pour moi* (1).

Un autre catéchumène, Namousingano, vint, à son tour, rapporter les paroles de Vaïtoso et de Katéa. Ce dernier voulut s'assurer par lui-même de la présence des catéchumènes. « Nous étions réunis, dit Sangongo ; Katéa vint frapper avec son casse-tête la cloison de bambous et s'écria : *Oui, continuez, jeunes gens ; traitez votre ministre comme vous faites, et vous serez cause de sa mort !* Il se retira aussitôt ; nous avons tous entendu ces paroles ; le Père les a entendues comme nous ;

----

(1) Procès apostolique.

et quand nous les lui avons répétées, il a répondu : *C'est bon pour moi* (1). »

Ce même jour, après la messe, Niouliki entra dans la case du missionnaire, et lui fit remettre par deux naturels un panier de taros cuits et une petite jambe de porc à moitié cuite. Le F. Marie-Nizier pense que son but était, sans doute, de voir par lui-même le nombre des catéchumènes ; à ce moment il n'en restait que deux. Le P. Chanel reçut le roi avec sa douceur et sa bienveillance habituelle ; puis, se tournant vers le Frère, il lui dit : « *Salutem ex inimicis nostris : Nous recevons le salut de nos ennemis.* Nous n'avions presque rien à manger aujourd'hui ; voilà que la Providence vient à notre secours. » La visite de Niouliki fut courte, et ce fut la dernière.

Les événements se précipitaient et annonçaient un prochain dénouement. Le jeudi de Pâques, 15 avril, un jeune catéchumène, entendant les menaces de mort que l'on proférait contre ceux qui se déclaraient pour la religion, vint dire au Père : « J'ai peur de faire une mauvaise mort si on me tue pour ma croyance. — Rassure-toi, lui répondit-il, dans ce cas, tu seras baptisé dans ton sang (2). »

Ce même jour, on lui cite les noms des trois plus acharnés persécuteurs, et il apprend qu'il est sérieusement question de transporter ses effets à *Tamana*, près de la maison du roi, afin que Sa Majesté voie de ses yeux ce qui se passe.

L'un de ces persécuteurs était Mouscumousou, gendre du roi. Filitika dépose qu'il l'a entendu, de ses oreilles, dire à Niouliki : « Ce que fait ce blanc tend à la destruction du royaume, de la nation, des festins publics et des réjouissances à l'occasion des mariages.— Eh bien ! s'il en est ainsi, reprend Niouliki, que la religion périsse : c'est le principe du mal (3). »

Le P. Chanel avait-il un pressentiment de sa fin prochaine, ou du triomphe de la foi? On pouvait le croire, tant il multi-

---

(1) Procès apostolique.
(2) Analyse du *Journal* par le P. Roulleaux.
(3) Procès apostolique.

pliait ses instructions aux catéchumènes, et s'efforçait d'en augmenter le nombre.

Une conversion lui tenait à cœur. Toujours il avait trouvé dans Méitala, fils aîné du roi, un ami qui l'écoutait volontiers ; mais il n'avait pas encore obtenu un consentement explicite, et par prudence tenait secrets ses entretiens intimes avec lui. Prévoyant que toute l'île se convertirait, s'il obtenait que le prince se déclarât ouvertement pour la religion catholique, il crut que le moment était venu de faire un dernier effort.

Méitala demeurait alors à *Avoaui*, dans la maison d'une parente, avec sa sœur Flore, qui venait de se convertir. La circonstance parut très favorable. Le Bienheureux choisit deux zélés catéchumènes, Maïtaou, du même village, et Longoasi.

« Un jour, dit Méitala lui-même, j'étais avec Tafolo ; je vis venir Maïtaou et Longoasi, que le Père avait envoyés pour nous amener à embrasser la foi. La discussion fut longue et se prolongea jusqu'au milieu de la nuit ; enfin nous donnâmes notre consentement. Longoasi et Maïtaou se hâtèrent d'aller annoncer notre conversion au Bienheureux, qui en témoigna une grande joie. — Le lendemain, lui-même se rendit à *Avaoui* pour converser avec nous. Il nous dit qu'il reviendrait, pour nous donner des médailles de la Sainte Vierge ; ce qu'il ne fit pas, parce que les indigènes hâtèrent sa mort. Le Père répandit çà et là la nouvelle de ma conversion, afin d'exciter les indigènes à suivre mon exemple. »

Heureux des excellentes dispositions de ceux qui l'entourent, l'apôtre prend le temps nécessaire pour bien les instruire. « *Malgré la fièvre, qui lui brûle tout le corps, il surabonde de joie de cette nouvelle et importante conquête, et est heureux de ce qu'il souffre* (1). »

« Dans cette dernière entrevue, qui eut lieu le lundi 19 avril, écrit le P. Servant, Méitala *saisit vivement la croix qui pendait au cou du Père, et la suspendit au sien, comme pour lui*

______

(1) Analyse du *Journal* par le P. Roulleaux.

dire que, définitivement, il embrassait la religion de Jésus crucifié. Nous allons voir que *s'il ne la scella pas par l'effusion de son sang, il fut du moins blessé pour elle, et de la main de ceux qui étaient déjà en route pour massacrer le prêtre* (1). »

« L'exemple du prince, écrit le F. Marie-Nizier, fut imité d'un petit nombre d'autres jeunes gens, qui, tous étaient animés de bons sentiments. Combien le P. Chanel se réjouissait de voir germer ces jeunes plantes ! car à peu près tous les jeunes gens n'attendaient que la conversion du fils du roi pour opérer la leur (2). »

Sangongo nous assure qu'un nombre considérable d'indigènes manifestèrent leur désir de se convertir à la foi, parce que le fils du roi l'avait embrassée, et qu'ils devaient le faire le dimanche 2 mai (3).

Longoasi, voyant ce mouvement, dit : *Je mettrai mon fer au feu, et je frapperai avec le marteau, pour qu'il s'allonge et qu'il s'étende sur tout Foutouna.* Il voulait parler de la religion. Il avait encore ajouté *qu'il ne craignait personne à Assoa.* Ces propos, répandus partout, provoquèrent chez les ennemis de la foi une grande irritation contre les néophytes (4).

Léa Sina, épouse de Mousoumousou, atteste que les parents du roi, enflammés de colère, disaient : « Que personne n'embrasse la religion, de peur qu'en désobéissant à la nation, on ne la livre aux mépris et aux malheurs (5).

Le roi venait lui-même de formuler la même défense.

« Mon père m'apprit, dit un fervent catéchumène, que le roi avait dit au peuple : *Qu'ils cessent d'aller trouver le missionnaire pour apprendre de lui cette chose qu'on appelle la religion ; autrement le missionnaire mourra.* Quand je rapportai ces paroles au Bienheureux, il me répondit : *C'est bien.*

---

(1) Lettre du 19 août 1842. *Annales de la Propagation de la foi.*
(2) Lettre citée, 1er mai 1841.
(3) Procès apostolique.
(4) *Ibid.*
(5) *Ibid.*

Le lendemain, lorsqu'il m'enseignait les prières dans sa case, le roi vint lui-même frapper à la porte avec son casse-tête. Je sortis en toute hâte par l'autre porte, et, fuyant par un autre chemin que la voie publique, j'allai prendre un bain au village de *Fakaki*. Peu de temps après, Niouliki arriva près de l'endroit où je me baignais, sans que je m'en fusse aperçu. Il me menaça de son casse-tête qu'il tenait à la main, en me disant : *Cessez d'aller dans la maison du blanc, et éloignez-vous de lui, de peur que, dans la suite, il ne soit mis à mort, et que ce qui s'appelle la religion ne serve de rien : car elle périra certainement, et l'île sera tranquille.* Je partis sur-le-champ, et je rapportai au Bienheureux les paroles du roi. Il me dit : *C'est bien* (1). »

Malgré la fièvre, qui le consume, le P. Chanel semble se multiplier, afin de seconder le mouvement que produit la conversion de Méitala.

« Le 22 avril, *je me trouve un peu mieux*, dit-il, *sans être parfaitement guéri* (2). » Il en profite pour aller voir Faréma, et Niouliki par la même occasion. Il apprend qu'il y a eu assemblée des vieillards et conseil. Quel en est bien l'objet ? Il ne trouve personne qui l'en instruise.

Après le conseil, Mousoumousou alla dans sa famille chercher un enfant malade pour le présenter au roi, afin qu'il le rendît à la santé, suivant le préjugé du paganisme foutounien. « Lorsque nous sommes arrivés à *Tamana*, raconte Léa Sina, j'ai entendu le dialogue suivant entre Mousoumousou et le roi Niouliki : *Sa Majesté est bien ; mais que s'en suit-il ? Méitala va trouver le prêtre pour professer en secret la religion. — Corrigez-le. — Quelle sera sa correction ? Il n'obéit à aucune parole. — Corrigez-le seulement, car il est encore insensé. Vous êtes venus ici pour me demander ce qu'il y avait à faire : faites ce que vous voudrez ; je chéris cet homme parce que j'ai vécu avec lui. Je ne vous dis pas : frappez-*

----

(1) Procès apostolique.
(2) Ces paroles terminent le *Journal*.

le ; cependant je ne rejette pas cette mesure. Faites ce que vous voudrez. — Demeurez tranquille ; confiez-nous l'affaire, et nous agirons à notre volonté. Ils échangèrent entre eux d'autres paroles, que je n'ai point entendues. Les propos tenus à *Tamana* ne sont pas peut-être parvenus aux oreilles du Bienheureux, mais il connaissait les attaques des indigènes contre la religion, et il gardait sa tranquillité d'esprit (1). »

Personne ne connut alors les paroles que le roi et Mousoumousou échangèrent en secret. Mais, dans l'enquête de 1845, ce dernier affirma que le roi se mit à lui dire : *Réussirontils, ces gens sauvages, qui viennent à Foutouna pour faire des esclaves?* — Mousoumousou, ne comprenant pas suffisamment le sens de ces paroles, demanda au roi de qui il parlait. *Je parle,* répliqua celui-ci, *des blancs sauvages qui viennent faire des esclaves.* — Alors Mousoumousou ajouta : *Si tu détestes ces blancs, va prendre leurs effets, dépose-les dans ta maison, et j'irai les tuer.* — Le roi garda le silence, mais ses intentions étaient bien connues.

En quittant le roi, Mousoumousou se rend à son village ; chemin faisant, il apprend que Méitala est au rang des catéchumènes ; il envoie, de suite, cette nouvelle à Niouliki. Celui-ci se dirige aussitôt vers l'habitation de son fils. Rencontrant sur sa route Mousoumousou : *Est-il bien vrai,* lui dit-il, *que Méitala se soit converti? — Oui, c'est vrai. — Si c'est vrai,* reprit le roi, *je ne veux plus de ce fils ; tu peux le frapper rudement.*

Mon père, dit le jeune prince, apprenant que je m'étais converti, se rendit à *Avaoui,* dans la maison d'un blanc, nommé *Fiale,* et m'envoya dire d'aller le trouver. Je m'y rendis sur-le-champ. Mon père me dit : *Est-il vrai,* comme le bruit en court, *que tu te sois converti à la religion chrétienne?* — Je répondis : *C'est vrai.* — Et il m'interrogea en disant : *Que cherches-tu?* — Je ne fis aucune réponse. — Me questionnant de nouveau, il me dit : *Quelle puissance royale cherches-tu?*

---

(1) Procès apostolique.

C'est moi qui tiens la puissance royale. — Je répondis : *Les défenses de notre famille, je n'en ai pas tenu compte.* — Il se tut. Je n'ajoutai pas foi à mon père, parce que je me suis rappelé la parole qui m'a été dite : *La religion est une bonne chose.* Mon père se retira. Pour moi, je retournai à *Avaoui* (1). »

Le roi, irrité, prit l'avis de quelques membres de sa famille; ils s'accordèrent à lui répondre qu'il fallait exterminer le *lotou* (prière) en faisant disparaître son auteur. Le roi leur fit comprendre qu'il partageait leur manière de voir, et retourna à *Tamana* (2).

De son côté, Mousoumousou se rendit à *Vélé*, et, dès ce moment, se concerta avec quelques autres chefs; il leur recommanda le plus grand secret : il voulait sans doute attendre que le P. Chanel fût seul dans sa case de *Poï*. L'occasion ne tarda pas à se présenter.

Une blessure au pied empêchait le Bienheureux de se transporter loin de sa demeure. Le lundi 27 avril, il envoya le F. Marie-Nizier « dans les vallées des *vaincus*, pour voir un malade et pour baptiser les enfants qu'il trouverait en danger de mort (3). »

Le même jour ou le lendemain, il exhortait un jeune homme à embrasser de tout cœur la religion catholique. Celui-ci répondit : « Tout le monde, dans l'île, déteste la religion. Par amour pour vous, nous n'osons l'embrasser, car nous craignons que l'on ne vous tue, et qu'ensuite nous ne soyons dans la honte. — *N'importe, reprit le Père, que l'on me tue ou non, la religion est plantée dans l'île, elle ne s'y perdra point par ma mort, car elle n'est point l'ouvrage des hommes, mais elle vient de Dieu* (4). »

---

(1) Procès apostolique.

(2) En combinant la fin du *Journal* et le récit du P. Servant, qui fut chargé de l'enquête de 1845, nous pensons que l'entrevue du roi avec son fils eut lieu le 23 ou le 24 avril.

(3) Lettre du F. Marie-Nizier, 1er mai 1841.

(4) Lettre du F. Marie-Nizier au T. R. P. Coliu, 26 mai 1844.

Dans la soirée du mardi 27 avril, plusieurs indigènes étaient occupés à construire une pirogue dans l'île d'*Alofi*. Ils virent trois hommes, originaires de Wallis, se diriger vers *Assoa*, à la maison de Jean-Baptiste, pour y pratiquer la religion. Des indigènes venant de *Poï* leur apprirent que des exercices religieux avaient aussi lieu au village d'*Avaoui*. Les propos tenus par Longoasi étaient venus à leurs oreilles. Alors Mousoulamou, Matavasi, Oukouloa, Filitika, Kaoui, Ninavana et Katéa, enflammés de colère, se concertèrent et résolurent de frapper les chrétiens. Quatre d'entre eux montèrent aussitôt sur une pirogue pour aller trouver Mousoumousou, qui demeurait à *Vélé*, et lui communiquer la résolution prise.

Au commencement de la nuit, celui-ci réunit un conseil, auquel assistèrent les délégués d'*Alofi* et quelques autres, pour délibérer sur le parti à prendre. D'abord, conformément à la décision d'*Alofi*, il fut question de frapper les habitants de Foutouna et de Wallis qui pratiquaient ensemble la religion. Mousoumousou répondit : *Comment frapper ces habitants de Foutouna et de Wallis? Si l'on frappe les hommes de Foutouna, que l'on frappe aussi le prêtre ; mais que l'on ne fasse aucun mal aux habitants de Wallis.* Les assistants dirent : *C'est bien.* Un nommé Ouloui essaya de faire rejeter cette proposition de maltraiter les catéchumènes. Ce fut en vain. *Nous avons tous décidé,* disent trois témoins, *de frapper ces gens-là.* Alors Mousoumousou reprit : *Eux frappés, la religion ne périt pas ; mais lorsque, au village de Poï, le prêtre aura été mis à mort, la religion sera renversée de fond en comble.* Quelques-uns lui dirent : *Qu'on le laisse tranquille et qu'on se contente de maltraiter ceux qui adhèrent à la religion.* Mousoumousou reprit : *Qu'on frappe le prêtre, car c'est de lui que vient la religion ; s'il meurt, la religion périra à Foutouna.* Oumoutaouli lui demanda *si cela serait agréable au roi. — Oui,* répondit-il, *cela lui plaît.* Tous approuvèrent donc la proposition de maltraiter d'abord les catéchumènes, et ensuite de faire mourir le Bienheureux. Mousoumousou ajouta :

Il ne faut pas les frapper pendant la nuit, pour qu'ils ne disent pas que nous les craignons (1).

Au sortir du conseil, survinrent d'autres parents du roi, qui avaient formé le même dessein. *Nous nous sommes unis à eux*, dit Oumoutaouli, *pour exécuter nos projets.* La nuit du 27 au 28 avril, suivant la recommandation de Mousou-mousou, tous demeurèrent tranquilles, pour ne pas donner l'éveil aux néophytes.

---

(1) Procès apostolique.

CHAPITRE V

LE MARTYRE DU BIENHEUREUX. — CONVERSION DE L'ILE

J. Le martyre. Coup de tonnerre. La sépulture du martyr.
II. Conversion de l'île de Foutouna.

I

Mousoumousou, Oumoutaouli, Mousoulamou, Filitika, Fouaséa, Oukouloa et quelques autres quittent *Vélé* et se dirigent vers *Avaoui ;* Mousoumousou envoie dire à Méitala, par l'un de ces hommes, de venir conférer avec lui. « Lorsque j'approchai de la maison où les catéchumènes avaient passé la nuit, raconte le jeune prince, on entendit un grand bruit, pendant qu'on les maltraitait. Et voici qu'Oukouloa me frappa par derrière avec violence ; il frappa aussi ma sœur Flore, qui m'avait suivi (1). »

Tous les acteurs de cette scène attestent qu'ils ont frappé rudement les catéchumènes. Quelques-uns voulaient frapper aussi les deux blancs, qui demeuraient à *Avaoui* dans une autre maison. Mousoumousou, quoique blessé, s'y opposa. Les trois hommes originaires de Wallis avaient fui, pendant la nuit, dans l'île d'*Alofi*.

Avant de se retirer d'*Avaoui*, les meurtriers mettent le

---

(1) Procès apostolique.

feu à la maison des catéchumènes, et reviennent à *Vélé* en criant : *Que quelques-uns se lèvent, qu'ils apportent ceux qui ont été tués et qu'ils les ensevelissent.*

De *Vélé* la troupe se précipite vers *Poï.*

Mousoumousou l'arrête à *Ava*, pour que l'éveil ne soit pas donné au Bienheureux. Filitika reçoit l'ordre d'aller en avant, et de demander un remède pour la blessure de Mousoumousou. Celui-ci le suit à une petite distance.

Le P. Chanel, suivant son habitude, avait sans doute, de grand matin, célébré la sainte messe, fait son oraison et récité son office. Il était seul à ce moment, parce qu'il avait envoyé le F. Marie-Nizier dans la partie occidentale de l'île, que Thomas Boog habitait depuis plusieurs jours. Sans aucun doute, Mousoumousou n'ignorait pas cette absence qui facilitait l'exécution de son exécrable dessein.

Filitika se présenta le premier : « J'entrai dans la maison, dit-il, mais je ne trouvai pas le Père. J'allai dans son jardin, et je le vis occupé à donner à manger à des poules. Dès qu'il m'aperçut, il s'avança vers moi et me dit : *Que veux-tu en venant ici?* Je répondis : *Je suis venu vous prier de me donner un peu de votre eau, pour guérir la blessure de Mousoumousou.* Nous sommes descendus l'un et l'autre dans la maison (1). »

A ce moment Oukouloa se présente, et prie le Bienheureux de lui prêter le bâton qu'il tient à la main. Il le lui prête aussitôt.

Déjà Mousoumousou est à la porte. Le P. Chanel s'approche de lui et lui dit : « *D'où viens-tu? — D'Assoa. — Quel est le sujet de ta visite? — Je viens demander un remède pour la contusion que j'ai reçue. — Comment as-tu été blessé? — En abattant des cocos. — Reste ici, je vais te chercher un remède* (2). »

Il entre aussitôt dans sa maison, et va dans sa chambre chercher le remède. Filitika et Oukouloa le suivent. Quand

----

(1) Procès apostolique.
(2) Procès-verbal de 1845.

le Père sort de sa chambre, il voit Filitika tenant dans ses bras un paquet de linges : *Filitika*, lui dit-il, *pourquoi voler dans ma maison?* Sans rien répondre, Filitika s'approche de la croisée, et jette dehors la brassée de linges. Le P. Chanel s'avance sur le seuil de la porte, et voit la foule qui pille avidement ses pauvres effets.

Mousoumousou, vivement impatienté, s'écrie : *Pourquoi tarde-t-on de tuer l'homme?* Le Père pouvait bien entendre ses paroles. Filitika s'approche de lui, le saisit, et le pousse avec violence en disant : *Frappez promptement, qu'il meure!* Oumoutaouli s'élance aussitôt en brandissant son casse-tête. Le Bienheureux, dans un premier moment de surprise, s'écrie : *Ne fais pas cela, ne fais pas cela*, et lève le bras droit pour parer le coup ; le bras fracassé retombe ; en même temps, le Père recule de deux ou trois pas. Oumoutaouli décharge un autre coup de casse-tête sur la tempe gauche, d'où le sang jaillit avec abondance. A ce moment, le Père dit plusieurs fois : *malié fouai*. Ces deux mots, en foutounien, ne peuvent être traduits que de cette manière : *très bien*. Les naturels donnent à ce *malié fouai* le sens de *très bien*, comprenant que le Père regardait ses souffrances et sa mort comme un bien pour lui. Le voilà donc qui fait à Dieu le sacrifice de sa vie, et boit le calice de ses souffrances avec une généreuse résignation. Tous les témoins de son martyre attestent qu'il ne lui est échappé aucun cri, aucune plainte, aucune larme, aucun soupir. Il a toujours conservé son égalité d'âme, et il est mort comme un agneau, à l'exemple de son divin Maître.

« Après le second coup frappé par Oumoutaouli, Fouaséa, armé d'une lance terminée par une pointe en fer, s'élança avec fureur contre le Père, et lui porta un coup violent à la poitrine ; la pointe glisse sous le bras, sans blesser le patient, mais le bois de la lance, le heurtant avec force, le fait reculer de trois ou quatre pas et le précipite à terre (1). »

---

(1) Procès-verbal de 1845.

Oukouloa, qui était à l'intérieur de la maison, déclare qu'il a frappé le Bienheureux avec le bâton qu'il lui avait prêté, pendant que Oumoutaouli le frappait avec son casse-tête. Il le frappa de nouveau, après que Fouaséa l'eut renversé de sa lance.

Cependant, le patient vit encore. Il est assis sur le gravier dont la maison est pavée, les épaules appuyées contre une haie de bambous, baissant la tête, essuyant souvent le sang qui coule sur son visage.

Les meurtriers l'abandonnèrent pendant quelques instants, pour ne songer qu'au pillage ; chacun emportait tout ce qui lui tombait sous la main. La maison fut bientôt vide ; il ne restait dans l'intérieur que très peu de naturels (1).

« Pendant qu'on pillait la maison, Mousoumousou allait criant : *Que quelqu'un vienne donc tuer le prêtre !* La foule qui ne cherchait que le butin, fuyait à *Laloua.* J'enlevai moi-même un manteau, et, fuyant au village de *Laloua,* je me cachai dans un bois. J'avais perdu la tête, et mes entrailles étaient émues (2). »

Oukouloa atteste que, pendant qu'il cachait son butin, Mousoumousou lui cria plusieurs fois de revenir et d'achever le Bienheureux, *car il vivait encore ;* mais il ne revint pas.

Après que le P. Chanel eut été renversé dans sa case, Filitika se retira pour saisir quelque chose. « J'enlevai, dit-il, une petite caisse avec une hache et je m'enfuis par un sentier détourné. Mousoumousou me rappela en criant : *Sont-ils donc venus pour s'enrichir ?* Je retournai et je revins vers lui (3). »

Au même moment, les catéchumènes Namousingano et Pipisenga arrivaient à *Poi,* et entraient dans la maison. « Le Bienheureux, nous dit Namousingano, vivait encore ; mais, assis à terre et blessé, le sang coulait de sa tête et de

------

(1) Procès-verbal de 1845.
(2) Déposition de Mousoulamou au procès apostolique.
(3) Procès apostolique.

son bras. Je le considérai, je l'appelai par son nom, et il tourna ses yeux vers moi avec une grande bonté. *Pierre est meurtri !* lui dis-je. — *Où est Malingi?* demande le Père. — *Il est à Alofi.* Et le Père dit en même temps : *Malié Jouai, lokou mate : ma mort n'est pour moi qu'un grand bien* (1). — *Pourquoi frapper ce pauvre prêtre?* dis-je alors avec humeur à Mousoumousou. Celui-ci cria : *Qu'on traîne dehors cet homme, car il est pris dans les liens de la religion.* Je regardai de nouveau le Bienheureux, et je le pris par le bras pour l'aider à se lever et à venir avec moi. Il me dit : *Laisse-moi, que je reste ici, car la mort est un bien pour moi.* Je le laissai, et je sortis dehors, car j'étais saisi de crainte à cause de la parole de Mousoumousou. »

Aucun des meurtriers ne voulant achever le blessé, Mousoumousou, furieux, entre par la fenêtre de la chambre du F. Marie-Nizier, et trouve une herminette. « Il la saisit, dit le procès-verbal de 1845, s'élance vers le blessé, lui assène sur la tête un coup d'une telle violence, qu'il enfonce l'instrument dans le crâne et arrache le dernier soupir à sa victime (2). »

Presque au même instant, bien que le ciel fût serein, on entendit dans l'air un horrible fracas, qui fut suivi d'une forte détonation, semblable à un violent coup de tonnerre. Le ciel s'était obscurci, comme à l'approche d'un orage. Mais ces *ténèbres se dispersèrent après la détonation* (3). Ce prodige jeta les habitants dans la consternation et l'épouvante. D'après Namousingano, les meurtriers, qui s'enfuyaient à ce

---

(1) Malingi, premier ministre du roi et premier chef de *Poï*, avait assez d'autorité pour s'opposer à Mousoumousou, et au besoin repousser les gens d'*Asson Vélé*, avec l'aide des habitants de *Poï*. En apprenant, par la réponse de Namousingano, qu'il est à *Alofi*, le P. Chanel comprend qu'il n'a plus qu'à renouveler le sacrifice de sa vie. Le jeune catéchumène, malgré sa bonne volonté, ne pouvait le soustraire aux meurtriers.

(2) Procès apostolique et procès-verbal de 1845.

(3) Un grand nombre d'insulaires ont affirmé qu'avec les ténèbres une *croix* avait apparu dans les airs.

moment, s'arrêtèrent tout à coup, comme saisis d'un mal subit, et, jetant leur butin, tombèrent lourdement sur le sol. Mousoulamou raconte que chez lui la frayeur fut si vive, qu'il avait comme perdu la tête, et qu'il s'était enfui dans un bois.

Mousoumousou, avant de se retirer, enleva la soutane du Bienheureux, et deux naturels achevèrent de le dépouiller.

Mousoumousou, en quittant le théâtre de son crime, rencontra le fameux guerrier Misa, ami du martyr, qui accourait armé de sa lance et d'un casse-tête. Enflammé de colère, Misa dit au meurtrier : *C'est ainsi que tu agis? Cette terre est-elle donc déserte?* Mousoumousou lui dit : *Ne te mets pas en colère ; prends tes richesses : voilà les richesses de ton Dieu* (1). » Et lui jetant la soutane, il s'enfuit avec précipitation.

Déjà Méitala s'était dirigé vers le lieu du crime : « Le bruit de la mort du Père, raconte-t-il, arriva jusqu'à nous. Maï-taou me dit : « Partons pour *Poï, afin de nous en aller avec le serviteur de Dieu.* » Et, nous levant aussitôt, nous sommes partis. Lorsque nous eûmes atteint *Laloua,* les habitants nous arrêtèrent. Et j'entendis la parole qui avait été dite par le roi : *Que quelqu'un se précipite sur Méitala et le tue, afin qu'il soit enseveli avec le missionnaire* (2). »

Léa Sina dépose qu'au bourg de *Laloua* elle a entendu la foule qui disait à Méitala : *Que cherches-tu? La puissance royale et la victoire sont avec Niouliki. Cette chose que tu as cherchée n'existe plus.*

Après le départ des meurtriers, la mère de Pipisenga (3)

---

(1) Procès apostolique.

(2) *Ibid.*

(3) Encore païenne, elle rendit les derniers devoirs au saint martyr, en souvenir des bienfaits que son fils en avait reçus. Dieu l'a bien récompensée de cet acte d'humanité, et sa bénédiction a été manifeste sur elle et sur sa famille. Quand Mgr Bataillon fit sa première visite à Foutouna, en 1844, il l'appela, et lui donna quelques étoffes pour la remercier d'avoir enseveli le corps du martyr : « Ah ! dit-elle modestement, je ne l'ai pas enseveli avec de si belles étoffes ; je n'avais que de la *tape !* » La *tape* est faite avec l'écorce du *papyrus.*

s'approcha de la maison du Bienheureux, et avec l'aide de deux autres femmes, lava son corps ensanglanté. « L'une d'elles fit entrer le peu de cervelle qui s'était écoulé, et deux filles du roi l'oignirent d'huile de coco. Le corps fut enseveli dans des nattes du pays, données par l'épouse du roi, une de ses filles et deux autres femmes.

« Il était à peine midi lorsque le roi, Mousoumousou et quelques femmes creusèrent la fosse, à quelques pas du lieu où le Père avait souffert le martyre, et y enterrèrent son corps (1). »

Le crime était consommé, et la dépouille mortelle du martyr venait de descendre dans la tombe. Il ne restait plus que sa maison, qui avait été complètement dévalisée. On se hâta de la détruire, afin d'effacer tout souvenir du christianisme. Le roi lui-même mit en pièces le petit orgue dont les accords l'avaient autrefois ravi ; il présida ensuite au kava, qui fut distribué sur le lieu même où le P. Chanel avait fixé sa résidence. Le lendemain, les *vainqueurs* se réunirent de nouveau en grand nombre, et emportèrent tous les bois qui avaient servi à la construction de la maison.

Malingi, en revenant d'*Alofi*, témoigna une grande douleur de ce qui s'était passé. Il alla pleurer sur la tombe de son ami et l'environna de tous les honneurs usités en pareille circonstance ; il l'arrosa, pendant quatre jours, d'huile parfumée ; les dix jours suivants, il eut soin de la couvrir de nattes et d'autres étoffes du pays. A chaque visite, il pleurait amèrement, et se déchirait le visage et la poitrine avec des coquillages, comme à la mort d'un proche parent.

Plus abandonné que le Crucifié du Calvaire, son divin modèle, le Bienheureux, à l'heure de son sanglant martyre, n'avait pas même à ses côtés le fidèle compagnon de son apostolat. Une circonstance providentielle avait sauvé la vie au F. Marie-Nizier. « Le 28 avril, jour désigné pour mon retour,

____

(1) Procès-verbal de 1845.

écrit-il lui-même (1), j'étais en chemin. Encore une heure et j'allais mêler mon sang avec celui de mon ange conducteur visible, de mon père spirituel, en un mot de celui qui, après Dieu, était mon tout à Foutouna ! Mais, hélas ! mon sang n'est pas assez pur !...

« La Providence s'est servie d'une chose bien insignifiante en apparence, pour me conserver la vie ce jour-là. Nous nourrissions un porc près de notre case : cet animal fut pris au pillage par un des *vainqueurs*, qui prétendait bien le garder pour sa part de butin ; mais le roi ordonna que cet animal fût tué et mangé au festin des funérailles ; notre homme, fort irrité, eut aussitôt la pensée de me sauver ; il vint à ma rencontre pour m'avertir du danger qui m'attendait, si j'arrivais jusqu'à la vallée de *Poï ;* après m'avoir donné un petit aperçu de ce qui venait de se passer, il me contraignit de rebrousser chemin, en s'offrant de m'accompagner jusque dans les vallées des *vaincus*, où je suis. »

Le roi se rendit, le 29 avril, à *Singavé*, où son autorité était précaire. Il fit appeler le F. Marie-Nizier, et, feignant de pleurer la mort du P. Chanel, il l'engagea à retourner avec lui à *Poï*, et l'assura qu'on ne lui ferait aucun mal. «Vous pouvez me faire mourir ici, répondit le bon Frère, mais je ne veux pas retourner à *Poï*. » Le roi n'insista pas et finit par avouer que le P. Chanel avait été mis à mort par son ordre.

Quatorze jours s'étaient écoulés depuis le martyre, lorsqu'un navire américain arriva à Foutouna. Il était déjà tard, et sur-le-champ une embarcation fut envoyée à terre. Le F. Marie-Nizier et les autres blancs de Foutouna s'empressèrent de gagner le navire pour lui demander asile et protection. Le capitaine les accueillit avec bonté et les traita de son mieux. Il était temps, car le roi avait donné l'ordre de les empêcher de s'embarquer, fallût-il massacrer tout l'équipage. Le capitaine les débarqua à Wallis, le 18 mai 1841.

Par le meurtre du Bienheureux Martyr, les ennemis de

____

(1) Lettre citée, écrite deux jours après le martyre.

la religion pensaient avoir atteint leur but. Ils allaient partout, manifestant leur joie et disant : *Le prêtre est mort, la religion a péri avec lui.* C'est donc réellement en haine de la foi que le P. Chanel a été tué, et il l'a été par ordre du roi. A l'enquête de 1845, et au procès apostolique de 1861, les témoins ont tous déposé qu'il n'y avait jamais eu dans l'île qu'une seule voix pour attester qu'il fut mis à mort uniquement en haine de la religion.

« Et quel autre motif aurait pu les porter à un pareil crime? dit Mgr Bataillon dans ses dépositions. Ce ne pouvait être la cupidité de posséder le peu d'effets du missionnaire : il était pauvre ; et d'ailleurs on n'aurait pas attendu si longtemps pour faire un pillage, qui, du reste, pouvait avoir lieu sans la mort du missionnaire. Ce ne pouvait être non plus une haine personnelle : le P. Chanel était le meilleur des hommes ; tout le monde en convient, tellement que plusieurs pleurèrent sa mort, même parmi ceux qui y coopérèrent. On aimait donc le P. Chanel, mais on détestait la religion qu'il annonçait ; on voulait en arrêter les progrès, et on croyait qu'il n'y avait point d'autre moyen de le faire que de se débarrasser de sa personne (1). »

Les ennemis du Bienheureux s'étaient trompés : à Foutouna, comme dans les premiers siècles de l'Église, *le sang du martyr allait devenir une semence de chrétiens : Sanguis Martyrum, semen christianorum.*

II

Pleins de confiance en la parole de leur apôtre : *Que la religion ne périrait pas, et qu'après lui viendraient d'autres prêtres, pour continuer son œuvre,* les courageux catéchumènes de Foutouna gardèrent leur foi au fond du cœur. Mais, dans les premiers temps, par crainte du roi, ils n'osaient plus se

______

(1) Rome, 8 avril 1857.

réunir. Ils disaient en particulier leurs prières du matin et du soir, et ne se livraient le dimanche à aucune œuvre servile. Pour le reste, ils s'efforçaient de ne pas se distinguer des autres habitants.

Trois d'entre eux étaient allés se mettre sous la protection de Maatala. Le roi et les vieillards, qui habitaient le district voisin, en furent irrités et leur firent de terribles menaces. Mais les catéchumènes ne s'en effrayèrent pas : ils étaient soutenus par leurs parents d'une vallée voisine, qui pouvaient les défendre en cas d'attaque. Maatala était encore païen ; mais, ennemi du roi Niouliki, il prenait la défense des catéchumènes, ses proches parents.

Les meurtriers triomphaient et croyaient la religion anéantie pour jamais. Ils portaient avec ostentation, dans leurs réjouissances, les objets qui avaient appartenu au martyr, et ne respectaient pas même les ornements sacrés. La plus grande partie des indigènes était consternée ; mais, par crainte des persécuteurs, elle se contenta de murmurer en secret. Les coups de la Providence parlèrent plus haut que l'indignation populaire. Déjà la violente détonation qui s'était fait entendre au-dessus de la case du martyr, au moment de sa mort, avait vivement effrayé les habitants. Fonoti, frère du roi, l'un de ses principaux conseillers, qui avait pris sa large part dans le crime de *Poï*, était frappé de mort. Le roi, lui-même, était atteint d'une horrible maladie. Son corps, d'un embonpoint extraordinaire, tomba en putréfaction, et devint en peu de temps d'une maigreur effrayante. Tous les *dieux* de Foutouna furent invoqués pour obtenir sa guérison ; ses amis le portaient d'un lieu à un autre, afin que les divers *dieux* pussent le voir et le guérir. Mais le mal ne faisait que s'aggraver ; des douleurs intolérables donnèrent à son agonie tous les caractères d'une vengeance divine. Plusieurs autres persécuteurs moururent misérablement. Alors les Foutouniens comprirent que la main de Dieu s'appesantissait sur les meurtriers de leur apôtre.

Les catéchumènes ne se cachèrent plus pour prier, et parlèrent ouvertement de la religion avec leurs compatriotes. Méitala se distingua entre tous par son attachement à la foi et par son zèle à la répandre. Un grand changement s'opéra dans les esprits, et si les Foutouniens n'étaient pas encore chrétiens, ils étaient sur le point de le devenir lorsque, le 18 janvier 1842, apparut la corvette française l'*Allier*, accompagnée de la goélette de la mission. Voici les motifs et les circonstances du voyage de ces deux navires :

A leur arrivée à Wallis, le F. Marie-Nizier et ses compagnons racontèrent les événements dont Foutouna avait été le théâtre. « Je profite de la première occasion, dit Mgr Bataillon, pour écrire à Mgr Pompallier et lui apprendre ce qui s'était passé à Foutouna, et le 20 décembre de la même année 1841, Sa Grandeur arrive à Wallis, sur une goélette de la mission, accompagnée d'une corvette française. Elle reste à Wallis pour faire le baptême de l'île, qui était toute convertie.

« J'engage Monseigneur à laisser partir pour Foutouna, sur la goélette de la mission, le chef Kélétaona, qui s'était offert à servir d'interprète, et quelques autres catéchumènes. *Peut-être*, lui dis-je, *le sang du martyr aura-t-il apaisé la colère du ciel, et ces catéchumènes seront-ils les instruments de la conversion de l'île* (1). »

La proposition fut acceptée. Sam Kélétaona, sa famille et beaucoup d'autres naturels de sa tribu, que les discordes avaient forcés de s'expatrier, prirent passage sur la *Santa Maria* avec le P. Viard, vicaire général de Mgr Pompallier, et le F. Marie-Nizier.

« Quand la corvette, lisons-nous dans une note d'un officier de marine (2), se présenta devant *Singavé*, village habité par cette tribu amie du P. Chanel, à laquelle le F. Nizier avait dû son salut, on apprit la mort du roi Niouliki, et celle d'un chef puissant, qui toujours s'était montré opposé à la

---

(1) Déposition de Mgr Bataillon, Rome, 8 avril 1857.
(2) *Annales de la Propagation de la foi*, tome XV, p. 421.

prédication de l'Évangile. Le commandant de la corvette, prévoyant que la mort du principal coupable rendrait plus facile la restitution des restes du Père, expédia aussitôt un messager pour les demander aux chefs du parti de Niouliki, en leur déclarant que son intention était de conserver la paix à leur île, les engageant à peser les conséquences qui auraient pu résulter pour eux d'un crime aussi horrible. Mais ces pauvres sauvages, voyant un bâtiment aussi puissant que l'*Allier*, couvert de tant d'hommes et de canons, étaient incapables de comprendre qu'une telle modération pût s'appuyer sur tant de forces ; la terreur s'était emparée d'eux à la vue de la corvette, et déjà on avait agité le conseil d'abandonner les villages et de se réfugier dans les bois, quand arriva le messager.

· « Celui-ci leur fit habilement sentir que cette conduite pouvait leur devenir funeste, et qu'il était dans leur intérêt d'accéder à des propositions aussi douces de la part d'hommes qui pouvaient tout exiger. Ils exprimèrent alors le désir qu'ils avaient de rendre la dépouille mortelle du P. Chanel ; mais aucun d'eux n'osait se charger de venir l'apporter à bord, de crainte d'encourir le châtiment du crime.

« L'un d'eux, cependant, appelé *Mapingi (Malingi)*, ancien premier ministre sous le roi Niouliki, un de ceux qui n'avaient jamais approuvé le meurtre du missionnaire, s'offrit pour remplir cette mission, et se chargea d'aller déterrer lui-même le corps et de nous l'apporter le lendemain. Tous ses amis cherchèrent à le détourner d'une pareille détermination en lui faisant envisager la mort comme certaine ; mais, se confiant en la parole du messager et en celle de l'*Ariki* français, il se montra inflexible, et partit aussitôt pour le village de *Gonone (Poï)*, où était la tombe du Père.

« La corvette prit le large à la chute du jour. Toute la population de Foutouna passa cette nuit dans les angoisses, s'attendant à chaque instant à être attaquée. Les femmes et les enfants poussaient des cris de douleur ; tous ces malheureux, jugeant les Français d'après eux-mêmes, comprenaient difficilement qu'un officier qui pouvait tout détruire, s'associât à l'esprit de paix et de charité qui animait les missionnaires, et qu'il accédât à la demande faite par Mgr Pompallier, de pardonner aux assassins et de ne tirer aucune vengeance de la mort d'un compatriote.

« Le 19 janvier, à quatre heures de l'après-midi, le chef Mapingi, fidèle à sa parole, apporta la dépouille précieuse. Elle était escortée par le chef *Maatala*, libérateur du F. Nizier, et par une trentaine de naturels, la plupart anciens catéchumènes du P. Chanel, et conservant tous un grand attachement et une grande vénération pour sa mémoire. *Sam-Kélétoni*, et les gens de sa tribu, s'inclinèrent respectueusement devant le corps du martyr. Il était enveloppé de tapes, auxquelles on avait joint une grande quantité de pièces de même étoffe non déployées, en signe d'honneur, suivant l'usage du pays. On l'embarqua aussitôt dans un canot de la corvette. A son arrivée à bord, le chef Mapingi, porteur d'une énorme racine de *kava*, la présenta au commandant pour demander la paix en faveur de son peuple. Celui-ci l'accueillit fort bien, le remercia de ce qu'il avait fait pour effacer les traces d'un meurtre qui avait souillé son île, et le félicita de la confiance qu'il nous avait montrée.

« Le commandant fit examiner par le médecin de la corvette, M. le docteur *Rault*, les restes du P. Chanel. On reconnut au crâne une fracture anormale, répondant à celle de l'instrument tranchant qui, d'après le récit du F. Nizier, avait causé la mort. L'état de putréfaction du corps, qui commençait à peine à être consumé, ne permit pas de poursuivre l'examen aussi loin que M. *Rault* l'eût désiré. Il se chargea lui-même d'embaumer les restes précieux, de manière à ce qu'on pût les conserver sans crainte de fatiguer l'équipage, et ils furent remis à la garde du P. Viard, qui se trouvait à bord de la goélette, pour être emportés à la baie des Iles.

« M. du Bouzet, après avoir fait sentir au chef *Mapingi* tout ce qu'il y avait d'horrible dans le meurtre du P. Chanel, et à quels malheurs le roi Niouliki avait exposé son île, le chargea de recueillir ce qui restait à Foutouna des effets du missionnaire, principalement les objets sacrés du culte, et de lui envoyer le lendemain tous les chefs, auxquels il voulait parler lui-même. Mapingi promit de faire ce qui dépendrait de lui pour seconder les vœux du commandant, et quitta la corvette, très content des petits présents qu'il avait reçus.

« Le 20 janvier, dans la matinée, les principaux chefs du parti de Niouliki vinrent à bord, et apportèrent avec eux un calice, une soutane, un crucifix et diverses images pieuses, qu'ils avaient recueillis dans l'île, témoignant tous leurs regrets de ce que le roi eût fait périr le P. Chanel. Ils répondirent au commandant qui, pour savoir quel motif avait poussé Niouliki à tuer ce prêtre, leur demandait si le roi avait eu à s'en plaindre : *Loin de là ; jamais le Père n'a fait que du bien dans le pays ; il a toujours été on ne peut plus charitable envers les insulaires.* Ils le prièrent de tout oublier, le remercièrent de leur avoir conservé la paix, protestèrent de leur désir de bien traiter désormais les blancs qui viendraient s'établir parmi eux, et de mettre un terme aux rivalités qui depuis tant d'années ont ensanglanté leur île. Les chefs des tribus, si longtemps ennemies, se trouvaient là, tous les griefs semblaient oubliés, et un même esprit de concorde paraissait les animer tous. Ils firent un très bon accueil au F. Nizier, et le pressèrent de rester à Foutouna. Le jeune catéchiste n'eût pas mieux demandé ; mais les ordres de son évêque l'appelaient ailleurs. Cependant, tous les témoins de cette scène s'accordent à dire que la mission recueillera bientôt des fruits de salut et que le sang du prêtre, qui a été versé pour la religion, servira au triomphe de l'Évangile dans cette île et dans les archipels voisins. »

« Je fus témoin, ajoute le P. Viard, d'un spectacle touchant. Les Foutouniens nous prièrent d'oublier leur crime et de ne pas les abandonner. L'un des chefs me supplia, les mains jointes, de leur envoyer un prêtre, et le F. Marie-Nizier se jeta à mes genoux pour me demander en grâce la faveur de rester avec eux pour les instruire. La prudence ne me permit pas d'accéder à ces vifs désirs ; mais j'ai la confiance que le sang de notre confrère sera bientôt pour l'île une semence de chrétiens.

« Jamais on n'a pu déterminer l'assassin du P. Chanel à venir à notre bord ; malgré toutes les assurances de pardon qu'on lui donnait, il ne cessait de répéter : *Ce n'est pas ma faute, ce n'est pas ma faute; c'est le roi qui m'a commandé de massacrer le Père, parce qu'il avait converti son fils.*

« Quant au bon vieillard (Malingi) qui avait pris soin de la tombe du martyr, et qui nous a remis son corps, il nous disait, avec l'accent de la plus vive douleur : *Ah ! j'étais absent quand ils l'ont massacré. Si je m'étais trouvé dans ma cabane, ils ne l'auraient pas fait périr, ou bien je serais mort à ses pieds. Hélas ! Je ne reverrai plus le Père, lui qui était si bon et que j'aimais tant !*

« Comme M. le commandant ne pouvait rester plus long-temps à Foutouna, nous saluâmes cette île, désormais si chère à notre Société. La goélette fit voile vers la Nouvelle-Zélande, où nous venons d'arriver après la plus heureuse navigation. Je suis au comble de la joie de posséder les restes du P. Chanel et sa soutane teinte de son sang (1). »

« Dès qu'il eut mis pied à terre, écrit le P. Servant (2), *Kélétaona* alla avec sa femme dans la maison que le P. Chanel avait construite de ses propres mains, pour y faire la prière du soir ; là, il rencontra deux enfants de dix à douze ans,

---

(1) Le corps du P. Chanel fut porté à Lyon en 1851 et déposé à la Maison-Mère des PP. Maristes. Il fut reconnu une première fois au moment de son arrivée, une deuxième fois en 1857 par Mgr Bataillon, une troisième fois en 1859 par Mgr Viard et Mgr Elloy, et enfin, le 29 novembre 1875, par le juge délégué, en vertu d'un décret de la S. C. des Rites. Il est maintenant renfermé dans une magnifique châsse, que M. Armand-Calliat a su orner avec un goût exquis. — Le calice, le missel, deux chasubles, une aube, un rituel, la soutane ensanglantée, la lance, le casse-tête avaient été rendus à la mission de Foutouna. — L'herminette, qui a donné le coup de mort, a été déposée à Lyon, au musée de la Propagation de la foi.

(2) Lettre du 19 août 1842, *Annales de la Propagation de la foi,* tome XIV, p. 365.

auxquels il proposa de croire en Dieu, de prier avec lui, de renoncer aux superstitions de l'île et de brûler leurs *tapous*, en se résignant à braver toutes les persécutions plutôt que d'abandonner leur foi. Non seulement ces deux enfants répondirent à l'appel de la grâce, mais encore ils engagèrent leurs parents à embrasser la religion ; ils les tiraient par la main pour les conduire à la prière ; ils persuadaient aussi à leurs jeunes compagnons de reconnaître le vrai Dieu, en leur disant qu'une lumière intérieure leur faisait voir qu'ils étaient en possession de la vérité. »

Le même missionnaire raconte que Sam Kélétaona courait dans les divers villages du parti des *vaincus*, « pour y porter l'instruction, sans se laisser rebuter par les difficultés, ni intimider par les menaces. Les insulaires attachés à l'idolâtrie, et surtout les prêtres et les vieillards, le menaçaient de la colère des dieux, en lui disant que les *Atoua* le mangeraient. « *Qu'ils viennent me dévorer cette nuit, leur répondait-il, j'y consens : mais demain, si je ne suis pas mangé, reconnaissez leur impuissance, et croyez au grand Dieu des chrétiens.* »

Cette partie de l'île ne tarda pas à comprendre que l'histoire de ses divinités n'était qu'un tissu de mensonges, et, d'un commun accord, on brûla tous les objets du culte superstitieux ; et, pour exprimer par un acte public la reconnaissance du pays, on décerna l'autorité royale au jeune catéchiste Kélétaona.

Le parti des *vainqueurs*, qui était sous le commandement de Mousoumousou, ne demeura pas en arrière. Entraînée par un mouvement extraordinaire, la population rivalisa d'empressement à se faire instruire par les catéchumènes du P. Chanel, abolit les *tapous* et brûla les idoles.

Telle était la situation religieuse à Foutouna, quand la Providence permit à la Société de Marie de reprendre la mission que le Martyr avait arrosée de son sang.

Sa Grandeur Mgr Pompallier, qui avait eu la consolation de baptiser et de confirmer la plus grande partie des habitants de Wallis, voulut faire la tournée des îles, en commençant par Foutouna. Elle s'embarqua avec trois Pères, deux Frères, le roi de Wallis et une cinquantaine de personnes.

La *Santa Maria*, goélette de la mission, se présenta devant Foutouna le 29 mai 1842. « Dans la première pirogue qui accosta le navire, raconte le P. Chevron (1), se trouvait l'un des meurtriers du P. Chanel, et dans la seconde celui-là même qui avait donné le dernier coup au martyr, le trop fameux Mousoumousou. Ce dernier était roi d'une partie de l'île ; il venait nous inviter à descendre chez lui, où les néophytes d'*Ouvéa* s'étaient réunis, pour passer ensemble le saint jour du dimanche. Néanmoins il ne fit son invitation qu'au roi de Wallis ; il était trop honteux, m'a-t-il dit plus tard, pour l'adresser aux *parents* de celui qu'il avait eu le malheur d'assassiner. Cependant il se présentait sans crainte, bien convaincu que la main du prêtre ne sait que répandre des bénédictions, et sa bouche des paroles de paix. Nous débarquâmes. Grand Dieu ! quel changement nous avons trouvé dans cette île !

«... Il me tardait d'aller visiter nos néophytes d'*Ouvéa*, et de revoir notre ancienne demeure de *Poï*. A peine quelques piliers de notre case restaient-ils encore debout. Je reconnus le lieu où j'étais ordinairement assis auprès du P. Chanel ; je vis l'endroit où il avait reçu la couronne du martyre !

« Je passai la nuit à visiter les habitants du village où s'était tramée la mort de notre heureux confrère, et à les fortifier dans leurs nouvelles dispositions. J'allai aussi voir l'assassin ; il me dit de prier Monseigneur d'avoir pitié de lui et de tout son peuple, et de laisser un prêtre pour les instruire. Il me témoigna un grand repentir de son crime, qu'il n'avait commis, disait-il, qu'à regret, et pour obéir au roi.

« Pendant notre séjour à Foutouna, le roi *Sam Kélétaona* fut baptisé, avec sa femme et sa petite fille. Toute la population ayant demandé avec larmes qu'on lui accordât la même faveur, nous nous mîmes aussitôt en devoir d'achever leur

---

(1) Lettre du 11 juillet 1842, *Annales de la Propagation de la foi*, tome XV, p. 426.

instruction, avec l'aide des catéchistes d'*Ouvéa*, et, après dix jours de préparation, Monseigneur donna le baptême et la confirmation à cent quatorze insulaires. »

Ce prompt changement dans l'état des esprits, cette conversion de tous les insulaires, sans en excepter les meurtriers eux-mêmes, ne peut être attribuée qu'à l'intercession du Bienheureux Martyr ; tous les témoins entendus au procès apostolique se plaisent à le proclamer.

Mgr Pompallier ne voulut pas quitter l'île sans visiter le lieu où le P. Chanel avait versé son sang pour le salut de ces pauvres insulaires.

Sa Grandeur, après avoir levé *les prémices de la moisson*, partit le 9 juin 1842, et laissa aux PP. Roulleaux et Servant le soin de la recueillir tout entière. En même temps, *Sam* fut élu roi par les suffrages unanimes des vieillards de l'un et de l'autre parti.

« Nous avons commencé l'exercice du saint ministère, écrit le P. Servant, par le baptême des petits enfants, et, dans la première visite que j'ai faite aux deux îles, j'ai baptisé tous ceux que j'ai pu trouver. Parmi ces petites créatures, on comptait les enfants du roi assassin et ceux des bourreaux du P. Chanel ; c'est une consolation pour nous de voir qu'aucun d'eux n'est mort sans baptême. Les malades ont aussi eu part à notre sollicitude ; par le moyen du F. Marie-Nizier, nous avons pu les préparer au sacrement de la régénération. De ce nombre se trouvait la femme du roi défunt, qu'on accuse d'avoir beaucoup contribué à la mort du P. Chanel, par la haine qu'elle lui portait et par les mauvais conseils qu'elle donnait à son mari ; mais, ô miséricorde de Dieu ! dans sa dernière maladie elle me fit demander pour l'instruire et la baptiser ; elle mourut quelques jours après avoir obtenu cette grâce.

« Ce voyage me procura le bonheur d'abolir le dernier reste de l'idolâtrie à Foutouna. Au milieu d'une place publique se trouvait encore plantée une pierre sacrée, dans laquelle les habitants supposaient que la divinité résidait spécialement.

Elle a été abattue et brisée par la main de ses anciens adorateurs.

« Notre consolation est de penser que le Martyr intercède pour nous dans le ciel ! Nous recueillons maintenant ce qu'il a semé dans les peines et les souffrances. Le 17 juillet, nous avons pu baptiser trente adultes, parmi lesquels se trouvait le ministre du roi.

« Mais de toutes les cérémonies, celle qui nous a le plus consolés jusqu'à présent, c'est celle du baptême de soixante catéchumènes, le jour de l'Assomption. Elle fut précédée d'une instruction appropriée à la circonstance ; les naturels écoutèrent avec plaisir le récit des merveilles de Celle qu'ils appellent leur bonne Mère, *Tsi Cinana Malie*. Cette cérémonie attendrissante fit verser des larmes de joie à plusieurs de nos bons Polynésiens. J'espère que, dans quelques mois, lorsque les habitants de Foutouna seront suffisamment instruits, ils recevront tous la même grâce (1). »

Plus tard le même missionnaire écrit :

« Il n'y a guère plus de huit mois que nous sommes à Foutouna, et déjà nous avons deux églises, huit cent quarante insulaires baptisés, et, suivant toutes les apparences, les catéchumènes qui nous restent encore, au nombre de deux ou trois cents, recevront bientôt le sacrement de la régénération, qui les introduira dans le bercail du divin Sauveur. En outre, le très grand nombre de nos néophytes pourra être admis sous peu à la Table sainte. Depuis notre arrivée, le roi et la reine ont le bonheur de communier souvent, ainsi que les quelques néophytes de Wallis qui sont venus passer ici quelque temps, sous la conduite d'un jeune chef nommé *Houngahala (Toungahala)*.

« La ferveur de nos nouveaux chrétiens s'accroît de jour en jour ; ils sont animés d'une sainte émulation pour recevoir l'enseignement religieux, et ce désir ne domine pas seulement dans le cœur des jeunes gens, il est commun aux néo-

____

(1) Lettre citée, du 19 août 1842.

phytes de tout âge et de tout sexe. Vous seriez charmé de voir nos vieillards réunis, silencieux, autour du roi, écouter attentivement les vérités saintes de la religion qu'il leur explique, après nous en avoir demandé la permission. Déjà les jeunes gens commencent à savoir lire les petits écrits que nous leur donnons ; il en est aussi un certain nombre qui savent écrire, et ils en profitent pour entretenir avec les habitants de Wallis un touchant et pieux commerce de lettres.

« Comment vous peindre l'heureuse influence de la foi sur ces pauvres insulaires ! Au lieu de ces cruautés inouïes que l'on a dû vous raconter dans les Annales, et qui étaient passées en coutume, ils pratiquent la paix et la charité ; ils sont heureux, surtout du bonheur des enfants de Dieu. A mesure qu'ils avancent dans la connaissance de la religion, ils deviennent de plus en plus reconnaissants envers l'Auteur de tous dons ; si le jour ne suffit pas pour le prier dans son temple, la nuit n'interrompt pas leurs pieux cantiques, ni les saints élans de leur amour. »

Nous devons d'autant plus admirer ici l'action de la grâce, que l'œuvre de Dieu avait été plus combattue. « Nous avions été précédés par un jeune chef des îles Wallis, homme doué de véritables talents, mais qu'il emploie au triomphe des plus mauvais desseins. Il s'était fait accompagner de deux cents naturels, qui, pendant une année de séjour à Foutouna, ont fait un mal qu'il nous a été impossible jusqu'ici de réparer entièrement. Profitant du peu de connaissance que nous avions de la langue pour accréditer leurs calomnies, ils ont prévenu les Foutouniens contre nous, ranimé le feu de la discorde entre deux factions rivales, et ressuscité les anciennes superstitions que les insulaires avaient abandonnées d'eux-mêmes depuis la mort du R. P. Chanel. Deux fois nous avons vu la guerre sur le point d'éclater ; on a tenté d'assassiner le nouveau roi, qui est catholique fervent ; on a fait mille efforts pour empêcher la construction de nos deux églises, de celle surtout qui a été élevée sur le lieu même où le premier martyr de l'Océanie a versé son sang.

« Pendant deux mois, il nous a été impossible de la commencer ; chaque jour amenait un nouvel obstacle. Enfin, après les avoir tous écartés, je partis avec le F. Marie-Nizier, pour diriger la construction. Toute la population de ces vallées était convoquée autour de la croix. Je demandai qu'on nommât quelqu'un pour présider aux travaux, et les voix se réunirent en faveur du fils de Mousoumousou, actuellement chef d'une partie de l'île. Dans une courte exhortation, j'invitai les naturels à se conduire d'une manière digne de l'œuvre sainte à laquelle ils allaient se livrer : « Ce n'est pas ici, leur dis-je, une habitation ordinaire ; c'est un temple que vous élevez à Dieu, sur le lieu même où fume encore le sang de votre premier apôtre. » Je donnai ensuite le signal pour se mettre à genoux, et nous récitâmes tous ensemble, à haute voix, le *Pater*, l'*Ave* et le *Credo*. Je fis le signe de la croix, et l'on se mit à l'ouvrage.

« Les quatre meurtriers de notre confrère étaient présents. Je leur dois ce témoignage : ce sont eux qui ont montré le plus d'ardeur et de bonne volonté, surtout celui qui avait frappé le premier coup. Tout son extérieur annonçait un sincère repentir, et je ne me rappelle pas l'avoir vu rire une seule fois pendant toute la durée des travaux.

« L'église s'achevait, lorsque notre bonne Mère nous délivra du plus grand ennemi de notre mission. Le chef dont je vous ai parlé abandonna Foutouna avec sa bande. Nous respirâmes alors, le P. Servant et moi. Nous commencions à nous faire comprendre assez bien des naturels ; nous nous adonnâmes donc avec une ardeur toute nouvelle à leur instruction.

« Dès ce moment, les choses changèrent de face. Nous n'eûmes pas de peine à faire comprendre aux néophytes qu'on les avait trompés, qu'ils s'étaient laissé séduire par des ennemis de leur repos. Le jour ne suffisait plus pour entendre les confessions ; il fallait y donner une partie des nuits. Peu à peu les abus disparurent, et aujourd'hui cette mission est dans un état florissant. Tous les naturels sont baptisés ; déjà une bonne partie d'entre eux a fait la première communion. Ils se conduisent d'une manière vraiment édifiante, et avec autant de régularité que les plus fervents chrétiens d'Europe ; il ne leur manque qu'une instruction plus complète. Encore un an ou deux, et Foutouna sera, je pense, la plus belle mission du vicariat apostolique de l'Océanie centrale (1). »

Le jour de la bénédiction de l'église de *Poi*, 22 novembre 1843, trente adultes reçurent la grâce du baptême. Les quinze qui, dans toute l'île, n'étaient pas encore baptisés, ne tardèrent pas à l'être. Le 27 août de l'année suivante, le P. Favier, successeur du P. Roulleaux, écrivait : « Notre petite chrétienté va bien... Nous sommes, le R. P. Servant et moi, comme dans un paradis, au milieu de nos pieux néophytes, dont la ferveur nous remplit de consolation. Je ne crois pas qu'il y ait au monde de missionnaires plus heureux que nous... »

Les prévisions du P. Roulleaux se sont donc réalisées à Foutouna. Cette terre, fécondée par le sang du Martyr, produisait en abondance des fruits de salut. La victime priait pour ses bourreaux, et la grâce céleste descendait à flots sur ces pauvres insulaires ; elle toucha même le cœur de Mousoumousou, le principal meurtrier du Bienheureux.

Cet homme, frappé de tout ce qui s'était passé après la mort du P. Chanel, ne tarda pas à se repentir de son crime. Quand Mgr Pompallier parut à Foutouna pour y rétablir la Mission, Mousoumousou accompagnait les catéchumènes et les insulaires qui vinrent le saluer. « Je vous pardonne à tous, avait dit le prélat d'une voix émue, le meurtre affreux qui a souillé votre île ; Dieu, je l'espère, vous le pardonnera également ; mais il faut, pour obtenir cette grâce, que vous deveniez ses enfants par le sacrement de la régénération. » Mousoumousou n'osait lever la tête ; toutefois, voyant la

---

(1) Lettre du P. Roulleaux, 24 juillet 1844, *Annales de la Propagation de la foi*, tome XVIII, p. 18.

bonté du pontife, qui tendait la main à ceux qui étaient le plus rapprochés de sa personne, il s'avança plein de confiance, et s'inclina devant lui. « Plus que tout autre, lui dit Monseigneur, tu as besoin de pardon ; je te l'accorde, puisque ton cœur se repent ; je consens même à t'embrasser, mais je ne toucherai ta main que lorsque le baptême l'aura purifiée. »

Le parricide promit de se convertir sans délai, et tint parole. Il se fit instruire par le P. Roulleaux, et prit rang parmi les catéchumènes. Il n'était point encore baptisé, lorsqu'il crut devoir profiter du retour de *Toungahala* à Wallis, pour s'y rendre avec plusieurs néophytes.

« Tombé dangereusement malade peu de temps après son arrivée dans mon île, dit Mgr Bataillon, il se fait porter à ma résidence, et me demande le baptême avec instance, confessant sa faute et en demandant pardon. Je lui confère le baptême, et lui donne le nom de *Maoulizio* (Maurice). Il revient à la vie, et, quelque temps après, il retournait à Foutouna avec tout son monde, tous dans de bonnes dispositions. »

Au mois d'avril 1845, sa santé s'altéra de nouveau gravement. Son corps, d'un embonpoint excessif, tomba en peu de jours en putréfaction, comme celui de Niouliki. Ses souffrances étaient horribles ; les insulaires et son épouse elle-même les regardaient comme la punition de son crime. « Nous nous hâtâmes, dit le P. Servant, de préparer de notre mieux son âme pour le voyage de l'éternité.

« La veille de la Pentecôte, nous lui administrâmes l'extrême-onction. Il voulut passer la nuit suivante à écouter avec attention les instructions d'un catéchiste, et désira apprendre les actes avant et après la communion, ne cessant de se les faire répéter. Le lendemain, il eut le bonheur de communier, et dit à quelques-uns de ses parents que ce jour-là était le plus beau de ses jours.

« Depuis lors, il ne fit que languir pendant plusieurs semaines. Quand il sentit que sa fin approchait, il voulut qu'on le transportât sur le lieu même de son crime (1). En arrivant, il dit à ses parents : *Je ne sortirai pas de ce lieu-ci, j'y mourrai.* Dans ses accès de douleur, il répétait souvent : *Je veux mourir pour Dieu.*

Quoique son corps ne fût qu'une plaie, il ne laissa échapper aucune plainte, et ne fut point effrayé aux approches de la mort ; il avait même un grand désir de mourir *pour aller*, disait-il, *dans sa véritable patrie.*

Enfin, le 15 janvier 1846, Mousoumousou entra en agonie et rendit son âme à Dieu. Presque toute la population accourut à ses funérailles, et une croix fut plantée sur sa tombe.

Sanguis Martyrum semen Christianorum.

***

Dieu a glorifié son humble serviteur. L'Église, après une étude attentive des circonstances de sa mort, a reconnu la réalité de son martyre, et, le 17 novembre 1889, lui a décerné les honneurs de la Béatification.

La Société de Marie, Futuna, les diocèses de Belley et de Lyon attendent avec impatience le moment où le culte du Bienheureux recevra la consécration suprême. Jusqu'à ce jour, des miracles, présentés, un seul a été retenu par la Congrégation des Rites (2). Il nous faut redoubler de prières afin d'obtenir le second miracle nécessaire pour la canonisation.

---

(1) Dans une case voisine de celle du Martyr, comme nous l'apprennent les témoins entendus dans le procès apostolique.

(2) Nous publions en appendice le récit de ce miracle.

APPENDICE I

Guérison du soldat Vion-Dury.

François Vion-Dury est né le 15 avril 1860, à Lalleyriat, canton de Nantua (Ain).

Voici l'abrégé de la déclaration qu'il fit devant témoins le 11 septembre 1890.

En 1881, je tirai au sort et au moment de la révision, je fus jugé, sans aucune remarque, bon pour le service. Je jouissais, en effet, d'une forte santé, et je n'avais aucune infirmité.

Il y avait un an que j'avais rejoint mon régiment, le 27 d'infanterie, à Dijon. Deux bataillons avaient été envoyés à Montceau-les-Mines (Saône-et-Loire) au moment des grèves ; ma compagnie faisait partie de l'expédition.

Vers le milieu de novembre 1882, je fus désigné pour un service de patrouille dans la ville, depuis six heures du soir et par une pluie battante ; en sorte que bientôt je fus tout mouillé, comme mes compagnons. Au milieu de la nuit, un incendie se déclara au café de l'Hôtel-de-Ville. Nous fûmes commandés pour travailler à en arrêter les progrès. A l'étage supérieur se trouvaient quatre personnes, qu'il fallait arracher aux flammes. Nous volâmes à leur secours, et nous fûmes assez heureux pour les sauver toutes. En ouvrant une porte, une grande flamme m'arriva en pleine figure. Depuis ce moment, mes yeux se sont tellement affaiblis, qu'au bout de trois mois je n'y voyais plus rien. En vain à l'hôpital de Dijon, on essaya divers traitements. On finit par constater le décollement des deux rétines ; et le 24 mai 1883, on me renvoya dans ma famille, avec une gratification de cent quatre-vingts francs.

Tout le monde plaignait mon triste sort. Je dus faire différentes démarches, soit à Bourg, soit à Belley, pour obtenir une pension suffisante au lieu d'une simple gratification renouvelable. Le major de Belley reconnut la justice de ma demande : « Mais, me dit-il, il faut

que vous alliez à un médecin spécialiste » ; et il me fit conduire à
M. Dor, oculiste distingué. Celui-ci, après m'avoir bien examiné, me
donna un certificat qui fut envoyé au ministère avec les autres pièces
nécessaires. Voici une déclaration du docteur :

Je soussigné, docteur en médecine, domicilié, 2, quai de la Charité, à
Lyon, déclare que Vion-Dury François, soldat réformé de Lalleyriat, canton
de Nantua (Ain), est affecté de décollement des deux rétines. Bien que la
rétine se soit rappliquée dans l'œil gauche, cet œil ne distingue pas le jour
de la nuit. Avec l'œil droit, M. Vion-Dury compte à peine les doigts à trente
centimètres de l'œil. Il ne peut donc faire absolument aucun travail, et
doit être considéré comme absolument aveugle des deux yeux, sa maladie
étant absolument incurable.

Lyon, le 16 septembre 1884.

Dr Dor.

En l'année 1887, la mort est venue me ravir les personnes qui pouvaient me soutenir dans mon infirmité. Ma bonne mère s'endormait
dans le Seigneur le 25 janvier. Je perdais ma sœur le 23 février. Mon
frère, âgé de 26 ans, mourait d'une maladie de poitrine le 24 juin ;
il fit la mort d'un saint. Pendant sa maladie, il me disait : « François,
tu n'es pas courageux ; tu es un lâche de n'avoir pas demandé ta
guérison ; tu l'aurais obtenue. »

Ces paroles de mon frère me firent une impression profonde.

Après les funérailles, je m'occupai de mettre ordre à mes affaires,
et de solliciter mon admission à l'hospice de Confort, près de Belle-
garde (Ain). J'y arrivai le 16 juillet 1890.

Deux ou trois jours après mon entrée, la Sœur Louise me dit :
« Pauvre Monsieur, vous êtes encore bien jeune (30 ans) pour être
complètement aveugle. Si vous avez la foi et si vous aimez bien la
Sainte Vierge, vous pourrez obtenir, par son intercession, de voir assez
pour vous conduire. — Ma Sœur, je n'en suis pas digne. — Mais la
Sainte Vierge ne fera pas attention à cela. Je dois vous dire qu'un
homme estropié des deux jambes et peu dévot, le menuisier de Lavaur,
a obtenu sa guérison. — Ma Sœur, c'est impossible, je ne suis pas
digne ! »

Dix jours avant ma guérison, Sœur Marthe me dit : « Vous allez
commencer une neuvaine à l'occasion de la fête des deux Bienheureux
Perboyre et Chanel. Vous vous confesserez ; on fera prier les enfants ;
vous promettrez quelque chose à la Sainte Vierge ; si elle ne vous guérit
pas, vous ne lui devrez rien. »

Le soir du même jour, sans avertir personne, je commençai une
neuvaine. La Sœur m'avait engagé à promettre quelque chose à la
Sainte Vierge. J'eus la pensée de lui élever une statue dans ma paroisse.
Mais, réfléchissant qu'il y en a déjà deux, l'une à l'église, l'autre près
de l'église, je crus préférable de faire connaître les deux Bienheureux.
Je promis alors de placer leur statue dans l'église de Lalleyriat, des-
tinant à cette fin la somme de 400 francs et même davantage, s'il

le fallait, pour exécuter ma promesse, et faire célébrer une belle fête
en leur honneur.

Chaque jour, je récitais quatre chapelets. Les deux ou trois premiers
jours, j'en ajoutais deux autres en l'honneur des deux Bienheureux.
Puis je me dis : « Il ne faut pas demander la guérison à deux saints
en même temps. » Alors, je m'adressai uniquement au Bienheureux
Chanel, *parce qu'il est du département.* Les paroles de M. le curé de
Lalleyriat me revenaient en mémoire : « Le Bienheureux Chanel, depuis
son bas âge, a toujours beaucoup aimé la Sainte Vierge ; il faut l'imiter, et, comme lui, la prier avec ferveur. » — Aussi, plein de confiance,
je demandais au Bienheureux Chanel de parler à la Sainte Vierge
pour moi, afin qu'elle me donnât la guérison, et que, si je n'étais pas
digne, elle ne me *punît* pas.

Plus la neuvaine approchait de sa fin, plus je sentais croître en moi
la confiance et l'espoir de la guérison. Le dernier jour de la neuvaine,
j'allai réciter mes deux chapelets en l'honneur du Bienheureux Chanel
devant la statue de la Sainte Vierge qui est au bas du bosquet.

Ce même jour, Sœur Marthe me dit : « Demain, M. le curé va descendre pour confesser, il faudra profiter de sa présence. »

Le samedi, 2 août, fut une journée pénible pour moi. Diverses
pensées se pressaient dans mon esprit et produisaient même une
certaine agitation nerveuse. A quatre heures du soir, je fis ma confession. « Si tu t'es bien confessé, me dis-je alors, tu es sûr d'être guéri ;
tu dois voir clair demain pour aller communier. » Et cependant,
j'étais de plus en plus tourmenté.

Après le souper, comme le trouble persistait, je sortis sur la galerie
pour me distraire. J'allumai un cigare. Un infirme, qui se trouvait là,
m'adressa la parole : « Eh bien ! Dury, qu'avez-vous donc ? Vous êtes
si triste ! — Pauvre Dury, dit un autre infirme, je donnerais bien cent
francs pour que vous puissiez voir assez pour vous conduire ! — Ce
n'est pas cent francs ni cent milliards qui pourraient me guérir...
Il n'y a que le bon Dieu ou un miracle. — Oh ! les miracles ! autrefois
les curés faisaient croire cela aux vieux imbéciles ; aujourd'hui, on
ne le croit plus ; il n'y a plus de miracles. »

Ce blasphème m'a indigné et bouleversé. J'ai senti mon cœur battre
avec une force incroyable. Rentré dans la salle, je me suis jeté à
genoux près de mon lit : « C'est vraiment le diable qui vient de parler
par cet homme... tu n'es pas digne... » J'examinai de nouveau ma
conscience. Me rendant témoignage que je n'avais rien oublié, j'ai
fait une prière.

Sœur Marthe est entrée, apportant une petite fiole d'eau de Lourdes,
que je lui avais demandée. Elle l'a déposée, en disant : « François, la
voilà sur votre table. »

Je me mis au lit, tant j'étais fatigué... Je prenais le flacon et je
voulais le déposer ; mais ma main le retenait toujours sur la table...
J'hésitais... C'était un combat indéfinissable : « Est-il possible !...

lâche que tu es !... le diable ne sera pas toujours maître !... » D'un mouvement nerveux, je brisai le bouchon et enlevai avec effort la partie qui était restée. — « Bienheureux Chanel, je ne suis pas digne ; demandez pour moi à la Sainte Vierge d'y voir clair. » Par trois fois, faisant toucher l'index de la main droite à l'eau de Lourdes, je l'ai chaque fois passé rapidement sur les deux yeux. A la troisième, j'ai ressenti une violente douleur, comme si l'on m'avait enfoncé un couteau dans les deux yeux. « Mais la Sœur s'est tompée ; c'est de l'ammoniaque qu'elle m'a donné. » Pour m'en assurer, je portai le flacon à mes lèvres ; à peine l'eau les avait-elle touchées, que la vue m'est revenue tout d'un coup, aussi promptement qu'un coup de fusil.

Je distinguais les rideaux, les croisées, etc. « Simon, Simon, je vois ! (c'était mon plus proche voisin). Allez vite chercher les Sœurs. » Un autre, qui n'était pas encore au lit, s'est approché : « Si vous voyez, dites comment je suis habillé. — Vous avez un tricot, une cravate, un chapeau... — Mais c'est vrai ! il voit ! » Puis il court avertir les Sœurs ; elles arrivent à l'instant.

Dans l'intervalle, je m'étais levé, et j'exprimais mon bonheur... « Est-il possible ! Ah ! mon Dieu !... O Sainte Vierge Marie, ma bonne Mère, que vous êtes bonne !... » Je m'agenouillai, et je dis : « Priez, priez, mes Sœurs. » Nous avons fait ensemble une prière. « Allons à la chapelle remercier le bon Dieu. »

On me montra le corridor qui y conduit. Je me prosternai sur le marchepied de l'autel ; je baisai la terre à plusieurs reprises. Mon émotion était si grande que je n'ai pu rendre compte de tout ce qui s'est passé. Les témoins m'ont affirmé qu'alors la Sœur Louise a récité le *Souvenez-vous*, un *Pater* et un *Ave*, ajoutant des invocations aux Bienheureux Perboyre et Chanel. En entendant ces noms, je me suis retourné, et j'ai dit tout haut : « Priez, priez le P. Chanel : c'est à lui que j'ai fait la neuvaine. Mes Sœurs, allez seulement vous reposer, moi je reste là, la Sainte Vierge m'en a donné plus que je n'en demandais. » (En priant, je voulais obtenir de voir assez pour me conduire.)

Prévenu à la hâte par M. Évrard, séminariste, M. le Curé était accouru pour être témoin du prodige. J'étais pâle et tremblant ; la sueur me ruisselait du front, et les larmes tombaient de mes yeux.

Dans la salle de communauté où l'on me fit entrer, je reconnus de nouveau chaque personne à la voix. Je distinguai chacun des tableaux. Il n'y a plus de doute, dit M. le Curé ; rentrons à la chapelle réciter un *Magnificat*. » On ajouta un *Souvenez-vous*.

Le dimanche matin, à cinq heures et demie, j'étais déjà à la chapelle pour assister à la sainte messe et faire ma communion. J'ai demandé un livre pour lire les actes préparatoires. Je me levai pour aller à la Table Sainte, le Frère Directeur des Écoles chrétiennes de Confort, ignorant ce qui s'était passé, m'offrit le bras pour me conduire. Je lui fis signe que je n'en avais pas besoin.

Au prône de la grand'messe de la paroisse, M. le Curé annonça aux fidèles ma guérison miraculeuse, en donnant quelques détails; l'office se termina par le *Magnificat.*

Depuis cette époque, je vois comme à vingt ans. Le samedi, 16 août, j'accompagnai M. le Curé qui se rendait à Bourg. De la gare de Châtillon-de-Michaille, je distinguai parfaitement la croix qui est sur la montagne de Mentières ; et je fis remarquer à M. le Curé des faucheurs dans les prés en haut de Confort, c'est-à-dire à une distance d'au moins trois à quatre kilomètres en ligne directe.

En foi de quoi j'ai signé la présente relation, en présence des témoins soussignés, après qu'il leur en a été fait lecture.

François VION-DURY.

Nous soussignés, certifions que M. Vion-Dury a déclaré tout ce qui précède conforme à l'exacte vérité, et attestons aussi que les faits et les paroles qui nous concernent sont pareillement l'expression de la vérité.

En foi de quoi, etc.

Sonthonnax, curé de Confort ; E.-F.-L. Sonthonnax, vicaire de Pont-de-Vaux ; Sœur Vincent ; Sœur Louise ; Sœur Marthe ; Sœur Gabrielle ; Sœur Joséphine.

Fait à l'hospice de Confort, le 11 septembre 1890.

C. NICOLET,
Procureur de la Société de Marie
près le Saint-Siège.

APPENDICE II

Cérémonie de la Béatification

(17 novembre 1889.)

Le dimanche 17 novembre 1889, le Très Saint Père décernait les honneurs de la béatification au glorieux martyr de Foutouna.

La vaste salle au-dessus du portique de la basilique de Saint-Pierre était magnifiquement décorée pour la circonstance ; des milliers de cierges allumés lui donnaient un aspect qui saisissait l'âme d'un saint transport. Au moment marqué, le postulateur de la cause s'avance vers le Cardinal Préfet, lui présente le bref de béatification, et en demande la publication. La lecture de ce document est écoutée dans un religieux silence. En voici la traduction :

LÉON XIII, PAPE

Pour le perpétuel Souvenir.

La religion chrétienne, dès son origine, a grandi et s'est affermie par le sang d'innombrables martyrs ; de même, dans la suite des âges, par une disposition de la divine sagesse, elle a continué de croître par la vertu de ce même sang dont elle a été arrosée, et sa vérité divine, brillant toujours d'un nouvel éclat, a frappé les yeux de tous les hommes et a porté les disciples de Jésus-Christ à l'embrasser avec plus de fermeté et à la garder avec plus d'amour.

La doctrine chrétienne a surtout été confirmée par ceux qui ont généreusement souffert la mort pour confesser la parole divine qu'ils avaient annoncée et qui ont ainsi arrosé de leur propre sang l'arbre qu'ils avaient planté au milieu des prédications et des sueurs de l'apostolat. La longue histoire des siècles et la merveilleuse conversion de presque tout l'univers à la foi chrétienne le démontre surabondamment.

Pour que notre siècle n'eût rien à envier aux âges précédents, la divine Providence a réservé à nos jours de voir, dans ces dernières années, la lumière évangélique briller, sur les plages les plus éloignées de l'Océanie, aux regards des hommes séparés du reste du monde, grâce à ces messagers qui, marchant sur les traces des anciens apôtres, désiraient confirmer, même dans leur sang, la doctrine de Jésus-Christ qu'ils avaient propagée.

Ce vœu si noble fut celui du Vénérable Pierre-Louis-Marie Chanel, qui trouve sa place parmi ces héros les plus illustres. Sa vie, en effet, fut un modèle et sa mort un honneur pour le nom de chrétien.

Il naquit dans un village du diocèse de Belley, appelé Cuet, le 12 juillet 1803, et, dès son enfance, par l'innocence de sa vie, il se montra tel qu'on le vit plus tard à sa mort.

Pour répondre à l'appel de Dieu, il reçut les saints ordres, et, par son zèle de la foi, son esprit de piété, la modestie de son cœur, la suavité de ses mœurs, sa charité envers les pauvres et ses autres belles qualités, il donna lui-même aux autres ministres de l'Église l'exemple de toutes les vertus. Aussi, ceux qui vécurent habituellement avec lui ne trouvèrent absolument rien à reprendre dans sa personne, et l'évêque de Belley manifesta par des signes non douteux combien il l'estimait. Il lui confia d'abord le ministère paroissial et ensuite la direction d'un petit séminaire. Dans tous ces offices, comme le Prélat l'a solennellement attesté, il se concilia l'affection de tous et se montra constamment le modèle accompli des vertus dont un prêtre doit être orné.

Mais Dieu l'appelait à de plus grandes choses. A l'âge de trente-trois ans, il s'enrôla dans la Société des Maristes, qui venait de recevoir du Saint-Siège les missions de l'Océanie occidentale. Il dit adieu à tout et, sans se laisser retenir par sa piété filiale envers sa mère et son amour de la patrie, avec une ardeur et une joie extraordinaires, il quitta la France pour aller sur ces plages lointaines. Il avait reçu de Mgr Pompallier le titre et la dignité de vicaire général.

Après une navigation de dix mois, il aborda, en 1837, à l'île de Foutouna, dans la Polynésie. Les missionnaires, ses confrères, se dispersèrent dans d'autres îles de la même région, et lui, demeura seul avec un Frère laïque. Il se livra tout entier à l'étude de la langue, et se consolait du repos que lui donnait ce travail ingrat, en parcourant l'île dans tous les sens, pour chercher les enfants en danger de mort, et les envoyer au ciel après les avoir purifiés dans les eaux du baptême.

Dès qu'il put parler la langue de Foutouna, il s'appliqua constamment à convertir à la foi de Jésus-Christ le roi du pays, qui lui donnait depuis deux ans une bienveillante hospitalité. Mais ce roi était en même temps le grand-prêtre de son peuple, et il tenait son pouvoir suprême de sa dignité sacerdotale. Voyant les croyances superstitieuses ébranlées, et menacées de disparaître, par les prédications de

Pierre-Louis, désirant garder son autorité sans la voir s'amoindrir, il tourne son affection d'abord en soupçon, puis en haine. C'est pourquoi il se sépare du serviteur de Dieu, en transportant son domicile dans un autre village, et le prive des aliments et de tout secours. L'ouvrier évangélique ne s'en émeut pas, et prépare sa nourriture en cultivant la terre à la sueur de son front. Mais ces barbares, ennemis du nom chrétien, livrent tout au pillage, dans l'intention de le faire mourir de faim, ou de le forcer à prendre la fuite.

Ce qu'il eut à souffrir dans ce temps, la joie du cœur qu'il montra et la force d'âme qu'il sut déployer dans l'exercice d'un ministère que les circonstances rendaient si difficile, nous le savons par le témoignage des étrangers ou des indigènes qui habitaient alors l'île de Foutouna ; nous le savons surtout par l'unique compagnon de ses travaux, qui fut toujours auprès de lui ; nous l'apprenons par ce journal sur lequel le serviteur de Dieu écrivait jour par jour l'histoire de son Église naissante. Il ne s'est laissé abattre par aucun travail, effrayer par aucune adversité. Toujours semblable à lui-même, les périls, les angoisses, les contradictions, les peines, ne l'ont pas découragé un seul moment. Il a déployé tout ce qu'il avait de force pour gagner à Jésus-Christ, par la lumière évangélique, les âmes assises dans les ténèbres et à l'ombre de la mort.

Ses labeurs ne furent pas inutiles. Un certain nombre d'indigènes prêtent l'oreille à la doctrine chrétienne, se réunissent fréquemment auprès de Pierre-Louis, et il se fait un grand changement dans les mœurs. Les chefs en conçoivent une haine féroce, qui les pousse au meurtre et à la destruction, lorsqu'il est constaté que le fils du roi lui-même est inscrit parmi les catéchumènes. Un conseil est donc tenu dans le but d'exterminer complètement la religion en mettant le prêtre à mort.

Les féroces exécuteurs envahissent d'abord la maison des catéchumènes ; ils maltraitent ces innocents et les dispersent ; puis ils se précipitent vers Pierre-Louis, et l'ayant trouvé seul dans sa maison, ils le frappent à coups de casse-tête d'une manière horrible, renversent le blessé avec une lance et, étendu à terre, l'achèvent avec une hache. Ainsi cette hostie, très agréable à Dieu, a été immolée comme on égorgeait les victimes ; ainsi le bon pasteur a accepté avec une grande joie pour son troupeau cette mort si cruelle, comme le plus précieux de tous les biens ; ainsi l'illustre premier martyr de l'Océanie, couvert de son sang glorieux, est entré au ciel, le 28e jour d'avril 1841.

Peu après, le roi, son frère et quelques autres persécuteurs périrent d'une mort si affreuse que tous la regardèrent comme un châtiment infligé par Dieu.

Un martyre si éclatant ne tarda pas à produire des fruits abondants. Cinq mois s'étaient à peine écoulés depuis le martyre de Pierre-Louis, et déjà toute l'île, convertie à la vérité catholique, n'avait plus d'autre désir que de voir un prêtre qui pût l'instruire plus à fond des mystères de la foi et faire entrer par le baptême le peuple tout entier dans la famille de Jésus-Christ.

Un fait, vraiment extraordinaire, mérite d'être mentionné. L'auteur principal et l'instigateur du meurtre, proche parent du roi, tomba malade peu de temps après. Touché par la grâce divine, il implorait avec larmes le pardon de son crime et demandait avec instance le saint baptême. Revenu à la santé par une faveur céleste, il rendit avec les autres bourreaux, lors des informations juridiques sur le martyre souffert avec tant de courage, lui qui en avait été l'auteur et le spectateur, le témoignage le plus éclatant que l'on pût désirer. Les circonstances de sa mort mirent le comble à ce prodige de la sagesse et de la bonté divines. Lorsqu'il se sentit près de sa fin, il ordonna de le transporter dans la chambre où Pierre-Louis avait consommé son martyre, et afin de mieux expier le crime commis, il voulut mourir dans le lieu où il avait donné au serviteur de Dieu une mort si affreuse. On vit alors plus clairement que le sang des martyrs est une semence de chrétiens.

Il y eut d'autres signes célestes, qui environnèrent d'une nouvelle lumière la gloire du martyr.

Le Préfet Apostolique de Foutouna eut soin d'en rédiger le procès-verbal ; de son côté, le Vicaire Apostolique de l'Océanie envoya dans notre ville de Rome d'autres documents authentiques. Après qu'ils eurent été l'objet d'un rapport complet, exigé pour ces sortes de jugements, le pape Pie IX, d'heureuse mémoire, notre prédécesseur, sur l'avis de la Sacrée Congrégation des Rites, signa, le 24 septembre 1857, la commission de l'introduction de la cause.

On fit donc les procès apostoliques, et, lorsque les autres questions eurent été résolues selon l'ordre établi, les signes ou les miracles que Dieu avait opérés, disait-on, par l'intercession du Vénérable serviteur de Dieu, furent examinés avec soin, en même temps que le martyre et la cause du martyre, dans les trois congrégations d'usage. Et, par un décret de la Sacrée Congrégation des Rites, publié le 25 novembre de l'année dernière, Nous avons déclaré que ces mêmes signes, le martyre et la cause du martyre, étaient juridiquement prouvés.

Il restait à demander à nos Vénérables Frères, les Cardinaux de la même Congrégation, si, posé le décret dont on vient de parler sur l'approbation du martyre et la cause du martyre, de plusieurs signes et miracles dont Dieu l'a illustré et confirmé, ils pensaient qu'on pouvait sûrement aller plus loin et décerner au même serviteur de Dieu les honneurs des Bienheureux. Dans l'assemblée générale, tenue en notre présence, la veille des ides de mars de la présente année, tous d'un commun consentement, ont répondu qu'on pouvait le faire sûrement.

Cependant, en une affaire aussi grave, nous avons différé de manifester notre pensée, jusqu'à ce que, par de ferventes prières, nous eussions imploré le secours du Père des lumières. Après l'avoir fait avec instance, nous avons proclamé, par notre décret du 30 mai de cette même année, que l'on pouvait procéder sûrement à la Béatification solennelle de Pierre-Louis-Marie Chanel.

C'est pourquoi, touché par les prières de plusieurs Pontifes sacrés et de plusieurs Cardinaux de la sainte Église Romaine, voulant exaucer les vœux de toute la Congrégation des Maristes, par notre autorité apostolique, en vertu de ces Lettres, Nous permettons que le Vénérable serviteur de Dieu, Pierre-Louis-Marie Chanel, prêtre de la Société de Marie, soit, dans la suite, appelé du nom de Bienheureux, et que son corps et ses restes sacrés, ou reliques, soient proposés à la vénération publique des fidèles, sans que cependant on puisse les porter dans les supplications solennelles, et que ses images soient ornées de rayons.

De plus, en vertu de cette même Autorité, nous accordons qu'en son honneur, on récite, en observant les rubriques du Missel et du Bréviaire romain, l'Office et la Messe du commun des martyrs, avec les oraisons propres que nous avons approuvées. Cette récitation de l'Office et cette célébration de la Messe, Nous la concédons, le 28 du mois d'avril, à tous les fidèles de Jésus-Christ qui sont tenus de réciter les heures canoniques, dans l'étendue du diocèse de Belley, du vicariat de l'Océanie occidentale et dans toutes les églises des maisons religieuses de la Société de Marie. Et quant aux Messes, Nous les permettons à tous les prêtres, séculiers ou réguliers, qui se rendent aux églises où l'on célèbre la fête.

Enfin, nous accordons que les solennités de la Béatification du Vénérable serviteur de Dieu, Pierre-Louis-Marie Chanel, soient célébrées dans toutes les églises ci-dessus désignées, avec l'Office et la Messe du rite double majeur : Nous prescrivons qu'elles aient lieu, la première année, le jour que l'Ordinaire aura fixé, mais seulement après que ces mêmes solennités auront été célébrées dans la salle supérieure du portique de la Basilique Vaticane.

Tout cela, nonobstant les constitutions et les ordonnances apostoliques, les décrets de non-culte et les autres dispositions contraires.

Nous voulons, en outre, que, dans les discussions même judiciaires, on ajoute la même foi aux exemplaires de ces Lettres même imprimées, pourvu qu'ils soient revêtus de la signature du Secrétaire de la Sacrée Congrégation des Rites et munis du sceau du Préfet, que l'on aurait pour la signification de notre volonté, si on produisait ces Lettres.

Donné à Rome, auprès de Saint-Pierre, sous l'anneau du Pêcheur, le 16 novembre 1889, la douzième année de notre Pontificat.

M. CARD. LEDOCHOWSKI.

La lecture du Bref terminée, l'évêque de Belley, à qui le chapitre de Saint-Pierre a déféré l'honneur d'officier, entonne le *Te Deum*. Au même instant tombe le voile qui cache le tableau de l'apothéose, et le Bienheureux apparaît s'élançant vers le ciel et laissant à ses pieds l'île de Foutouna. Deux anges, soutenant les instruments de son martyre, le casse-tête et la hache, sont à ses côtés. Deux autres descendent du ciel et lui apportent la palme et la couronne. Un magnifique reliquaire, renfermant un fragment du crâne du Martyr, brille sur l'autel. Toutes les cloches de la Basilique annoncent à la ville de Rome la joyeuse nouvelle. Dire les sentiments qui saisissent alors tous les cœurs et décrire l'impression de la foule serait impossible. L'Église seule peut nous faire assister à de tels spectacles, qui remuent jusqu'à la dernière fibre de notre cœur. Le *Te Deum* s'achève, et la Messe pontificale, célébrée avec une grande solennité, termine la fonction du matin. C'est avec peine que l'on quitte le sanctuaire où l'on a éprouvé de si douces et si vives émotions.

La cérémonie du soir, au témoignage de tous les assistants, a offert un caractère de majesté et de splendeur inusitées. Les premières Vêpres de la Dédicace, célébrée dans la Basilique de Saint-Pierre, avaient fait changer le cérémonial ordinaire. Pour les remplacer, le Souverain Pontife avait bien voulu permettre la Bénédiction du Très Saint Sacrement dans la salle de la Béatification, et il avait déclaré qu'il y assisterait lui-même. L'autel avait donc été orné pour recevoir le divin Maître, et les nouvelles lumières, en complétant l'illumination du matin, donnaient au sanctuaire un aspect tellement saisissant, que plusieurs répétaient à haute voix ce que tous pensaient intérieurement : *C'est ici l'image du ciel.*

Léon XIII lui-même, à l'entrée, s'arrête émerveillé et ne peut détacher ses regards du tableau de l'apothéose, dont une illumination féerique accroît encore le brillant éclat. *C'est vraiment le vestibule du ciel*, dit-il à ceux qui l'accompagnent, et il s'avance lentement à travers la foule en répandant sur elle ses bénédictions. Le voilà à genoux près de l'autel. Oh ! qu'il prie avec confiance et avec ferveur ! De temps en temps, il lève les yeux vers l'image du Bienheureux Martyr ; il semble se complaire et se reposer dans cette vision, surtout pendant le chant de l'hymne *Deus, tuorum militum.*

Après la bénédiction du Très Saint Sacrement, Léon XIII reçoit des mains du T. R. P. Supérieur Général et de ses Assistants les offrandes accoutumées. En se retirant, il se retourne plusieurs fois pour contempler encore le tableau de l'apôtre de Foutouna. Il est alors salué par des acclamations enthousiastes et mille fois répétées.

Quand il a disparu, une voix puissante entonne le *Magnificat*, que tous répètent en chœur. Fut-il jamais inspiration plus heureuse? Comme ce cantique sublime de la reconnaissance de Marie convenait bien au triomphe du premier Martyr de sa petite Société !

La salle de Béatification présentait un spectacle que nous renonçons à décrire. La nuit, en faisant disparaître la lumière du jour, rendait l'illumination plus éclatante, et les vapeurs des cierges, en voilant un peu l'atmosphère, donnaient à l'édifice de plus grandes proportions, et montraient le tableau du Bienheureux dans un lointain mystérieux. On aurait dit que le saint Martyr, après s'être manifesté à la terre, reprenait avec les anges le chemin du ciel.

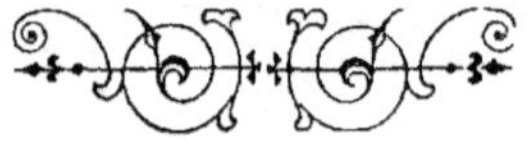

APPENDICE III

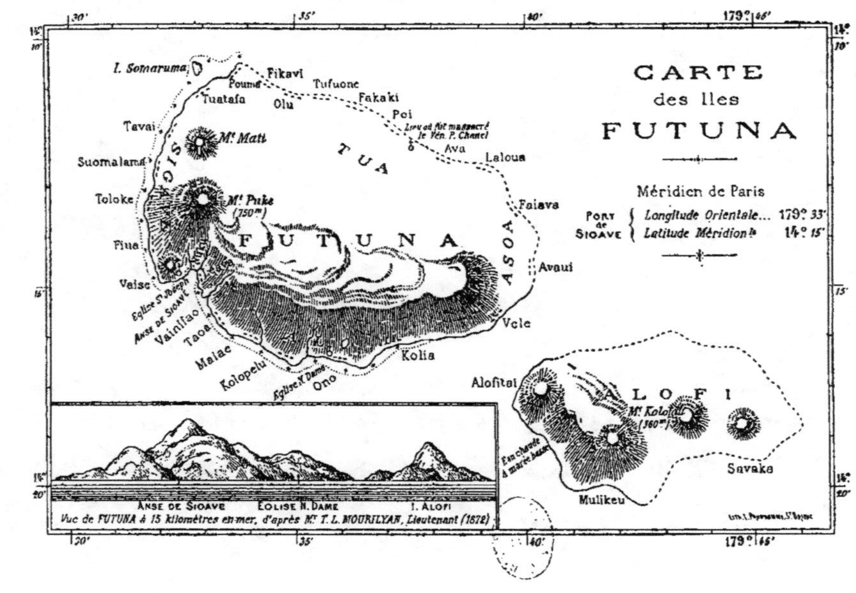

TABLE DES MATIÈRES

LIVRE PREMIER

DE LA NAISSANCE DU BIENHEUREUX A SON ENTRÉE DANS LA VIE
RELIGIEUSE (1803-1831).

LYON. — IMPRIMERIE EMMANUEL VITTE, RUE DE LA QUARANTAINE, 18.

www.ingramcontent.com/pod-product-compliance
Lightning Source LLC
LaVergne TN
LVHW021129050726
842519LV00002B/363